明本固根

（第二辑）

两岸国学名家
十五讲

王颂 主编

平潭综合实验区麒麟文化研究中心赞助出版

九州出版社
JIUZHOUPRESS

图书在版编目（CIP）数据

明本固根：两岸国学名家十五讲. 第二辑 ／ 王颂主
编. -- 北京：九州出版社, 2024. 1. -- ISBN 978-7
-5225-2582-2

Ⅰ. Z126. 27-53

中国国家版本馆 CIP 数据核字第 202543W3W9 号

明本固根：两岸国学名家十五讲（第二辑）

作　者	王　颂 主编
责任编辑	关璐瑶
出版发行	九州出版社
地　址	北京市西城区阜外大街甲 35 号（100037）
发行电话	（010）68992190/3/5/6
网　址	www. jiuzhoupress. com
印　刷	鑫艺佳利（天津）印刷有限公司
开　本	880 毫米 × 1230 毫米　32 开
印　张	10. 75
字　数	250 千字
版　次	2025 年 3 月第 1 版
印　次	2025 年 3 月第 1 次印刷
书　号	ISBN 978-7-5225-2582-2
定　价	68. 00 元

序

楼宇烈

有这样一则逸闻。三十年代，北大哲学系的几位先生一起聊天，谈到气节，大家一致认为孟子概括的那三句话最为全面，即"富贵不能淫、威武不能屈、贫贱不能移"。胡适先生听了笑一笑，说三句还不够，还要加上一句，"时髦不能追"。我认为这句话非常有见地。

中国文化要走向世界，在世界上发挥更大的影响力，首先要确立自己的主体性。什么是主体性，就是自我认同性、自觉性、自我一贯性。要在保持主体性，坚持自己传统的前提下，兼收并蓄，吸收外来文化的好的东西。今天这样，明天那样，尽追时髦，尽赶风潮，那恐怕连自己都要面目皆非了，何谈影响别人？所以说做人要争取做到以上四点，弘扬优秀传统文化也要坚持以上四点。

两岸国学中心邀请了海峡两岸包括我在内的一批专家学者来讲国学，向两岸人民特别是年轻人介绍国学的精髓。王颂贤契负责演讲稿的整理和编辑，稿子结集后他又来邀我作序。他拟了一个题目，叫作"寻根立本"。

"根本"这个词用得不错。《论语》讲："君子务本，本立而道生。"（《论语·学而》）我们现在日常生活中也使用"根本"这个词。不过古人常用的是"本根"。《庄子·知北游》说："惛然若亡而存，油然不形而神，万物畜而不知，此之谓本根。"中国古代的很多哲学范畴也是以"本"为"本体"，由本生发。如"本末"，王弼讲"举本统末"就是纲举目张的意思，甚至讲"崇本息末"。又如"本用"，后来演变为"体用"。所以，本就是根，根就是本，本根可以理解为名词，是传统这个本体；根本可以理解为形容词，是我们当下所发明的传统之用。有了"本根"，就算抓到了传统文化的根本。所以我建议，不妨改为"明本固根"。中国文化的"根"就在那里，关键是要把其发明出来，昭示给世人，还要维护与坚守，将之传承给后世。

我们的文化传统，伟大而可爱，特别而普遍。我们当然不可能全盘复制古人，但应该有意识地、适当地予以维护、坚持。范围有大有小，因时因地，可以变通，但主旨不能改变。

什么是有大有小，我举例说明一下。我几十年来带领学生研究、演练昆曲，常常对学生讲，中国戏曲的特点是其表演性，舞台是一个抽象的、模拟的空间，不是对现实生活的如实呈现，这背后有丰富的美学思想，不宜随意改变。现在为了适应更多观众的审美需求，改成实景，我们也不必反对，但在小众的范围内，我们还是要一板一眼地坚持传统的形式，让后人知道原来的面貌是什么样子的。这个就是变通。有些传统在小众的范围内坚持就好，不太可能全面推广，但即便是小范围，能坚持就好。另一方面，我们传承的传统文化的经典、思想，则不能限定在小众的范围内。学习、研究的目的是为了转化为生活，只有中国人的生活方式都具有传统特色了，外国人一看就看出不同了，中国文化才真正实现复兴了。这就是从小范围走向大范围。我们现在做传统文化的普及工作，就是为了向大众传播我们的传统文化，让大众坚持我们的传统文化。

我们的文化传统，有我们独特的源头，有我们独立的体系。西方人的思维，凡事都要追个源头，而且还喜欢追溯共同的源头。牛顿物理学寻找第一推动力，最后归结到上帝那里去了，达尔文进化论探求进化的源头，最后把人类的祖先归到虫子那里去了。这都是类似的思维模式。事物为什么不是从源头起就是多元的呢？有什么理由可以用第一种思维模式彻底否定第二种的合理性和可能性呢？这给我们一个启示，文明是多元的，从根本上就是多元的。

我们提倡人类文明走向天下大同、美美与共，但前提是各美其美、美人之美。懂得了文明的多元性，我们就要更加珍惜我们的传统，坚守传统的精神，彰明、固守我们文明的本根。

两岸国学中心所做的工作很有意义，我很高兴看到各位学者的演讲稿结集出版。在向参与工作的各方表示致意的同时，我简单地谈几点我的看法，聊作序言，与各位读者分享，也祝愿两岸国学中心越办越好。

2019 年岁末

目　录

陈鼓应　**从尼采的生命哲学到庄子的人生智慧** ……… 001

　　一、从尼采到老庄的学思历程 ………………… 004

　　二、尼采哲学简介 …………………………… 005

　　三、尼采思想与庄子的人生哲理 ……………… 008

陈　来　**论孔子教育思想的基本理念** ……………… 015

　　一、好学 ……………………………………… 017

　　二、学道 ……………………………………… 021

　　三、圣人可学 ………………………………… 025

　　四、为己之学 ………………………………… 028

　　五、成人之道 ………………………………… 030

朱汉民　**道学思想的经学化**

　　　　——朱熹《四书章句集注》的解读 …… 035

　　一、《四书章句集注》与道统建构 …………… 037

　　二、《四书章句集注》与道学建构 …………… 042

　　三、《四书章句集注》与性理学建构 ………… 047

傅小凡　传统文化的现代意义 ⋯⋯⋯⋯⋯⋯⋯ 053

　一、什么是传统 ⋯⋯⋯⋯⋯⋯⋯⋯ 055

　二、文化的含义与内容 ⋯⋯⋯⋯⋯⋯ 058

　三、文化的三种样式 ⋯⋯⋯⋯⋯⋯⋯ 062

　四、传统文化的现状 ⋯⋯⋯⋯⋯⋯⋯ 065

　五、为何批判传统文化 ⋯⋯⋯⋯⋯⋯ 071

　六、由批到不批的转化 ⋯⋯⋯⋯⋯⋯ 076

　七、中华民族的伟大复兴 ⋯⋯⋯⋯⋯ 079

徐小跃　国学与人生 ⋯⋯⋯⋯⋯⋯⋯⋯⋯⋯ 083

　一、国学涵盖的内容 ⋯⋯⋯⋯⋯⋯⋯ 085

　二、孟荀对人性的探讨 ⋯⋯⋯⋯⋯⋯ 088

　三、人伦与五常 ⋯⋯⋯⋯⋯⋯⋯⋯⋯ 093

　四、仁德是儒家的核心价值观 ⋯⋯⋯ 096

　五、人性、人文与人民 ⋯⋯⋯⋯⋯⋯ 099

陈少明　儒家伦理与陌生人问题 ⋯⋯⋯⋯⋯ 103

　一、何为陌生人 ⋯⋯⋯⋯⋯⋯⋯⋯⋯ 106

　二、文化、共同体与冲突 ⋯⋯⋯⋯⋯ 110

　三、儒家之"仁"与陌生人 ⋯⋯⋯⋯⋯ 113

　四、何为陌生人社会 ⋯⋯⋯⋯⋯⋯⋯ 117

　五、陌生人社会的伦理与规则文化 ⋯ 121

　六、儒家伦理与契约伦理 ⋯⋯⋯⋯⋯ 127

苑举正 **汉学哲学之呈现：以翻译卢梭为例** ·········· 135

　一、前言 ·········· 137

　二、汉语哲学的价值 ·········· 139

　三、"自由"在现代哲学中的地位 ·········· 140

　四、卢梭"自由"概念区分人与动物 ·········· 142

　五、翻译卢梭原文的重点 ·········· 143

　六、完善化生存能力 ·········· 148

　七、个人教育与集体政治 ·········· 149

　八、结论 ·········· 151

韩　星 **敬畏上天，仁民爱物** ·········· 153

　一、天的含义 ·········· 155

　二、天地君亲师 ·········· 157

　三、敬天的历史演变 ·········· 158

　四、灾异与反省 ·········· 160

　五、以民为本，敬德保民 ·········· 164

　六、敬天道、畏天命 ·········· 167

　七、举头三尺有神明 ·········· 170

　八、仁民爱物 ·········· 171

　九、敬天爱民 ·········· 174

　十、现代意义 ·········· 175

吴根友 《论语》中的人生智慧 ……………………… 177

　　一、《论语》中的知人、识人与做人 ………… 180
　　二、如何学习，如何交友？ ………………… 190
　　三、如何做公务员，如何当领导？ ………… 199

梁　涛 **君子儒学与庶民儒学**
　　　　——兼论统合孟荀 ……………… 211

　　一、君子儒学与庶民儒学 ………………… 213
　　二、士与民，圣与凡 ……………………… 216
　　三、"得君行道"与"觉民行道" …………… 222

刘　强 **中华孝道与爱的教育**
　　　　——"特别的爱给特别的你" ………… 229

　　一、传统文化的古今中西之辨 …………… 231
　　二、人禽之辨与传统孝道 ………………… 236
　　三、儒家伦理中的孝与爱 ………………… 243
　　四、我们该如何看待传统文化呢？ ……… 248

王　颂 **中华文明兼收并蓄的精神** ……………… 251

　　一、中华文明是多源融合的产物 ………… 254
　　二、佛教中国化是兼收并蓄的成功范例 … 257
　　三、兼收并蓄与亲仁善邻的关系 ………… 263

朱人求 **朱子文化的当代传承** ·········· 267

一、朱熹生平介绍 ·········· 270

二、朱子文化精神（一）·········· 277

三、朱子文化精神（二）·········· 284

四、朱子文化精神的当代意义 ·········· 287

赵东明 **中国佛学的智慧**

——论信及其在现代社会之应用 ········ 293

一、诚信 ·········· 295

二、信仰 ·········· 297

三、智信 ·········· 303

四、总结 ·········· 309

吴 飞 **六经与中国文明** ·········· 311

一、六经 ·········· 313

二、皆先王之正典 ·········· 315

三、六经作为整体 ·········· 320

四、礼是郑学 ·········· 325

五、郑玄的影响 ·········· 327

从尼采的生命哲学到庄子的人生智慧

陈鼓应

陈鼓应，1935 年生人。享誉国际的道家文化学者，历任美国加州大学伯克利校区研究员、北京大学哲学系客座教授、台湾大学哲学系教授。主编《道家文化研究》学刊，著有《存在主义》《存在主义哲学》《尼采新论》《悲剧哲学家：尼采》《庄子今注今译》等书。

世界上有两本书是我最爱好的：一本是《庄子》，另一本是尼采的《查拉图斯特拉如是说》。在我的学思历程中，由尼采的思想园地走向庄子的哲学领域时，无论两者在历史文化内涵上的殊异性或同通处，都引起我很大的兴趣。尼采和庄子，东西方这两种不同的哲学，都以关怀人类的命运为主轴，高扬人文精神，阐发审美的人生观等方面，都使我赞叹不已，引领我走向积极而达观的人生道路。这样的关注使得庄子留下了一系列富于人生哲理，对现代心灵仍旧有所启发的语言，也使得尼采一反西方传统哲学的神本主义，倡导人本思想，并深深地影响了现代西方存在主义的思潮，我年轻时也受到这股思潮的影响。

由于对这两部经典的爱好，我先后完成了尼采和庄子的相关研究。《悲剧哲学家尼采》是我在1963年出版的第一本书，书中内容集中体现了年轻时的我对尼采的热情，这种热情从来没有消退过。这也是我仍然乐于沿用原书名并特别珍惜这本书的原因。两年后完成了《庄子浅说》，现在再版时更名为《庄子思想散步》。

我常说有两个陈鼓应：学术的陈鼓应和现实的陈鼓应，前者是研究老庄的我，后者是现实上追求自由民主的我，这两个陈鼓应开始在（二十世纪）六七十年代结合，这跟我读老子、尼采、庄子有关。从尼采到庄子的学思历程，使我的思想视野逐渐地开阔起来，尼采以生命的眼光来观看艺术，庄子以艺术的心灵审视生命，都给我日后坎坷而曲折的现实人生以无比丰盛的精神滋养。以下先从我从尼采到老庄的学思历程说起。

一、从尼采到老庄的学思历程

我大学念了六年，前两年是台湾师范大学史地系，后来考上台湾大学中文系，之后又转到哲学系，直到二年级才读西方哲学。台大哲学系的课程以西方哲学为主，当时我总觉得希腊哲学跟科学比较有关，探讨宇宙的万物的本源、本体这些哲学问题。但是我读了半天，从推理一直到客观世界、自然界，看似理论系统建构很完善，推理严密，但是都太概念化，跟我生命完全没有交集，所以学士毕业时我写了洛克的知识论，但知识论是知识论，我的生命是我的生命，两者没有交集，没有交感，一直到研究所我读尼采，这才跟我生命有了呼应。

读研究所时有朋友跟我讲，庄子很有存在主义的味道，很有尼采的味道，于是我开始进入庄子的思想世界。进入庄子和尼采的思想世界后，我发现：这两者在思想解放和个性张扬方面有许多共同点。尼采的激情投入和庄子的清明超脱，正和希腊悲剧当中酒神和日神这两种精神力量相互对立又相互协调一致，反映着历代知识分子内心的种种冲突与求取平衡。

尼采（1844—1900）的代表作《查拉图斯特拉如是说》一开头就有老庄味道：查拉图斯特拉隐逸山林十年，有一天大清早起来，忽然心血来潮，对太阳说："伟大的星球，如果没有你所照耀的人们，你的快乐何在呢？"查拉图斯特拉以太阳自喻，觉得要像阳光普照世人世界一般，他的理想是需要灌注于世的，因此他下山到人世间。在山底下遇到一个虔诚的信教者交谈了一番，最后查拉图斯特拉离开时说："God is dead（上帝死了）。"西方哲学中最神圣、唯一的唯我独尊、至高无上、最威权的上帝，突然被尼采宣称"God is dead"，然后宣布超人的诞生，指出价值是我们人自己创造的，不是上帝给的。

尼采的《查拉图斯特拉如是说》和《庄子》在形式和内容上有很多的相同之处。比如说他们都承接了各自文化中的神话传统，都以寓言的方式表达。再如他们都保有一种历史文化感，以及富有诗意的文学情怀，又如他们对于人的存在的谈论，都是在同自然的关联中展开的。还有，他们都采取多维视角、多重观点地开展论述。

尼采的"酒神精神和日神精神"更分别的和庄子的"任其性命之情，安其性命之情"相应。在激发生命的创造力之后，还要对其进行收敛和安顿。近年来，我还上溯儒家和道家的思想源头，关注孔老相会、孔老对话的议题。我认为：孔子对于伦理教化的倡导，奠定了中国文化的根基。而老子对于宇宙本源和本根的探讨，奠定了中国哲学的主干。作为道家学派的创始人，作为中国哲学的开创者，老子善于运用辩证思维思考问题，比如为学与为道，也就是知识与智慧，还有个体与群体关系上的一系列思考。这不仅深深地影响了庄子，更深深地塑造了中国人的观念和思维，成为中国人的人生智慧。

二、尼采哲学简介

尼采从生命哲学的立场反思西方传统哲学，认为从柏拉图到康德莫不具有这样的特征：一是西方传统哲学注入过多神学的血液，二是传统形上学依据逻辑推论进行概念的铺陈，但缺乏生命的活力，他说："千年来西方哲学家所从事的思想工作都变成一种概念的木乃伊。"

在第一部著作《悲剧的诞生》中，尼采认为艺术是不断发展的，是由阿波罗跟狄俄尼索斯这两种精神的互相激荡中产生。阿波罗和狄俄尼索斯在希腊艺术世界中，尖锐地对立在一起。阿波罗是日神，是雕刻艺术，而狄俄尼索斯是非视觉的音乐艺术，两者之间形成了一个非常强烈的对照。这两种创造趋势是并驾齐驱而且又不断地相互激荡，而引发了更强烈的创造动力。这个精神在对立之下，希腊人加以点化而形成了希腊的悲剧艺术。接着，尼采又讲到：荷马的艺术世界中的众神人物，都显示一股旺盛的、昂扬的生命，将一切善与恶都点化为美好的。然后又说：希腊人创造很多神，都显示他们对生命的肯定，透过阿波罗美的动力，从原始的泰坦族的恐怖统治当中，发展出奥林匹亚众神的喜悦的统治，就像玫瑰花在荆棘丛中萌芽一样。这一种艺术产生了奥林匹亚世界，这个世界是反映了希腊艺术的一个变形的镜子。

解释希腊艺术精神时，尼采赋予酒神以意志的驱动力，赋予日神以思维的清晰性，这种酒神式的肯定人生的精神一直贯穿在尼采的所有的著作中，而讴歌生命也成为他作品当中的一个主调，比如在《愉快的智慧》中说："生命是不停地将我们的整体转化成光与火焰。"又如在《查拉图斯特拉如是说》中说："生命是欢愉的泉源"，"世界如一座花园展现在我面前"。

中古宗教文化把人类视为"被创造物"，尼采呼吁人类要以自我为立脚点，力求创建，在创建中不断提升自我，以求在文化价值上有所成就，因此尼采提倡"超人"。尼采讲"超人"有三个含意：首先，一切价值要转化，接下来他说超人是不停地激发你的内在的潜力，潜能驱动力，所以他说 overman。尼采的"超人"我不翻译成 superman，overman 代表不停地 overcome yourself，不停地激发你的驱动力、潜力、创造力，提升你自己，这是一层意思。第二，overman is the meaning of earth，地球其实就是人间，这个世间只有一个世界，并没有一个所谓的彼岸世界，所以这是一个大地的意义。第三，超人是一个桥梁，通过一个伸延，一个过渡，人生就是一个向前迈进的过程，甚至是一个创造的过程。这里的"一个"就是一个整全的世界，这一点跟中国哲学相似。庄子虽然在先秦诸子中批评性最强，可是庄子"迷阳迷阳，无伤吾行；吾行却曲，无伤吾足"就是说荆棘满地，但是你还是要拐个弯走，拐个弯走。你不要逃逸到另外一个世界，彼岸的世界。所以整个中国哲学，人本思想浓厚。

尼采倡导毅力的德行，于是运用象征法，将人类奋进的精神与价值转换的历程列为三个顺序，以"精神三变"说明人的精神变化。首先要像骆驼，忍辱负重，然后慢慢转化成狮子，否定世俗上很多不合理的事情，但是狮子否定力量是破坏性的，所以最后要转化成婴儿，预示着健康本能的恢复，以此扭转破坏的冲动而化为创造的冲动，代表新价值的开始。

尼采很重视人的自我提升、创造新价值，而"will to power"即是尼采哲学的推动力，这种意志储藏于内时为潜能，表现于外时为动能，所以我翻译为"冲创意志"。在这里我要澄清：两岸一般学者甚至于研究尼采的专家，都把"will to power"翻译成"权力意志"，这不符合尼采原意。尼采给朋友写信，信中强烈的批评德意志帝国与权力扩张所引发的战争，可是后来很多人把尼采跟德国二次大战的希特勒联系在一起。其实刚好相反，他非常反对那种反犹太的倾向，所以对权力意志在德国的应用，破坏一切发动战争，他非常反对，这一点跟庄子，跟先秦诸子一样，反对屠杀人。

这样创造的一种意志根源于狄俄尼索斯。尼采认为，世界是创造的，世界不是由上帝缔造的，而是 will to power，这种意志力是普遍的存在每一个内在的存在体，成为他的一个动力。所以他在《查拉图斯特拉如是说》明确地说，"will to power" 这是一个生生不息的创造的动力，这是一个很重要的观念。

顺带一提，两岸有三位尼采研究学者是我很欣赏的，一位是刘昌元先生，他所著《尼采》是港台尼采研究专著中最突出的，而大陆学者张祥龙、周国平两位在尼采研究领域也下过很深的功夫。

尼采是一个浪漫主义者，这跟庄子一样都以文学性的诗的语言来写哲学。尼采作品中常显现他对生命的激情："我的热爱奔腾如洪流，流向日起和日落处，从宁静的群山和痛苦的风暴中，我的灵魂倾注于溪谷。我的心中有一个湖，一个隐秘而自足的湖，但是我的爱之激流倾泻而下，注入大海。"他又说："你得用热忱的声音歌唱，一直到大海都平静下来，倾听你的声音。"

三、尼采思想与庄子的人生哲理

由尼采的思想园地走向庄子的哲学领域，我发现两者有许多共通之处：一、尼采的酒神精神跟日神精神，和庄子"任其性命之情""安其性命之情"相通。二、尼采和庄子都运用神话，借着寓言来表达宇宙人生的哲理。尼采运用希腊神话，庄子运用中国神话。中国有两大神话系统，一个是昆仑神话，一个是蓬莱神话，蓬莱神话就是描写山、海、河，庄子用蓬莱神话要多于昆仑神话。三、两人都有历史感、历史文化意识，比如尼采的《人生的利弊》说一个人如果历史意识太浓，就会掩盖他的创造力，可是如果缺乏历史意识，那就像阿尔卑斯山下的居民那样，思想视野是如此地狭隘。孔子、老子更有历史感，老子的道就是"配天古之极"，古跟今都有连续性。四、两人都采取视角主义，就是不同的视角有不同的观点，视角主义是多维视角，多重观点，视角主义是尼采提出来的。你看两千多年前的庄子，他思考问题也是从一个不同的角度来思考问题，苏东坡诗句"横看成岭侧成峰，远近高低各不同"就是指用不同的角度看问题就有不同的结果。

现在先看《庄子》中的来表达人生哲理的寓言神话。《逍遥游》中的逍遥，就是人类憧憬着一种精神的自由。《逍遥游》一开头："北冥有鱼，其名为鲲。鲲之大，不知其几千里也；化而为鸟，其名为鹏。鹏之背，不知其几千里也；怒而飞，其翼若垂天之云。是鸟也，海运则将徙于南冥。南冥者，天池也。"

这是一个蓬莱神话，一开始就是海，《秋水》篇也是河神跟海神的对话，庄子把蓬莱神话转化过来，首先表达人生的历程是游向北溟，就是说北海有一条鱼，鲲这条鱼是几千里那么大，所以这也是很重要的。我们读原典要留意它的关键词，清朝注释家林云铭，他说"大"是庄子逍遥游的一篇之纲。在那里深虚厚养在海底，"风之积也不厚，则其负大翼也无力。水之积也不厚，则其负大舟也无力"。所以要慢慢地累积实力，我觉得积厚之功非常重要。这与老子"千里之行，始于足下"相同，你要盖高楼，砖瓦一层一层，"千里之行，始于足下"，慢慢地，人生是一个累积，为学然后再为道。先点点滴滴的积厚之功，然后经年累业得生命气质发生变化。

所以"化"这个概念很重要，"化而为鸟，其名为鹏"，鹏的背也是几千里，也是大。但是六月的时候，海风吹动，一飞九万里。郭象讲去以六月息，那个息是风的意思。但是传统受郭象的影响都讲休息的意思，错了。"一飞乘风而飞"所以在这里的怒是发挥主观的能动性，生命气质发生了变化，你还要继续发挥你的主观能动性。海运则将徙于南冥，六月大风起来了你要掌握时机，"乘势而飞""鹏乘万里""一飞冲天"等等的寓言都是从这里来的。

这里面也表达了几个含义，第一点，学习的过程慢慢日积月累，积厚之功然后生命气质才能发生变化。这是中国哲学很重要的一点，就是由功夫再呈现到境界，如果根据郭象讲小麻雀也不要积厚它就可以飞来飞去，庄子不是这个意思，小大之辩不是这个意思。如果像郭象这样解释，中国哲学把功夫跟境界都消解掉了。

第二点，人生是一个活动的历程，这与尼采的"精神三变"相通。庄子说鲲化为鹏有积厚之功，学习然后呈现一种、达到一个境界。

第三点，就是所谓的视角主义的问题，在鲲鹏之喻的故事中，一共有三个视角，你在海底是一个视角，你在地面上是一个视角，你在天空中又是一个视角。我们从《易经》的乾卦来说，你到地面上要"潜龙勿用"，慢慢积厚之功。在地面上你要小心谨慎，日日夜夜，上面一个卦到九五之尊，所以，这个活动的一个历程你要为学到达为道。再回到鲲鹏之喻，"天之苍苍，其正色邪？其远而无所至极邪"，这也是视角主义，飞到空中的视角，拉开了无限的、无穷的时空系统。所以庄子在《逍遥游》的一开头借助鲲鹏展示这个寓言。鲲鹏展示它叫"游于无穷"，一是把人的精神领域，思想的空间、时空，拉到无穷，我在这里讲人生是一个动态的历程。庄子借鲲鹏展示要突破一个封闭的世界，开启了一个无限性的宇宙。他应用丰富的想象力，突破一种物质形象的枷锁。庄子跟尼采都有一个共同点，他们作品应用了好多动植物、山水风景来表达哲理。我们再以视角主义看儒道关系，儒家和道家各自从不同的视角观察政治社会现况，各自提出救国救民的理论，各有各的擅长之处，但其人文情怀是相同的，可谓殊途同归。

再谈《秋水》篇的"濠上观鱼"，"庄子与惠子游于濠梁之上"，濠上是在安徽、苏北的一个地区，就是刘邦的故里。庄子曰："鲦鱼出游从容，是鱼之乐也。"惠子曰："子非鱼，安知鱼之乐？"庄子曰："子非我，安知我不知鱼之乐？"惠子曰："我非子，固不知子矣；子固非鱼也，子之不知鱼之乐，全矣！"庄子曰："请循其本。"这个"本"很重要，可以解释成回到我们的心性情来谈，你说我是怎么知道鱼是快乐的，就在这个时候我用我的情、用我的各种心情去体会它。所以你问我，"我知之濠上也"。

第一，涉及对话的意义，就是差异中来求其会同，他们两个人观点，一个是名家，一个是文学性浪漫诗人的形态。今天我们也面临异质文化要进行对话，同质文化也需要进行对话。

第二，"游于濠梁之上"的"游"字很重要，游代表了一种诗意的心境，审美的心态。濠梁是如此的美景，你看这么美，所以诗意的心境在恬静的情态下，我来观赏山水之美，这是形构之美化景物为情诗。所以两个人游于濠梁之上，因此产生一种对话。不管是同质对话，或是异质性的对话，来到这山山水水，就产生一种人跟自然的亲和感，就是对于自然的美的一种向往。所以山水诗、艺术家也都会追溯到庄子。

第三，庄子是一种自然感性，而惠子是哲学的理性思考。主客观有了不同的思考，理性的思考跟感性的同通。所以理性思考我们的心进入到静，对山水产生一种审美感受。所以你游于濠梁之上，内心的喜悦，即景生情，借景抒情，产生一种情景的融合。在这里开头一段话就是以心照物，以物寄情，把外物人情化，把宇宙人性化，所以这是一个以心照物，推及于物产生一种美学家所讲的"移情"作用，移情是美的形象的涌现，以物寄情就是感悟而生情。比如说杜牧的诗，"多情却似总无情"多情跟无情对立。物我是同通产生乐感，生命情调加上一个自然景物，化景物为情诗。庄子有一句话"天地有大美"，所以读老庄，特别《庄子》，应该培养这样的一种达观的心胸来看待人跟物。

《逍遥游》后面提到"蓬心"，蓬心就是很窄隘封闭的心。要开阔这心胸来看待事情，要培养一种拥有审美的情趣，把时空距离要拉大一点。现在说来我挺难过。我们念书的时候好像受了五四精神的感染，有时代的使命感，社会关怀，但是现在回到我很熟悉的地方，却有存在主义讲的疏离感，文化上不管尼采是当代现代的，还是两千多年前的庄子，都有很多可以同通的地方，不能把自己的文化切掉了，用教科书把自己文化传统给切割掉了，这是我很难过的地方。

《齐物论》中富有一种现代的、时代的平等性，如严复、章太炎都是从这样一个角度来介绍《齐物论》。章太炎借佛学来讲庄子，而且其中隐含现代人地球村的想法。在地球村里面，有不同的生活方式，不同的价值倾向，不能够自我中心。

《齐物论》的齐物精神是"以是其所非，而非其所是，莫若以明"。庄子再说"物无非彼，物无非是。自彼则不见，自知则知之。彼出于是，是亦因彼。彼是方生之说也，方生方死，方死方生，方可方不可，方不可方可"。我们两个人对立。一对比以后，就有了《老子》第二章所谓的"有无相生"，然后第三章"虚实相涵"，十五章的"动静相养"，"孰能浊以静之徐清，孰能安以久动之徐生"。谁能够在浑浊里面慢慢地清静下来，让你的脑子清静，心灵平静，是孰能浊以静之徐清，孰能安以久动之徐生。安得太久了，一潭死水，那开始要动，恢复你的生命力。海德格尔很欣赏老子，书房里贴了"孰能浊以静之徐清，孰能安以久动之徐生。"

老庄后来各家都有接受两两对话、相反相成的思想，庄子所针对的是个人自我中心，团体自我中心，我们可以扩大到不同的东半球、西半球也会有自我中心，而且人类也会自我中心。庄子的齐物精神正是从这里来说的。

"物无非彼，物无非是"，我站在我的角度看你，我是此，你是彼；但是站在你的角度来看我，我又是你的彼，所以很多事情不能够只是自我中心，我可以从我的角度出发，我也要从你的角度出发。

"恢恑憰怪，道通为一"，我用现代的话来表达，万物是千奇百怪，各有不同的。个人与个人之间都有他的差异性、特殊性，有他的长处，所以我读了《齐物论》以后，会学习站在对方的立场来想事情，他为什么对我有意见，为什么如何如何，要试着站在对方的立场。"恢恑憰怪"就是每一个人都有长处，我们都要欣赏他的长处，但是个体之间还是要相互交涉，相互含融，相互交流，这个便是"道通为一"，在整体里边大家还是要遵守一些基本的规范，基本的规则。所以《齐物论》这两句话"恢恑憰怪，道通为一"就是庄子处理个体与群体之间关系的基本原则。

《齐物论》里面有很多典故，一个是"啮缺问乎王倪，子知物之所同是乎"，你知道万物有没有共同点，我不知道；那你知道你所不知道的，我不知道；他说那就不知道吗，一问三不知道。这典故也从《齐物论》来的。最后说好吧，不知道那我问一问，你喜欢吃鱼是不是，那鱼愿意不愿意被你吃，是不是？他举了三四个例子都很有意思，都是评论自我中心。

人类也自我中心，今天我们放眼看世界，雅斯贝尔斯有一本《历史的起源与目标》，他说我们不能只以西方为一个中心，我们要把思想拉到遥远的东方，去了解中国的文明跟印度文明。雅斯贝尔斯的《大哲学家》，把孔子跟老子放在十大哲学家里面，难得西方哲学家有这样的视野。

《齐物论》最后有一段瞿鹊子与长梧子的对话：卑贱的人跟物你也要遵从它，"以隶相尊"，"以是相蕴"，我把这些合成为一个命题："相尊相蕴"，人人之间要相互尊重，相互蕴含，这便是齐物的精神。

论孔子教育思想的基本理念

陈 来

陈来，1952 年生人。清华大学国学研究院院长、清华大学校学术委员会副主任、清华大学哲学系教授，中央文史馆馆员，教育部社科委哲学学部委员，中国哲学史学会会长、中华朱子学会会长。著述甚丰，除三联书店已出版的"陈来学术论著集"十二种外，还有《东亚儒学九论》《孔夫子与现代世界》《回向传统》《仁学本体论》《中华文明的核心价值》等。

中国的教育思想可谓源远流长，2500年前的孔子，他在生时和死后，一直被认为是伟大的教育家，而孔子的思想在广义上就是一套关于人的教育的思想。孔子的人文主义的教育理念和实践对中国的传统教育发挥了最重要的影响。我将围绕"学"的观念，以孔子为主来说明儒家的教育理想，在论述中先说明孔子对教育和知识学习的重视，然后指出孔子的教育不仅重视知识的"学文"，更强调德性的"学道"；指出"圣人可学"的观念对解释儒家教育思想特色的意义，特别指出儒家强调自我学习的观念的重要性；最后论述了儒家的教育理念和目标。

一、好学

　　在西方，古代希腊以"爱智"（the love of wisdom）为哲学（philosophy）的精神特色，对后来的西方文化起到了相当大的塑造作用。古代中国哲学当然不强调以爱智为特色，故曾有许多学者以"明德"为中国哲学的特色，以与"爱智"成为对比，这对儒家哲学思想而言，也言之成理。

　　爱如果是爱好、喜爱，智如果与教育或学习有关，则与希腊"爱智"的取向相比，儒家思想特别是孔子本人的思想中另有一个观念更值得注意，这就是"好学"，英文可译为 love of learning。"好学"绝不是孔子思想中的一个普通概念，我们可以肯定地说，"好学"是孔子思想中一个具有核心意义的基础性观念，不仅在他的教育思想，也在他的整个思想中占有特别重要的地位。这一点在以往似未受到应有的重视。

比如孔子说过：

> 十室之邑，必有忠信如丘者焉，不如丘之好学也。
>
> （《论语·公冶长》）

这就是说有"忠信之德"者并不罕见，但好学之人则非常罕见。忠信是春秋时代的最基本的德性，而从这句话可以看出，孔子是把好学看得比忠信更为难能可贵的一种品质，虽然我不能说在孔子的全部德性系谱中好学的级位一定比仁和忠更高，但对孔子来说好学的品质显然是朝向于一个与道德不同的实践的面向，即教育的活动。

另一个例子是，鲁哀公与孔子谈话，问及弟子孰为好学，孔子说：

> 有颜回者好学，不迁怒，不贰过。不幸短命死矣！今也则亡，未闻好学者也。
>
> （《论语·雍也》）

孔门贤人七十余，弟子众多，可是孔子却唯独赞许颜回为好学，颜回以外，则"未闻好学者也"，这再次证明，孔子确实把好学看成非常重要而且难得的品质。

另一则《论语》的记述：

季康子问："弟子孰为好学？"孔子对曰："有颜回者好学，不幸短命死矣！今也则亡。"

（《论语·先进》）

此段与上例相同，表示孔子对好学的重视和对颜回好学的赞许是一贯的。

仔细体会和回味《论语》中的上述三段话，我们应可知，整部论语把"学而时习之，不亦乐乎"置于全书之首，并非偶然。因为，孔子对学、好学的重视，确实非同一般。

这样，我们也就知道，孔子讲"吾十有五而志于学，三十而立……"这一段话中的"志于学"的意义亦非普通。"志于学"的志亦即好学之志，所以学与好学既是孔子思想的发生学的起点，也是他的思想生命的逻辑起点，是孔子思想的重要基石。

现在要问，好学是否为一种德性或美德呢？表面上看，好学与一般孔子所说的德性如仁、智、勇不同，似乎不属于德性，不过，这如何解释孔子既称颜回为唯一的好学者，又把颜回归在弟子中的"德行"一类？（《论语·先进》）如果好学属于德性，那么它与仁智勇的德性有何区别？亚里士多德在《尼各马科伦理学》中认为：

德性分为两类，一类是理智的，一类是伦理的。理智德性大多数由教导而生成培养起来的，所以需要经验和时间。伦理德性则是由风俗习惯熏陶出来的。……我们的伦理德性没有一种是自然生成的，因为没有一种自然存在的东西能够被习惯改变。

（《尼各马科伦理学》，1992，25）

理智德性的养成和教育有关，而好学也应当是属于教育的范畴，这样看来，从与教育的关联来说，好学与理智德性是有一致处的。当然，理智理性是恰当运用理性的德性，与好学作为一种优秀的能力有所不同，同时孔子也不认为伦理德性与教育无关。但无论如何，孔子是把好学看成与伦理德性有别的重要品质和活动。

好学在孔子思想中的这种重要性，在他关于"六言六蔽"的论述中最突出地表达出来：

> 子曰："由也，汝闻六言六蔽矣乎？"对曰："未也。""居！吾语汝。好仁不好学，其蔽也愚；好知不好学，其蔽也荡；好信不好学，其蔽也贼；好直不好学，其蔽也绞；好勇不好学，其蔽也乱；好刚不好学，其蔽也狂。"

（《论语·阳货》）

这一段话很重要，从德性论来说，它表示每一个别德性对人的意义，不是独立的，而是与其他德性相辅相成地发挥其作用的，诸德性的相辅相成才能造就君子或圣人的中和不偏的人格，而在德性的相辅相成的结构里，好学无疑占有其突出的地位。仁、智、信、直、勇、刚这六种德性都是伦理德性，但是孔子强调，对伦理德性的追求不能离开好学，所有的伦理德性若要中和地发挥其积极的作用，不能离开好学的德性，不能离开好学的实践，否则这些伦理德性发生的作用就会偏而不正。这种思想认为，各种德性需要互相配合、互相制约、互相补充，因为每一单独的德性都在实践中可能有弊病。同时，还可看出，好学不仅是一种优秀的能力和特长，也是一种心智的取向，而这种能力和取向明显是指向于知识的学习与教育过程。这样就把伦理德性和理智德性结合起来了，把伦理德性与教育（学习）活动结合起来了。在这个意义上，好学近于亚里士多德的"实践智慧"。

不管孔子这里所说是否有其特定的针对性，对照前述孔子一生对好学的高度重视，就可以看出"六言六蔽"之说并不是孔子的偶发之见，而是表达了孔子对伦理与理智，德性与学习的整体的、平衡的了解。有仁有智有勇有刚，但不好学，则德性仍不圆满而易产生偏差。因此，每一伦理德性都必须与好学的理智德性联系起来，相互补充，并且要用学习的实践成果去补益它，否则这一德性在实践中就会导致偏差，从这里可见孔子对教育及知识学习的重视。

自然，好学在这个结构中也并非独立自足的，但是，如果没有好学，而只有好仁好信，孔子就不成其为孔子，不成其为教育家的孔子，不成其为"学而不厌"的孔子。在孔子留给后世的形象中，好学始终是一个重要的侧面，这在唐以前的儒学中是不曾有过疑问的。

二、学道

好学是孔子思想中一个重要的价值，也是一种德性，好学体现于人的一生的无休止的过程，这也表示学习的实践是终生的，体现了孔子关于终身学习的理想。

如果说孔子提倡好学，那么，孔门所学的内容是什么呢？宋代儒家就曾提出过孔门"所好何学"的问题。程颐说：

圣人之门，其徒三千，独称颜子为好学。夫诗书六艺，三千子非不习而通也，然则颜子所独好者，何学也？

（《颜子所好何学论》，《二程集》）

史书说孔子以六艺教人，六艺为"礼乐射御书数"；孔子曾致力整理六经，六经即"诗书易礼乐春秋"。根据《周礼》和《礼记》可知，诗书六艺在孔子以前的春秋后期已经是贵族教育的基本内容。《史记》说孔门"弟子盖三千焉，身通六艺者七十有二人"，这里所说的通六艺即是礼乐射御书数。汉代以后的儒者则把六艺解释为六经。在孔子的时代，他把以前贵族教育的诗书六艺扩大为有教无类的一切人的教育，使得诗书六艺成为孔门教育的一般内容，极大地推动了知识的解放。不过，作为技术的六艺和作为经典的六经有所不同，后者完全是经典教育，前者则是实践性的技艺，孔子在二者之间更重视经典的教育。好学的对象当然包含这些内容，这说明孔子把经典为核心的人文教养与文化传承视为教育的基本内容。

但六艺、六经只是孔子教学的知识教育的范围，并非是孔子教育的全部内涵，甚至于，《论语》中的孔子教诲几乎都是诗书六艺以外的内容。据《论语》，孔门以四教"文、行、忠、信"，后人还把《先进篇》的"德行、言语、政事、文学"称为四科。看来，技术的六艺是基础课程，经典的六艺是专业课程，而德行是通识教育的核心，因此四教和四科的说法，比六艺之说也许更全面地反映了孔子教育的理念与实践。更重要的是，孔子之为孔子，孔子的教育与周礼六艺的贵族子弟教育的不同之处，不仅在于他把六艺教育扩大为全民教育，而且在于他的教育理念已超出周礼的六艺，甚至超出周代的经典教育，而是以人文知识为基础发展为一种全面的自由人格教育。在《论语》中，"成为什么样人格的人"变成了教育的最重要的核心意识，这在孔子以前的春秋时代是没有过的。也正是在此基础上孔子提出了君子理念为核心的学道教育。

教育或受教育对于孔子意味着什么？可以说，这个问题在孔子更多地是以"学"的形式提出来。就是说，在孔子思想中，学不仅是学习，学这个概念在孔子本身还意味着教育的意义。换言之，学在孔子和儒家思想中有狭义和广义之分。狭义的学是学习，与思相对，所以，"子曰：吾尝终日不食，终夜不寝，以思，无益，不如学也"（《论语·卫灵公》）。亦可与"修德"相对，"德之不修，学之不讲，闻义不能徙，不善不能改，是吾忧也"（《论语·述而》）。广义的学则可以说就是对人的整体教育。狭义的学孔子又称为学文，即知识的学习，所以孔子教人从孝悌信仁的践行开始，主张"行有余力，则以学文"（《论语·学而》）。广义的学则不仅是知识的学习，而以德行之学为基础，因此，正如子夏所说，"贤贤易色，事父母能竭其力，事君能致其身，与朋友交言而有信。虽曰未学，吾必谓之学矣"（《论语·学而》）。这可以说也反映了孔子的思想。这里的"未学"的学当指学文；而把能行孝悌忠信"谓之学"，这个学就不是学文的学，而是道德教育、人格教育，这里便体现了孔子的整体意义的学的概念。所以，孔子说"君子食无求饱，居无求安，敏于事而慎于言，就有道而正焉，可谓好学也已"（《论语·学而》）。一个人不追求物质享受，而追求精神完满和人格完美，能勤敏谨慎，向掌握了真理的人学习，这就是好学了。这里的好学都不是狭义的学文的学，而是君子之学，即成为一个有人格追求的人，有精神理想的人的学。从教育的角度说，这里的学都具有一般人文教育的意义，不限于学文。相对于学的广狭二义，好学应当也有两重意义。

就学文而言，学是指知识的学习，尤其是礼乐知识和经典知识。孔门中所谓文学是指此，读书之学是指此，（《论语·先进》）"多学而识"的学也是指此。所谓"博学于文"（《论语·雍也》）是指此种学文之学，学而不厌的学，也应主要指学文之学，与"德之不修"相对的"学之不讲"的学也应指学文之学。经典的学习，在《论语》中提到的有学易、学诗、学礼。孔子对于经典的学习与传承很为重视，文是学和好学的标志性内涵。这不仅成为后来儒学的主要特点，也深刻影响了中国的教育实践。

但是，如前所说，孔子主张的学不仅指此，经典和知识学习而外，还要"约礼""修德"，在德行上、政事上实践有成，这些也都包含在学之内。所以孔子在回答哀公问时也说："有颜回者好学，不迁怒，不贰过"（《论语·雍也》），好学在此意义上即指学道、学德，这样的"学"是品质德性的获得和提升，所以这样的学亦可称为"学道"，君子、小人都要学道。相比于技术的学习，孔子强调："百工居肆以成其事，君子学以致其道。"（《论语·子张》）所以，君子之学的要点在于学道，《礼记》称之为"修德学道"（《礼记·燕义》）。这样的学当然不注重特殊的技能（如稼圃），故"君子不器"（《论语·为政》），君子所代表的是一完整的人格，不是某一专门技术或技艺。这样的学实际上更多的是指领导者之学，学作领导者。这种学作领导者的学，并不是把领导作为一门技术，而是通过学"好礼好义好信"（《论语·子路》）来得到领导者的素质和能力。

从整个孔子思想体系来看，最重要的是，"学"的目标是学为君子，这是全部《论语》的宗旨。后来唐代的儒学家和教育家韩愈（768—824），明确提出教育者的第一位任务是"传道"，其次才是知识的"授业"和"解惑"，所以从教的方面说，"传道"是第一位的，从学的方面说，"学道"是第一位的。

孔子主张君子要"学道"，普通人也要学道，学道与学文相对。从政治上说，君子学道为了成为好的领导者，普通人学道是为了成为好的公民。（《论语·阳货》）所谓学文是学道的余事，人能行孝悌忠信，"行有余力，则以学文"（《论语·学而》），这可能更多的是对普通人而言。但无论如何，道是最重要的，所以"朝闻道，夕死可矣"（《论语·里仁》），而好学的意义之一是"守死善道"（《论语·泰伯》），维护道的正义。所以学的首要任务是"志于道"，最后才是"游于艺"。（《论语·述而》）"君子学以致其道"（《论语·子张》），道的追求始终是君子之学的目标。

《礼记·学记》也说"玉不琢，不成器；人不学，不知道。是故古之王者建国君民，教学为先"。这也突出了学的目的是"知道"，学是使人成为君子，而君子的榜样可以化民成俗，具有社会政治的功用。在这个意义上，儒家的教育理念往往与社会政治联系在一起，接近于实用主义的立场。

三、圣人可学

关于事实的知识是可以教授的，但关于德性、人格的知识则有所不同。柏拉图在《米诺篇》中，以苏格拉底与米诺的对话，提出"美德能教授吗"的问题。（《柏拉图全集》卷一）这个问题当然包括两方面，一是老师能不能把美德教给别人？二是学生能不能从老师的所教中学得美德？照柏拉图所说，苏格拉底开始时强调不知道美德为何的人是不能教给别人美德的，而最后他明确主张美德不可教，他的论点主要是从老师即教育者的角度着眼的。

如果我们用这个问题来问孔子和儒家，我们会得到什么答案？这个问题不宜做简单回答。但是，虽然我们不能简单做出"美德可教"的回答，我们却可以得到"美德可学"的明确回答。这在宋代的周敦颐（1017—1073）的《通书》中被明确表达出来："圣可学乎？曰：可。"程颐（1033—1107）也说："圣人可学而至欤？曰：然。"（《通书·圣学》）所谓圣人可学，即是说圣人之德可学；不仅圣人之德可学，而且人可以通过学圣人之德而成为圣人。所以，对于苏格拉底与柏拉图的"德可教乎"的问题，中国古代儒家更倾向于用"圣可学乎"的方式来表达儒家的问题意识。因此我们可以说，儒家通过"圣人可学"的观念，肯定了"德可学"。自然，教与学不同，但它们都属于教育的范畴。因此，如果把苏格拉底、柏拉图的问题，转化为"美德可以通过教育获得吗"，那么，儒家对于德可学、圣可学的肯定，应当说即是肯定了德性与教育的联系。在柏拉图之后亚里士多德对这个问题的回答是，理智德性可通过教育获得，伦理德性则不是从教育获得。儒家则主张伦理德性也可以通过学而获得。

圣人可学的观念其实早在先秦已经成熟，荀子（约前313—前238）说：

学恶乎始？恶乎终？曰：其数则始乎诵经，终乎读礼；其义则始乎为士，终乎为圣人。

（《荀子·劝学》）

数指课程的阶段，义是教育的目标。荀子认为，学以成为圣人那样的人作为目标，肯定圣人是可学而至的。如果说数学的计算是可以由老师教会的，显然，孔子到荀子，都不会认为德性是仅仅靠老师的教授获得的，事实上数学计算的能力也需要学生的实践，任何一种数学知识的获得都不仅需要教，也需要学和习（学而时习之）。在这个意义上，美德并不是仅靠老师教会的。但另一方面，孔子与此后的儒家以讲学为天职，无非是昭教学生去学习士君子的人格和德性，儒家在教学活动中也反复讨论许多对于德性的疑问。在这个意义上，德性的获得与"教"有关，当然，完整的德性的获得不是仅靠"教"，而是"教—学"的连续过程。

圣可学的观念在教育的角度看是通过学习获得德性的发展，而君子是孔子特别用来作为理想人格的概念。从整个孔子思想体系来看，最重要的是，学的目标是学为君子，以君子的人格态度来从事学，这是全部《论语》的宗旨。在孔子以前君子一词是指统治阶级，在孔子则将之改变为理想人格的名称，这是孔子对古代人文主义教育的根本性贡献。

圣可学的教育理念和儒家主流的人性论相关。孟子的人性善观念到宋代以后成为最有影响的人性论，这种人性论认为，人的本性不论其社会等级、职业差别、教育程度，都是本善的。善表示人与动物的根本不同，也是人能自我教育和自我发展的内在根据。一个人为不善，并不是他的本性所决定的，而是社会环境和习惯造成的。人性光辉的信念使得儒家教育思想对于人不是抱着不信任的态度，而是最大限度地相信人的自我教育和发展的能力，因此，引导人的行为向善，不是依靠严刑酷法，而是依靠人的本性的自觉，去冲破社会污染的迷失。这是最根本地肯定人的尊严的思想。

四、为己之学

就"圣可学"的观念来说，显然不是对于教育者而言，而是对学习者而言，其重点不是教育者怎样去教，重点是学习者怎样去学，学习者自己怎样学得德性、学为圣贤。这也可见儒家的教育思想更关注的不是教，而是学。这是儒家教育思想的特点。

从《论语》的文本来看，学一字使用的频率极高，而教的使用甚少。这一对比显示出，孔子把学看成教育过程的首要因素。从而，美德主要是从学获得而来的。孔子所理解的教育不仅是教，更强调学，教育从根本上说是人的自我追求的过程。孔子主张"古之学者为己，今之学者为人"（《论语·宪问》），为人即给别人看，为己是为了自己的人格与精神的成长和完满。从这个观点看，教育的主体性体现为由己之学，是人为了自己而主动的学习，教育的精神就是使受教育者主动地学习。"为仁由己，而由人乎哉?"（《论语·颜渊》）

学习成为圣人的观念不仅在教育目标上界定了教育的人文性质，也使得教育的重点不在教，而在学，虽然学可能包括向老师学，即包括一些教的内容，但学更多强调的是学习者自己努力地去学习、实践，特别是这种学也是学习者自觉的为学，终身的追求，终身的教育。这种自觉自然要靠教育者的启发、引导和榜样的召唤，但更要靠学习者自己。而孔子所说的学也包含了实践，君子人格是可以通过学习和培养，通过德性的不断的自我训练来达到的。

由于教育中学习者的地位最重要，所以学是教育过程的首要因素。因为教育的过程主要是学习者自我学习、不断学习的过程，教虽然占有一个重要位置，但相比之下，学习者自己的学习更为重要。就德性的教育而言，教育者的最基本的责任是对于受教育者特别是正在形成世界观的青少年启示一种理想的人格德性，唤起学习者的仰慕心，发愿成为这样的人，使理想人的德性成为自己的德性、品质和一生的选择。但成圣成贤，严格地说，不是老师所教会的，德性的知识虽然可以是 knowing what，但学会德性的知识，要自己去在实践中做出来，是自我完成的。教育者的责任是告诉学习者什么是君子，君子处于何种境遇会展现何种德性，使学习者在教育过程中得以兴起，产生一种对高尚人格的景仰、仰慕，从而希望在自己的生活中也模仿去做，把人格的追求看成生命中的重要任务。但老师教的只能使你"知及之"，如果没有自己的努力实践，"虽得之，必失之"。（《论语·卫灵公》）老师教的是知，自己去学的是行。

可以说，儒家更多的是把学理解为学习者自主的、终生的、实践的活动，如果说到德性的话，它决不像一种方程的知识可以在课堂里教会，而是在对正确与错误，高尚与低俗的不断教育中唤起人的道德感和生活选择的能力，并促使人在日常生活中体现它。所以儒家中重要的问题不是仁、德的定义和辨析，它认为这种辨析对德性的养成没有实际作用。儒家教育中关切的问题是怎样去做才是仁的德行，仁表示何种的实践，什么样的人可以称作仁的人，君子即高尚的人应当具有什么德行，他们的实践原则是什么，要成为君子需要具备什么德行，什么行为原则，具有这样德行和原则的人能达到何种精神的境界（仁者不忧，知者不惑，勇者不惧），君子选择什么，摒弃什么。论语中最常出现的是"君子……而不……"或"君子……，小人……"，叙述君子的生活状态、态度。

正是由于教育是学习者自主的学习，所以孔子和早期儒家强调"古之学者为己，今之学者为人""君子求诸己，小人求诸人"，学是学为君子，为己就是为了使自己在精神人格上的充实发展而学习，儒家和中国哲学的意识是，理想的人格是什么，人性是如何，实现人性的修身方法是什么。这样的问题意识也支配了儒家教育理念和实践。

五、成人之道

那么，从儒家的角度看，教的作用何在？除了知识的传授外，老师的教诲是指出道德的榜样，并通过对人事的道德评价鼓励和引导学生德性的进步；教育者的任务是告诉学习者什么是伟大的精神，什么是高尚的人格，引导学习者把自己培养成为高尚的人。这是古典教育的共通宗旨，与古代贵族教育有密切关联。儒家的教育者并不企图告诉学习者为什么要学习成为高尚的人格，更不会去证明成为高尚的人有何实际的好处，因为这对他们是不言自明的预设。古典儒家的师道只是力图说明什么样的人是高尚的人，高尚的人具有什么具体的德性，人应当如何修养自己以获得这些德性（或发挥这些德性），以达到圣人的境界。所以，孔子教人的重点不是具体的礼制知识，甚至也不是经典知识。对于礼，孔子是把礼作为规范的总原则，来评价人的行为，礼在这里成为道德行为的原则，参与到德性和行为的评价。至于经典，孔子所关注的是如何利用经典话语的权威资源，把经典作为规范性的教训，引申其价值的意义，发挥其伦理教训的功能。儒家对经典的传承当然也重视其文献的知识意义，但比起其价值意义来，则居其次。在这个意义上，如果说孔子所说的教，其注重传授的知识是道德知识，亦无不可。对于儒家，从理论上、从形象上，肯定和树立人格的理想是教的一个重要的方面，所以论士君子的德性的内容在《论语》中所占的数量最多，以此通过赞扬和贬评，培养人的道德正义感和公共服务的精神。

不论是士还是君子，儒家的学就是学为一种高尚的人格、完整的人格、具有多方面优秀品质的人格。培养一种追求高尚人格的人，以德性教育为中心的整全人格的塑造，是儒家的教育目标和理想，也是两千多年来儒家教育的历史实践。中国古代的教育理念是做人，学做君子，学至圣人，体现了"做什么样人格的人"是儒家教育观的根本问题。孔子和孔子以后的儒家都把教育的最高理想界定为使学习者成为圣贤。古代教育与学习，最重要的是设立道德的榜样，而这在人文主义文化中只能通过圣人的形象来达到。在中国它虽然可以是具体人格的，如古代圣王的系谱，但更多的是儒家文化中对"君子人格""君子品质"的崇尚和表达，以此造成对受教育者的一种道德的感召，使得受教育者努力学习成为这样的人格。

在君子人格和德性中孔子最重视仁，仁是孔子道德教育的中心的观念。照后来儒家对《论语》的解释，仁是人之全德，就是说，仁不是某一个方面的德性，仁代表整体的品质德性；狭义的仁与义礼智信相分别，广义的仁则包含义礼智信。由于这样的仁是人的全德，所以这表示孔子和儒家的教育理念是注重培养全德的人。古礼中的"成人"是指成年人，而孔子则将"成人"的观念转变为完备人格的概念：具有知、不欲、勇、礼乐、艺多方面德性的人是"成人"，"见利思义，见危授命"的人是"成人"（《论语·宪问》）。《管子》中说"既仁且智，是谓成人"（《管子·枢言》），也明白地说明了这一点。后来荀子也说有德操的人是成人，德性完美的人是"成人"，而君子就要成为具有完备人格的人，"君子贵其全也"（《荀子·劝学》）。宋代新儒家邵雍（1011—1077）则把全德之人称为"全人"（《宋元学案·百源学案》）。这样的教育，其基点是服务于一个人的全体的精神成长，服务于他的全部的德行生活，它不是一个专一的技能所能体现的，当然也不是为了把一个人教育为专业的人士。从这个意义上说，孔子以前如果有"儒"，这种儒也没有确立起这样的全人教育的理念，只有到了孔子，及孔子以后的儒家才确立起全人教育的理念。而"君子不器"可以说也是这一理念的表现。

在教育上，"道"代表德性为中心的整全人格的塑造，是教育的目标和理想，这是孔子开创的儒家教育的实践所始终强调的。中国古代的教育，始终强调学习做人。要培养出把品格的操守看得最重要的人，追求人格高尚而鄙薄低俗、不屑功利的人，培养这样的人，是儒家教育的根本目标。

以圣人奠定整体性的生活目标，用箴言和榜样进行感召的教育，这种教育在哲学中被称为德性中心的教育或品质特性的教育。儒家以美德品质为教育的核心，要人自愿地忠于其品德责任，快乐地寻求学习圣人，因此哲学最重要的并非存在论的"是"，而是伦理学的"德"，重要的不仅是"知"，还要重视"行"。哲学的性善论则是致力说明人性可以成为生长所有品质德性的自我的根源，以代表道德理想的圣人为学习的目标和动力。

总结起来，儒家的教育理念，重视经典的人文教养，以君子的榜样为学习的模范，以德行优于知识，以圣人人格为教育的培养目标，强调成人或全人的教育理念，突出学和自我的主动性在教育过程中的意义，着眼在把人变成全面发展的高尚的人。儒家的教育思想不仅仅是对狭义的教育的认知，而且蕴含着整个古典时代对人的理解。

道学思想的经学化
——朱熹《四书章句集注》的解读

朱汉民

朱汉民，1954 年生人，湖南大学岳麓书院教授，历史学、哲学专业博士生导师。主要研究方向为中国哲学史、中国文化史、湖湘文化等。兼任国际儒学联合会副理事长、中华孔子学会副会长、中国书院学会会长、国家社科基金评审专家等。主持国家社科基金重大项目、国家社科基金重点项目、国家《清史》学术工程项目等十多项，出版《玄学与理学的学术思想理路研究》《湖湘学派与湖湘文化》《经典诠释与义理体认》《儒学的多维视域》等著作二十多种。

朱熹作为继孔子之后在中国思想文化史上最重要的思想家之一，其思想贡献无疑涉及非常广泛。如果说孔子通过整理、诠释"六经"而成为中华文明史上承前启后的思想巨人的话，朱子同样是通过集中诠释"四书"而成为又一个承前启后的思想巨人。值得注意的是，他的道统、道学、性理学的三个理论体系的成熟和完成，都是建立在《四书章句集注》的经学诠释与建构的基础上。《四书章句集注》的完成，为宋儒建构的道统、道学、性理诸学说提供了权威的经典依据。

今天重点讲一讲道统、道学、性理学的思想体系与《四书章句集注》的共生关系，以梳理宋代道学如何经学化的一系列问题。

一、《四书章句集注》与道统建构

朱子一生做学问甚勤，然而他用力最多的却是"四书"学研究。他在与友人的信中说："熹于《论》《孟》《大学》《中庸》一生用功。"（《答胡季随》，《朱文公文集》卷53）朱熹学术研究有一个重要的历史使命，就是复兴师道，重建儒学，而这一工作的确立与完成，均与道统论联系在一起。甚至可以说，朱熹的终生学术生涯都是建构道学、传承道统。所以，他精心编撰《伊洛渊源录》《近思录》，就是为了梳理道统、建构道学，他最后以一生精力完成的《四书章句集注》，其学术目标也是为了道学、道统的经学化。

所以，《四书章句集注》的首要目标，就是将儒家道统谱系与经典体系的建构统一起来。《伊洛渊源录》《近思录》是奠定宋代道统谱系、道学体系的重要著作，但是，道统谱系、道学建构要取得令人信服的结论，还特别需要以经典文本为依据的思想诠释。实际上，朱熹用毕生精力在做一件重要的工作，就是结集《论语》《大学》《中庸》《孟子》并为之集注，而其首要学术目标就是道统论的建构。事实上，只有朱熹在《四书章句集注》完成后，宋代道学的道统论建构才算真正完成。

所以，朱熹在确定《论语》《大学》《中庸》《孟子》的"四书"体系之后，面临的首要问题是确定"四书"的道统意义。他首先在"四书"的诸序中，阐发这些典籍在传承三代先王之道的道统论意义。宋儒的道统思想并不是一种凭空的发明，而是源于原始儒家。本来，早期儒家一直就有比较强烈的王道意识，早期儒家的王道理念和经典建构与诠释有着密切关系。孔子及其后学之所以热心整理"六经"，就是为自己理想的王道寻求经典依据。所以，他们在选择、治理先王留下的历史文献时，还为这些文献作传、记、序，以深度阐发儒家学者追求的"道"，其实均来源三代圣王留下的"典""册"之中，就是尧、舜、禹、汤、文、武、周公等先王之道。早期儒家将这一种先王治理天下的历史经验，提升为一种普遍化、理想化的天下之道。在《论语》、《孟子》以及"六经"传记序等儒家典籍中，包涵了丰富的道统思想。譬如，孔安国为《尚书》作《序》，就将儒家道统思想与儒家经典结合起来，他说："古者伏羲氏之王天下也，始画八卦，造书契，以代结绳之政，由是文籍生焉。伏羲、神农、黄帝之书，谓之'三坟'，言大道也。少昊、颛顼、高辛、唐、虞之书，谓之'五典'，言常道也。至于夏商周之书，虽设教不伦，雅诰奥义，其归一揆，是故历代宝之，以为大训。"（《尚书注疏》卷1）他将儒家思想追溯到上古时期的伏羲、神农、黄帝、少昊、颛顼、高辛、唐尧、虞舜及其夏、商、周的诸多圣王，就是希望说明儒家的王道具有十分久远的历史渊源。所以说，早期儒家一直在努力追求王道，并希望在儒家经典基础上确立王道的价值内核。

一千多年后，宋儒正式确立道统谱系并最终完成道统论的建构。宋儒之所以能够完成道统论，一方面继承了早期儒家的师道精神，将上古王道的谱系转化为士人师道的谱系；另一方面发展了儒家的仁义思想，将孔孟有关人人关系的仁义之道，发展为周程天人关系的性理之道。所以，对朱熹而言，他不仅需要重新确立以孔孟之道为核心的"四书"经典体系，更要对这些新经典体系做出合乎时代需求的义理诠释，这是他们必须承担的历史使命和文化使命。其实，从宋学思潮刚刚开始兴起，早期儒家特别是思孟学派的著作就已经受到学者的广泛注意，《论语》《大学》《中庸》《孟子》等儒家传记、诸子著作的学术地位，已经在不断提升；特别是这些典籍中的话语、范畴、思想，逐步成为儒林的热门话题。道学思想发展到南宋乾淳之盛时，朱熹才有可能将《论语》《大学》《中庸》《孟子》的典籍进一步体系化，提升为一套相互诠释、相互补充的经典体系，即后人将他们理解为与

"五经"体系并列的"四书"体系。与新经典体系确立相关的是，道统人物谱系也因《四书章句集注》而得以确立。"六经"的道统人物是君师合一的上古圣王，他们创造了教治合一的道统，也就是朱熹所说："此伏羲、神农、黄帝、尧、舜，所以继天立极，而司徒之职、典乐之官所由设也。"（《大学章句》，《四书章句集注》）当然，上古圣王还包括禹、汤、文、武、周公等道统人物。而"四书"作为一套新经典体系，恰恰也是朱熹建构道统论的经典依据，正如孔子及其弟子整理、诠释"六经"时，能够以"六经"为依据而建立上古圣王的道统谱系一样。朱熹在结集"四书"并做注时，他的首要工作，是要建立起《论语》《大学》《中庸》《孟子》与程朱道统谱系结合起来的关系。

朱熹首先肯定记载孔子思想的《论语》在道统谱系中的地位，他引述杨时的话说："《论语》之书，皆圣人微言，而其徒传守之，以明斯道者也。故于终篇，具载尧舜咨命之言，汤武誓师之意，与夫施诸政事者。以明圣学之所传者，一于是而已。"（《尧曰》，《论语集注》卷10，《四书章句集注》）朱熹还进一步确立《论语》《孟子》与"六经"的道统关系，他引述程子的说法："学者当以《论语》《孟子》为本。《论语》《孟子》既治，则'六经'可不治而明矣。……句句而求之，昼诵而味之，中夜而思之，平其心，易其气，阙其疑，则圣人之意可见矣。"（《论语集注》，《四书章句集注》）朱熹还强调《大学》一书是孔子传道曾子的经典："而曾氏之传独得其宗，于是作为传义，以发其意。"（《大学章句》，《四书章句集注》）"《大学》，孔氏之遗书"（《大学章句》，《四书章句集注》）。朱熹之所以要将《大学》分成经一章、传十章，从而充分肯定《大学》是儒家道统谱系的重要经典。朱熹对《中庸》的道统地位更是特别重视，他通过《中庸章句序》以系统阐述儒家道统思想，他说："中庸何为而作也？子思子忧道学之失其传而作也。盖自上古圣神继天立极，而道统之传有自来矣。其见于经，则'允执厥中'者，尧之所以授舜也；'人心惟危，道心惟微，惟精惟一，允执厥中'者，舜之所以授禹也。尧之一言，至矣，尽矣！而舜复益之以三言者，则所以明夫尧之一言，必如是而后可庶几也。盖尝论之：心之虚灵知觉，一而已矣，而以为有人心、道心之异者。"（《中庸章句序》，《四书章句集注》）由此可见，《中庸》既是渊源于尧、舜、禹、汤、文、武等圣王"允执其中"的道统之传，又是孔子、颜子、曾子、子思传承道统的文本。总之，朱熹等道学家之所以选择《论语》《大学》《中庸》《孟子》作为儒家必读的经典文本，其原因就在于这些典籍在儒家道统史上，均具有传承道统的重要地位。

当然朱熹之所以集注"四书"，还有一个更为重要的学术使命，就是要将二程为中心的北宋道学家纳入孔孟之道的道统谱系之中，以"四书"为核心经典、以"二程—朱熹"为主要注解的方式，建构起宋儒道统论的经典文本。这一做法，其实也是传承原始儒学的传统，孔子及其后学通过整理、诠释"六经"而建立上古圣王的王道谱系，朱子则通过为"四书"集注，从而建构起从孔曾思孟到周程张朱的师道谱系。

朱熹完成的《四书章句集注》一书，显然是以集注的形式注解原典，这一种形式的注解，往往需要集历代注释家之大成。当然，朱熹确实引用了汉代以来历代学者的注解，其中包括不少汉唐诸儒的注释，但是，那些注释限于名物训诂方面的注释。而涉及思想义理的理解和解释，朱熹几乎全部引用二程及程门弟子的注解。事实上，朱熹集注"四书"时引证二程及其弟子的语录占引用的大多数。再加上朱熹本人对"四书"解读注释，整部《四书章句集注》非常明显体现出以程朱一派为学术主流的特点。这样，朱熹的《四书章句集注》，就能够充分体现出程朱理学在道统史上的核心地位。

二、《四书章句集注》与道学建构

朱熹之所以将《四书章句集注》看作是儒家道统谱系之中的传道之书，恰恰因为这一部书是他心目中的道学典范著作。朱熹在《中庸章句序》中表示，《中庸》一书是"子思子忧道学之失其传而作也"，其实也就是表达自己的思想。朱熹之所以为"四书"集注，恰恰是因为他本人也有"忧道学之失其传"的文化忧患。宋儒有此忧患，也是与孔子"天下有道，丘不与易也"的忧患意识一脉相承。

显然，朱熹心目中的道学，绝不仅仅是以心性为全部内容的内圣之学，而是与早期儒家的思想体系一样，是一种源于三代时期先王、发展于东周以后的一种内圣外王之道。对宋儒以及朱熹的道学体系的把握，必须以《大学》为思想框架，才能够完整而全面的理解。朱熹一直主张将《大学》列入"四书"之首，其理由完全是基于一种思想体系的考虑，他多次强调说："《大学》是为学纲目。先通《大学》，立定纲领，其他经皆杂说在里许。通得《大学》了，去看他经，方见得此是格物致知事，此是正心诚意事，此是修身事，此是齐家治国平天下事。"（《朱子语类》卷

14）《大学》所以被列为"四书"体系之首，是因为它提出了格物、致知、正心、诚意、修身、齐家、治国、平天下的所谓"八目"，代表了早期儒家"修己治人之方"的思想体系。可见，对"四书"思想体系一定要作完整和整体的理解：一方面，这一思想体系是一套完整的内圣外王之道，任何将其理解为一个单一方面的想法都是不准确的、偏见的；另一方面，在内圣与外王、修己与治人的两个方面，在学者一生的历程之中其实是有先后之分。将道学做内圣外王之道的完整理解，朱熹在《近思录》建构的道学体系中，已经表述得十分充分全面。而朱熹在他的《四书章句集注》之中，又以新经学体系的"四书"学，对这一道学体系做出了进一步的解释和论述。

首先，对于朱熹的道学体系而言，内圣对于外王、修己对于治人而言不仅仅是先后之分，也是轻重之分。虽然荆公新学、南宋事功学派认为外王、治人才是根本与目的，而道学家普遍肯定内圣、修己才是根本与目的。所以，朱熹的《四书章句集注》一书，对内圣之道的集注、解读十分丰富，而且也十分富有创见。譬如，朱熹对"四书"的内圣之道，有着十分精到的理解，他说：

《论语》之书，无非操存涵养之要；《七篇》之书，莫非体验扩充之端。盖孔子大概使人优游餍饫，涵泳讽味；《孟子》大概是要人探索力讨，反己自求。故伊川曰："孔子句句是自然，孟子句句是事实。"亦此意也。如《论语》所言"居处恭，执事敬，与人忠"，"出门如见大宾，使民如承大祭"，"非礼勿视听言动"之类，皆是存养的意思。孟子言性善，存心，养性，孺子入井之心，四端之发，若火始然，泉始达之类，皆是要体认得这心性下落，扩而充之。

(《朱子语类》卷19)

这些看法中，确实抓住了《论语》《孟子》书中如何修炼内圣人格的精到看法。朱熹在关于格物、致知、正心、诚意的章句之中，对早期儒家内圣修身工夫做出了深刻的思想诠释和理论创造。

但是，朱熹的道学不仅仅是心性工夫的内圣之学，同时还包括治国平天下的外王之道。在《大学章句》的基本框架中，治国平天下仍然占有很重要的地位。朱熹曾经提出："致知、格物，是穷此理；诚意、正心、修身，是体此理；齐家、治国、平天下，只是推此理。"（《朱子语类》卷15）通过格物致知、诚意正心等内圣工夫所得到的"理"，最终必须推行于国家治理、天下秩序的外王事业和经世实践。所以，"道"或"理"在"内圣之道"的范围内是理性与信仰，而到了"外王之道"的范围就具体化为治国平天下之"制"或"术"。这一点，在朱熹将《大学》作为经筵讲义时，体现得尤其明显。朱熹在其《大学经筵讲义》中对内圣之道与外王之道的关系做出了义理阐释：

> 臣窃谓明德、新民，两物而内外相对，故曰本末；知止能得一事，而首尾相因，故曰终始。诚知先其本而后其末，先其始而后其终也，则其进为有序而至于道也不远矣。盖欲治人者不可不先于治己，欲体道者不可不先于知道。此则天下国家之达道通义，而为人君者尤不可以不审，是以臣愚窃愿陛下深留圣意，伏乞睿照。
>
> （《经筵讲义》，《朱文公文集》卷15）

他在《大学经筵讲义》中，曾经将"明德"与"新民"的两件事理解为"本末""终始"的关系，他特别指出"欲治人者不可以不先于治己，欲体道者不可不先于知道"的"达道通义"

的重要问题，其实也是对明德与新民、治己与治人、知道与行道的关系的论述，朱熹肯定它们是先后关系，继而肯定它们是本末关系。

但是，也应该注意到朱熹对知道与行道关系的另外一种表述，即二者在重要性方面的表述。朱熹曾经对修己治人的全部工夫做出一个概括："只有两件事：理会，践行。"（《朱子语类》卷9）可见，知道与行道的关系，也就是上面讲的理会、践行的两件事。朱熹对二者关系的理解，有一些值得注意的观点，他说：

> 学之之博，未若知之之要；知之之要，未若行之之实。
>
> （《朱子语类》卷13）

> 致知力行，论其先后，固当以致知为先，然论其轻重，则当以力行为重。
>
> （《答程正思》，《朱文公文集》卷50）

若论知道、行道的重要性问题，朱熹显然认为行道更加重要。既然是行道为重，也可以以此推导《大学》中治国平天下的重要性。这也就是朱熹常常讲到的："圣贤千言万语，无非只说此事。须是策励此心，勇猛奋发，拔出心肝与他去做。"（《朱子语类》卷8）外王事业必须通过践行才能够完成。

事实上，朱熹既关注内圣问题，同时也关注外王问题。他不仅仅是希望皇帝多多从事内圣工夫的修炼，留下了《大学经筵讲义》的讲稿，他同时还通过《戊申封事》《己酉拟上封事》等上书，从政治、经济、军事等不同角度，提出一系列外王之制与经世之术的方案和思想。朱熹在《近思录》的道学体系之中，也包含大量治国平天下的制度思考和经世方案，其中许多思想中确实还能够在政治领域切中时弊，还有一些思想在实际政治生活中发挥了重要作用。譬如，朱熹深入思考了限制君权的问题，对限制君权问题还有具体制度安排的建议。朱熹在给皇帝的上书中提出："人主以论相为职，宰相以正君为职。二者各得其职，然后体统正而朝廷尊，天下之政必出于一，而无多门之弊。苟当论相者求其适己而不求其正己，取其可爱而不取其可畏。则人主失其职矣；当正君者不以献可替否为事，而以趋和承意为能，不以经世宰物为心，而以容身固宠为术，则宰相失其职矣。"（《己酉拟上封事》，《朱文公文集》卷12）他建议朝廷能够从制度上确立权力制衡的政治机制，防止君主因一己之私而朝政独断。他进一步提出："若乃乡总于县，县总于州，州总于诸路，诸路总于台省，台省总于宰相，而宰相兼统众职，以与天子相可否而出政令，此则天下之纲纪也。"（《庚子应诏封事》，《朱文公文集》卷11）这是一种君臣共治天下的制度安排，能够使得宰相与天子共同统领天下，并使宰相以下之台省、师傅、宾友、谏净之臣各司其职。此外，朱熹特别注意民间社会的治理问题，在宗族制度建设、礼义教化推广方面取得了巨大的成就。对于这一问题，他能够身体力行，在地方的社会治理、社会教育中，发挥自己作为一个有理想、有情怀的士大夫的作用。

自两宋以后，儒学被分为传经之儒与传道之儒。宋儒认为汉唐儒学是以章句训诂为主业的传经之儒，他们批评汉儒传经费尽苦心而使儒家之道不传。宋儒自命为传道之儒，因此许多宋儒将自己的学术称之为道学，相应提出了道统论。宋儒道体的范围、面向是无所不包的，正如朱熹所说："故君子尊德性而道问学，致广大而尽精微，极高明而道中庸，温故而知新，敦厚以崇礼，盖道之为体其大无外其小无内，无一物之不在焉。"（《玉山讲义》，《朱文公文集》卷74）所以说，朱熹编《近思录》，建构了一个全体大用的道学体系，既包括格物穷理、存养、改过迁善、克己复礼等内圣之道，也包括齐家、出处、进退、辞受、治国平天下、制度等外王之道。

三、《四书章句集注》与性理学建构

宋学的发展过程，经历了一个由义理之学转化为性理之学的过程。（参见徐洪兴《思想的转型——理学发生过程研究》）其实，一字之差的背后是学术旨趣的重要转向。义理显然是有儒家经学的学术背景，经学研究有考证典章制度与诠释道德义理之分。宋儒强调经学是义理之学的诠释，而其义理的含义其实包括了道义关怀的义与治理天下的理。几乎所有宋学学者与学派，其实均是内圣与外王、明体与达用、经义与治事、创通经义与革新政令的统一。可见，义理的内涵和外延，其实与宋儒标榜的道学有相通之处，即均包含着明德与新民、格致正诚与修齐治平的整体性，也就是内圣的德义与外王的治理的整体性。但是，宋儒所讲的性理之学不一样，宋儒创建人性与天理结合的性理之学，主要是希望为内圣之道重建提供一个终极依据。

在"四书"原典中，为了提升士君子、圣贤的精神人格，特别强调人性与天道之间的内在联系，故而保留了内圣之道的性命之理的思想资源。"四书"作者均是早期儒家的重要学者，他们对"天下有道"有着坚定的信念，特别是其中的思孟学派，坚信一切追求成为君子、贤人、圣人的士人，均可以从自己的内在之"性"中，上达超越性的"天命""天道"。早期儒家和"四书"原典的这些思想观念，为宋儒的性理学提供了重要的思想资源。

宋代儒学的道学派所关注的道体，其思想内涵虽然是内圣与外王的连续体。但是，无论是从道学家的关注重视程度来分析，还是从道学家的实际思想贡献来考察，均会发现，道学家在中国思想文化史上的最重要学术特征和理论贡献，恰恰是体现在内圣之道的性理之学。朱熹、吕祖谦编《近思录》时，第一卷的道体，其实就是属于性理之学的内容。这一卷的总纲就是周敦颐的《太极图说》，这一个《图说》建构了一个从无极太极的宇宙演化，到人物化生而有形有性，最终到立人极、与天地合德的天地境界。这一切，恰恰是性理之学的全部内容。正如元代理学家吴澄对性理之学解释："所谓性理之学，既知得吾之性，皆是天地之理，即当用功以知其性，以养其性。"（《草庐学案·草庐精语》，《宋元学案》卷92）可见，性理之学既是一种究天人之际的哲学体系，是内在"吾之性"的人格本体与外在"天地之理"的宇宙本体合一的哲学本体论；也是一种功夫论，即通过人格内向修身功夫，而最终实现天人合一的精神境界。后代学者在追溯宋学发端时，往往有不同说法。一种就是从北宋初年推动儒学兴起开始，往往是指范仲淹、胡瑗、孙复、石介等人，他们的特点恰恰是复兴早期儒学及其师道精神，倡导宋代学术的"明体达用"追求。另一种以周敦颐为宋学的开山祖，宋儒的道统论往往也就是从周敦颐开始，这一种观点完全是以性理之学的学术视角。前一种宋学的概念关注其学术整体性，后一种宋学的概念关注其学术创新性。

关于性理之学的思想可以追溯到早期儒家和先秦诸子，他们对性、理的思考是性理学说的思想源头。魏晋玄学兴起后又有思想家对性理问题有进一步的思想开拓。当然，直到两宋时期，性理之学的理论形态才最终完成，宋代道学家建构的哲学体系成为性理学的成熟形态。不仅仅是从他们开始正式使用了性理之学的名称，而且他们在思想的深刻性、学术的系统性、理论的完整性等方面建构的性理之学，成为儒家哲学形态发展到历史最高的阶段。宋代性理学深刻表现出中国古典哲学的主体精神、实践精神、人文精神等特色。（参见朱汉民《玄学与理学的学术思想理路研究》）

朱熹的杰出贡献，是能够将这一最能够深刻表现出中国古典哲学精神特色的性理之学与新经典体系"四书"学统一起来。朱熹通过诠释"四书"中有关天人之际思想和范畴，将性理之学的哲学体系与"四书"之学的经典体系结合起来。经过朱熹以毕生精力完成《四书章句集注》之后，终于完成了一项十分重要的工作：一方面，性理之学的哲学体系本来是宋儒在吸收佛老、诸子思想基础上的哲学创造，经过以朱熹为代表的道学家的诠释后，性理之学终于有了儒家经典的依据；另一方面，"四书"原本是先秦两汉时期的儒家典籍，它们之间并没有形成统一的哲学体系，但是经过朱熹的努力工作之后，"四书"的不同时代、不同个人的著述统一为一个思想体系的整体。这一个哲学体系的关键，是以"理"来贯通"四书"原典的核心范畴如"天""天道""性""心""仁义礼智信"。

子贡说过在孔子门下"性与天道不可得而闻也"，其实这是十分重要，但是当时却未能够解决的问题。《中庸》提出"天命之谓性"，《孟子》提出"尽心、知性、知天"，但是需要从哲学上将人性与天道连接起来。朱熹等宋儒建构的性理之学，就是解决这个重大问题的哲学体系。朱熹以"理"来打通、连接人性与天道，即通过性理之学解决人性与天道的问题。朱熹首先需要将"天"与"理"结合起来，故而他将"四书"中的"天""天命"诠释为"理"，使那个神圣而又超越的"天""天命"转变为更具哲学理论色彩的"理""天理"。孟子在诠释《孟子·梁惠王下》中所言的"天"，就是那个宇宙中最高主宰者，而朱熹则将"天"诠释为"理"，他说："天者，理而已矣。大之事小，小之事大，皆理之当然也。自然合理，故曰乐天。不敢违理，故曰畏天。"（《梁惠王章句下》，《孟子集注》卷2）朱熹所诠释的"理"，既是人文世界之中的"所当然之则"的规范，也是自然世界中的"所以然之故"的规律，这样，朱熹对"天"的诠释，使其成为一个表达宇宙普遍法则的哲学概念。

与此同时，朱熹又以"性即理"的诠释，完成了外在之"理"与内在之"性"的哲学论证。《中庸》有"天命之谓性"，朱熹肯定此性也是理，从而将"性"与"天"均统一到"理"。朱熹诠释《中庸》的"天命之谓性"时说：

> 命，犹令也。性，即理也。天以阴阳五行化生万物，气以成形，而理亦赋焉，犹命令也。于是人物之生，因各得其所赋之理，以为健顺五常之德，所谓性也。……盖人之所以为人，道之所以为道，圣人之所以为教，原其所自，无一不本于天而备于我。

> （《中庸章句》第1章）

这样，"天命之谓性"的理念就获得了宇宙论的哲学论证。而且，在这一宇宙论背景中，阴阳五行的自然之理，礼乐刑政的人文之理，最终均统一于创生宇宙、主宰世界的"一理"。另外，朱熹在诠释《孟子》"生之谓性"章时说："性者，人之所得于天之理也；生者，人之所得于天之气也。性，形而上者也；气，形而下者也。人物之生，莫不有是性，亦莫不有是气。"（《告子上》，《孟子集注》卷11）他认为性就是理，因此性、理均是形而上者，构成人物之间差异的原因是气禀之异。

但是，朱熹还需要解答人性与物性、人性之理与宇宙之理的差别问题。朱熹在诠释"四书"时，将具体人物之性与宇宙一理的关系，解释为"一本"与"万殊"之间的关系。譬如，他在解《论语·里仁》中"吾道一以贯之"时说："夫子之一理浑然而泛应曲当，譬则天地之至诚无息，而万物各得其所也。……盖至诚无息者，道之体也，万殊之所以一本也；万物各得其所者，道之用也，一本之所以万殊也。"（《里仁》，《论语集注》卷2）朱熹以理一分殊的哲学思辨，提升了孔子"吾道一以贯之"的形上意义。而理一分殊的哲学思想，恰恰是宋儒性理之学建构的理论基础。

朱熹将性理之学的哲学体系，与核心经典的"四书"诠释结合起来，这样，宋儒建构的性理之学的哲学体系，依托在儒家学者必读的新经学基础之上；同样，宋儒解说的"四书"的经典体系，有了一套精深的哲学系统作为理论支撑。朱熹的《四书章句集注》完成了道学经学化的使命，此后，中国古代的经典体系就有所谓"五经"与"四书"两个系统，孔子及其后学诠释的"五经"，确立了孔子在中国思想史上的崇高地位；朱子及其后道学家诠释的"四书"，奠定了朱子在中国思想史上同样重要的地位。

传统文化的现代意义

傅小凡

傅小凡，1957 年生人。厦门大学人文学院哲学系、宗教学研究所教授，博士研究生导师，主要从事中国儒家文化、道家文化、佛教文化的研究。出版了《晚明自我观研究》《东方微笑——麦积山石窟佛教造像艺术的历史背景、风格演化及其美学意义》《社会转型与道德重建——先秦诸子对"道德何以可能"问题的哲学思考》《宋明道学新论》《朱子与闽学》《李贽哲学思想研究》《自强不息，厚德载物——中华民族精神概论》等专著。

环顾世界各古老民族，几乎都中断了文化的传承，唯独中华文化，一直延续到今天。可是，没有哪个民族会对自己的传统文化进行批判，唯独中华文化曾经遭到过严厉的批判，而且来自中国人自己。此两种现象，都是人类文化史中所罕见的。那么，究竟是为什么呢？这个问题非常复杂，要想回答清楚，必须先解释一下，究竟什么是传统。

一、什么是传统

传统是一个意义非常复杂的词汇，我们几乎每天都能看到它，却未必能够准确地理解和使用它。传统曾经是个贬义词，当有人评价你很传统的时候，的确不是在夸你。那么，所谓传统究竟是什么意思呢？为了加深理解，我们得把传和统分开来讲。

传就是历时性，必须绵延不绝地从过去延续到今天，不能中断。我们常说的薪火相传、血脉传承和生生不息就是此意。如果传承中断了，就成为历史遗存而不是传统。比如，古埃及的金字塔，虽然矗立在尼罗河岸边的沙漠中几千年，可是，尼罗河两岸生活的居民，早已经不是古埃及人而是阿拉伯人，信奉伊斯兰教。古代埃及文化由于古埃及人种的灭绝而彻底消亡，因此不再是传统。

再比如，曾经有人诟病中国的万里长城，说它是被动挨打的象征，是失败的产物，代表着农耕文化的保守和落后，因此它不再是传统而是历史遗存。我曾经非常认同这种说法，甚至对登长城之举都产生抵触。可是，当看到 1933 年长城保卫战中，国军将士浴血奋战的场景时，不禁血脉偾张；当听到《义勇军进行曲》中"把我们的血肉筑成我们新的长城"时，不免心潮澎湃；习近平总书记在建党 100 周年的讲话中说："绝不允许任何外来势力欺负、压迫、奴役我们，谁妄想这样干，必将在 14 亿多中国人民用血肉筑成的钢铁长城面前碰得头破血流！"当听到这段话时，我不由得热血沸腾！这说明长城已经化为无形，不再是一道历史遗迹，而是中华民族的象征和精神图腾！

当我登临长城时不禁感慨道：一个修长城的民族是何等的胸襟与情怀，这不是保守而是热爱和平，是要保护自己赖以生存的国土和家园。我们是不惹事但也绝不怕事的民族，同时也告诫周边各民族，我们可以和平共处，相互尊重，互通有无，共生共赢，我们绝不称霸世界；但是，也绝对不容许任何侵略者，占我国土，侵我家园。"犯我中华，虽远必诛"，这就是长城所代表的中华民族的精神，这种精神源远流长，不止不息，这就是传！

统是共时性，指今天的社会生活中依然存活，而且具有主导作用的力量。它可以是有形的物质，也可以是无形的精神。说起有形的物质，是指我们日常生活中使用的工具。比如，筷子。中国人使用筷子，这是众所周知的事；中国人什么时候开始使用筷子，却是一个无法给出答案的问题。有人说是帝辛发明了筷子。可是，我觉得这种说法很难成立。因为，当时帝辛使用象牙制作的筷子，让箕子感到恐惧，他的逻辑是：用象牙筷子一定吃珍禽异兽，用美玉制作器皿，只能放在珍贵的家具上，肯定住在豪华宅第中。如此奢侈，商王朝灭亡的日子快到了，箕子因此逃出朝歌。可是，我的逻辑是：用象牙制作筷子，首先得学会使用筷子，那么在象牙之前一定先用别的什么材质。为什么非要用筷子呢？因为古人吃饭用鼎，贵族用青铜鼎，平民用陶鼎，鼎其实就是火锅。吃火锅的确无法直接用手抓，用筷子就成了必然选择。最古老的筷子，一定不是象牙而是树枝。因此得出结论：筷子产生的年代比商朝要早得多，今天，中国人依然在用筷子。

再比如，我们住的房子，如今能见到的最古老的建筑基本上是明代的。一来明代距今近，二来明代的商品经济曾经很发达，形成了十大商帮，他们发财之后，不是添置土地就是修建豪宅。如今留下的江南园林、山西民居、徽州院落，都是明代建筑的代表作，形成独特的风格。有学生曾经问我："为什么新中国成立之后，建筑没有了风格？"我回答："因为文化需要经济基础，当我们追求'居者有其屋'的时候，只要遮风避雨足矣，因此没有了风格。"当我们的经济繁荣之后，具有民族风格的建筑再度出现在中华大地上，这就是统。

前文说传是历时性的时间流逝，统是共时性的空间存在，那么传统就是历时性与共时性的统一，是时间与空间的统一。总之，传统必须有着悠久的历史，同时在社会生活中还起着支配作用。那么，这种历时性与共时性统一最典型的例子，莫过于我们使用的汉字了。

汉字是什么时候发明的？古人说："仓颉造字，夜有鬼哭。"这是神话，不足为证，却提供线索：文字产生于神话时代。有人说甲骨文是中国最古老的文字。这个说法不成立。因为，甲骨文完全成熟了，它只是迄今为止我们发现的最古老的文字。很遗憾，甲骨文是历史遗存而不是传统。因为，甲骨文作为商代文字早已失传，我们发现甲骨文是 1899 年。此前，中国人根本不知道它的存在。

直接影响至今的汉字是周朝的大篆，秦朝的小篆，汉代的隶书，东晋的真书，唐代将其定为书写规范，因此称为楷书，从此，汉字的形式固定下来，一直传承到今天，就是我们看到的繁体字。有人批评说：大陆使用简体字是中断文化。这话说得没文化，因为汉字的简化是汉字本身的发展规律。比如，从商代甲骨文到周代的大篆体，经秦朝的小篆到汉代的隶书，最终晋代出现楷书，就是一个逐渐简化的过程。

繁体变简体，并没有离开汉字书写传统。因为，汉字的演化过程，除了由繁到简之外，还有一个规律就是：从象形到线条，这是由篆到隶的过程；从线条到笔画，这是由隶到楷的过程。无论是繁体还是简体，都属于用笔画书写，就书法而言，依然未离传统。有了这样的传统，就保证无论方言的语音如何不同，无论统一王朝的官话如何变化，最终都以文字为标准，可以交流，更能够传承，形象地表现了什么是时空统一，什么是传统。也许正是这个原因，新文化运动的一些人，居然提出废除汉字的主张。这可是斩草除根式地毁灭中华传统文化。

二、文化的含义与内容

文化也是一个意义复杂的概念，不同的民族有不同的解释，不同的学者有自己的理解，不同的时代也会有不同的含义。以我个人的观点，文化一词，在中文中依然可以分开解读，这会更深刻地理解文化的含义。

文的本义指文身，就是中国古代南方的先民，用各种花纹和图案，装饰身体。很有可能是古代先民觉得赤身裸体有些难为情，在服饰出现之前，就在身体上绘制各种花纹和图案，它也可能是某种信仰，也是族群认同的标志。北方由于寒冷，更早发明了衣服。大禹"垂华裳以治天下"，服装成了华夏族群认同的标志。而文身现象主要出现在南方。后来，文所具有的装饰含义，引申为对行为举止的节制。比如，文质彬彬中的文，就是说话举止有礼貌，守规矩，行为举止规范化的意思。

当人们将各种花纹或图案赋予特定的含义，尤其是抽象的含义，形成承载信息的符号之后，文就成了字或者文字。人类发明了文字之后，文就成为记录人类的行为、事件和思想，使之可以交流，世代传承的工具。难怪"仓颉造字，夜有鬼哭"，因为人类打破了神鬼对文化的垄断。从此，人类就有了知识系统，写的是文章，读的是知识，传达的是信息，交流的是情感；一代代地传承，这就是文。

所谓化则是指变化。当然，由化而变，就是量的积累，发生质的飞跃。因此，多读书，多背诵，多思考，严格遵守规矩，就会改变一个人自身的思想、情感、举止、风貌，久而久之，就会使这个人变得温柔、儒雅，有内涵。也就是说，外在的文终于内化为精神品质，所以说知识不等于文化。

经常听到这样的评价，"有知识，没文化"，意思是虽然读了些书，记忆了一些信息和知识，但是这些知识和信息与人品无关，没有提升个人的精神品质，没有丰富一个人的精神世界，所以这个人没文化。这里的文化更多强调的是化。显然，它与人类的实践和创造有关，包括对自然的改造，叫人化自然；对人自身的改造，叫化本性为德性。文化作为人类的创造物，都具有哪些特征呢？

首先，它是人类实践创造的结果。可是，人类实践的结果具有正反两面。有学者认为，"实践创造了美"，对此我实在不敢苟同。因为，人类实践创造的并不仅仅是美！比如，垃圾，大规模杀人武器，这些都是人类实践的产物。对大自然的破坏，对大气和水源的污染，更是人类实践的结果。

美是实践创造的，这的确不假；但实践创造的不仅仅是美！当面对人类创造的各种折磨自己同类的刑具的时候，当看到刽子手在追求凌迟之刑的最高境界是割三千六百刀而人不死的时候，当有人用酷刑折磨同类，在惨叫中获得快感的时候，美学家还会高喊"实践创造美"吗？显然，学者的结论纯粹是逻辑和范畴推演的结果，这是德国人的强项。比如康德，从未有过艺术创造实践，也少有审美经验，过着钟表一样呆板的生活，却能用逻辑推导出一部《判断力批判》。

然而，现实是残酷的，人类幽暗的心理与恶性，实践出无数令有良知的人发指的罪行。这些创造物的确是文化，但它们不是文明。这里涉及文化与文明的区别。虽然在英文中"culture"和"civilization"是通用的，但是在中文中这两个字有很大区别，显示出中华文化的博大精深。

在汉语中，文化与文明的区别在于，文化包括正反两面的价值，而文明必须是正面价值的创造。从人类创造物的角度，文明是文化的一种，文化可以包括文明。但是，文明是一种特殊形态的文化，不能包括全部文化。因为，文明必须具有科学性、建设性，使人类的生活不断富裕，精神境界不断提升，此之谓文明。

当然，仅仅具有科学性是不够的，还必须具有人性的光辉。这种光辉，一定是人类道德意识的觉醒。当一个社会内部，一部分人不把自己的同类当人看待的时候，那么，这个社会的所有道德都是虚伪的，其实践的产物只能是文化而不配叫文明。因此，文明作为人类精神的光辉，就是真正意义的道德意识的觉醒，就是发自内心对同类的爱。就是《周易》所谓"刚柔交错，天文也；文明以止，人文也；观乎天文，以察时变；观乎人文，以化成天下"。

说起文化，的确不是纯粹的书本知识能够做到的，究其根本，文化就是某种特殊的生活方式。人们所有的精神生活的基础就是生活，要生活必须吃饭，要吃饭必须生产。所以，生产方式决定生活方式，或者生产方式本身就是一种生活方式。我这里的生产方式是人们生产什么，如何生产的不同形式。

在我看来，生活方式与劳作方式，本身就是文化。而生活方式与劳作方式的区别，又与人类居住的自然环境密切相关。我曾经问学生："知道南方人和北方人怎么区别吗？"有学生回答："东部与淮河为界，西部以大散关为界，生活在此界以北为北方人，居住在此界以南为南方人。"这的确是教科书式的标准答案，可惜这是南宋与金国的国境。现实的答案根本不同。比如，广东人认为，岭南以北，都是"北佬"。可是，当广东人到了海南岛三亚市时，本地人认为他们都是"北佬"；就像沙漠戈壁生活的人认为，中原人都是"南蛮"一样。显然，南方人和北方人不完全是一个地理空间的概念。

那么，究竟如何区别南方人与北方人呢？关键是生活方式不同，而这种不同的生活方式取决于不同的劳作方式。在我看来，在水田里种稻的是南方人，在旱地里种粟的是北方人。这就是地理环境决定了生产方式的不同，也决定了生活方式的差异。在我们中华大地上，区别出草原游牧、北方旱地、南方水田，三大文化类型。

生活方式不同，劳作方式不同，决定了人们的思维方式和情感定式的区别。中华文化是高度成熟的农耕文明的产物，因此，形成了自己的独特性。农民过着定居且聚居的生活，而且中国的农民又在家族组织下生活。一个村落，往往是一个或几个大家族聚居，这样一来，邻里之间，家庭与家庭之间，家族与家族之间，构成了复杂的人际关系。居住环境的密集性，决定了人际关系的复杂性，也就导致中国人含蓄、内敛的性格。聚居的密集性，导致利益关系的复杂，人均资源的匮乏，利害冲突频发，因此容易产生内讧，或者叫"窝里斗"。

再比如，在艺术表达方面，中华文化与西方文化相比，就具有极其鲜明的特征。当你面对秦始皇兵马俑那密集方阵时，感受到的是集体阵容，集权的力量，厚重的战袍遮掩，看不见个性特征。相比之下，古罗马的武士雕像，却赤身裸体，肌肉发达，骨骼均衡，充分彰显个性的魅力和个体的尊严。

三、文化的三种样式

无论是什么文化，都必须以一种特定的方式呈现，这就是文化的样式。不同的标准，可以划分出不同的样式，我以载体的不同，将文化分为三种样式：

第一种，物质文化。

物质文化就是人类创造的有形的文化，可以保存，可以传承，可以观赏。从依然存活的中华传统文化的角度看，古代创造的有形物品，有很多种。比如，前文我们说过的建筑和吃饭用的筷子。再比如，我们现在生活中还在使用的家具，以明式家具为代表。注意是明式，不是明代。区别在于：明式家具是明代创作的家具风格，明代家具则是明代生产的家具，那可是文物了。

我为什么要以明式家具为例呢？因为，明式家具达到了中国古代家具制造的巅峰，至今很难超越，而且影响了十六世纪以后欧洲贵族的家具风格。为什么出现这种现象呢？因为明代中期的经济繁荣，人口猛增，每年参加科举考试的人数也急剧增加，可是，朝廷每年录取进士的名额却增长很慢。这就使得读书人的出路越来越窄，大量读书人考不取功名，为了养家糊口，他们就得从事各种行业。城市经济的发展，为他们提供了许多就业的机会。商品经济的繁荣，让许多儒生弃笔从事工商业。有钱的人可以经商，没钱的人就只有进入工匠行业。

文人进入这个行业，势必提高这个行业的文化品位。明代的园林、建筑和家具，出现了极为繁荣的局面，作品之多，制作之精良，审美之高雅，的确前无古人。而且无论是园林，还是建筑，甚至家具，都有了理论专著，从而使得工匠的制作达到极高的水平。比如，明式家具，线条极简，非常流畅，无一根多余的装饰，将实用性、艺术性完美地统一起来，的确体现了大道至简的哲学观念；而且不用钉子，不用油漆，充分表现木质本身自然的颜色与花纹，达到了"烂极反素"的审美最高境界，充分发挥了物质形成承载文化信息的功能，是物质文化的代表作品。

第二种，精神文化。

精神文化是无形的，它的载体有两种：一种是人的生命，也叫思想；一种是书籍，也叫文本。从传统文化的角度讲，精神文化主要指古代遗存的典籍，就是各类书籍。书籍用来记录文字符号，承载文化信息，表达思想理论、情感诉求和历史资料等等。然而，文字记录在物质载体上，目的是保持文化以使得到传承。那么，用什么材质做载体，就是一个非常重要的选择。纵观中华传统，随着工业和制造业的水平提高，承载信息的载体一直都在变换和更新。比如，我们能看到的，也就是能够保存到今天的，最古老的典籍载体是甲骨，甲骨之后是青铜，接续青铜的是花岗岩，当然同时也会有兽皮、帛等书写材料，可惜很难保存。最方便且制作容易、成本低廉的书写材料，当属竹、木简牍。

简牍由纬编连接成卷状，因此形成典籍的最小单位是卷。造纸术的发明，使得我们的书写材料有了质的改变，但依然以手卷的方式保存。直到北宋后期，图书装帧技术有了提高，从卷变为册，就是线装。比如，敦煌莫高窟发现了一个复洞，里面收藏着超过五万卷的典籍，人称敦煌卷子。人们一直感到不解，古人为什么把这么多典籍封存在洞窟里。据我分析，就是因为北宋年间图书装帧技术的提高，大量使用线装书，既省纸张，又省存放空间，从而引来对藏书的更新换代，用线装书取代手卷。被取代的经典既不能销毁，也不能丢弃，只好封存在废弃的洞窟里。可见，藏经洞里藏得都是被淘汰的书籍。

然而，无论是什么材质的书籍，记载的信息都是死的，它需要每个时代的学者，将死的信息读成自己的思想，从而使文化再度存活在人的生命中，精神文化就成了无形的活体。这是学者的使命，不断将死的书籍读进自己的生命，然后经过思考、提炼和再创造成为新的思想，再写成书籍，传给后人。这种书籍与思想的转换，就是精神文化死生相衔、薪火相传、血脉相连。

第三种，制度文化。

制度文化与精神文化一样，也有死的与活的两种。所谓死的制度，就是以文本形式呈现的各个时代，各个不同的社会组织内部，制订的各种规章制度。即使在制度制订的当时，如果没人遵守，得不到有效执行，它也是死的。当这种制度已经成为历史，只留下文本，那么，这种制度确实死了。

真正有效的制度是无形的，它的载体是人的生命，是人与人之间的关系，以及人与财物之间的关系。因为，它是人必须遵守的各种规章制度，它在人际关系中存在，这样才能使制度像人的生命一样，成为活的形式。从这个角度讲，研究某个时代或者某个组织内部的制度，从文本出发是没有意义的。因为，那是死的。比如，我曾经研究过家族制度，最后发现，我研究的只是文本，而不是事实；事实已经化为历史，这种制度已经死亡。再一次印证《老子》的正确："道可道，非常道。"

四、传统文化的现状

现实不断更新，历史已成过去，传统文化在工业化和现代化的进程中，不断被淘汰，渐行渐远。所有古老的民族，都面临这样的处境。那么，中华传统文化在现代社会中究竟是什么样的处境，其生存状态又是怎么样的呢？弄清楚这个问题，是回答传统文化的现代价值所必须面对的。

第一，道统。

所谓道统，是儒家模仿佛教的传承谱系，虚构出来的传统，其内容是为历代帝王树立道德标杆和典范，从而对他们的行为进行评判。这种道统是逻辑的建构，根本没有现实依据。但是，古人还是顽强地在逻辑上建构它，而且，建构得并不合乎逻辑。比如尧、舜、禹这三位古代神话传说中的帝王，之所以成为道统中的典范人物，就在于他们之间的权力是通过禅让，实现交接和更迭的。最高权力交接，不引起任何社会动荡，这是儒家追求的理想，也是政治哲学一直思考的难题，然而，历史真相并非如此，所谓禅让，纯属虚构，是被儒家美化了的历史，然而却建构了一个道德标准，用来抨击现实中不守道德的帝王。

说其建构不合乎逻辑的理由是，在尧舜禹之后，选择标准发生了变化，不再是帝王。成汤和姬发，都是以诸侯的身份取天子而代之，严格意义上，他们是"弑君篡位，犯上作乱"。姬昌虽然没有使用武力推翻天子，却自立为王，与商朝天子分庭抗礼。可是，这三个人却成了道统中的典范，理由就是"顺天应人，解民倒悬"，虽然不合规矩，却合乎儒家的道德标准。让后人充分体会什么是道德标准的相对性。

接下来的标准就更乱了，居然出现了周公，他位居公爵亦权至三公。周武王去世前欲传位于他，被他婉言拒绝；武王死后，他入朝摄政，平定叛乱，七年之后，还政于成王。执政期间制礼作乐，完善了周王朝的典章制度，因此成为儒家推崇的楷模，也为执政的宰相树立了道德标准。

可是，再往下编标准更成问题，居然是孔子和孟子。孔子一生只有五年的从政时间，其中只有三个月代理鲁国宰相，绝大部分时间都是一位民间办私学的老师。而孟子一生没有机会走仕途，以帝王师的身份，教训诸侯如何施仁政，虽然没有任何成效，却成为儒家推崇的道德楷模。可是，再往后就无法继续了，只好说圣学不传。北宋年间，张载气魄承担："为天地立心，为生民立命，为往圣继绝学，为万世开太平。"虽然以继承道统者自居，但是一介书生，只能说说而已。现代社会有人自称继承道统，连狗尾续貂都不如。毛主席一句"六亿神州尽舜尧"，彻底终结了儒家道统的意义。

第二，法统。

法律的法，在中国古代写成灋。比法多出的部分叫廌，就是獬豸，也叫独角兽。灋的廌表示不偏不倚，三点水表示一碗水端平，去表示去不平。总之，中国古代的灋字，充分表达了公平、正义的法理精神。更为关键的是，廌是上天派到人间监督世俗权力的神龙。所以，中国古代的灋是大于权的。当灋写成法之后，监督世俗权力的功能消失了，权开始大于法。但是，不偏不倚的公平正义原则和去不平的功能还在。这个传统一直传承到今天，比如，法院依然以独角兽作为标志。再比如，严复当年将孟德斯鸠的《论法的精神》译为《灋意》，的确用心良苦。

然而，中国古代的法统，其实是律统。都说商鞅变法，其实商鞅所谓变法，是改变治理国家的方法。商鞅为秦国制订的不是法，而是律。后来的汉、隋、唐、元、明、清，都是律，虽然也有令和典，但都不是法。那么，律和法有什么区别呢？律的最原始含义是特定长度的竹管，用来制订标准音。那么，以什么为标准呢？古代传说用黄帝的中指、无名指和小指的第三指节的长度相加为尺度制作竹管，吹出的音就是宫，然后根据损益三法，逐级排列出宫、商、角、徵、羽。

从律的原始含义我们可以得出一个结论：瀍是上天意志，律是长官意志。中国古代基本没有依法治国的传统，只有以律治国的传统。我们传承的是律统而不是法统。没有依法治国传统，这是中华文化的巨大缺失。其实，西方依法治国的理念是十七世纪提出，距今也就几百年。

第三，学统。

中国的学统，主要包括两方面的内容：

其一是教育。中华文化的教育传统，历史悠久，从《周易·蒙卦》就开启了对教育理念的阐述。教育有如山下泉水，是一种涵养过程，从蒙蔽的山石草木，最终涵养成澄澈、深邃的泉水，这就是中华传统的教育理念。然而，随着社会分工的细密和强化，职业化的要求，成人教育转化为成才教育，应试教育随之出现。教与育分离，考与教脱节，最典型的就是科举考试。从隋朝开创科举考试，到宋明达到成熟和完善，清代走向僵化，最终被废除。但是，与科举应试教育同步的是成圣成贤，其实就是成人教育，尤其是宋以降的书院教育，继承了《周易·蒙卦》开创的、成人涵养的教育传统。1905年废除科举考试之后，无论内容与形式，都开始引进西方的教育，尤其是受洋务运动的影响，在中华民族的危亡之际，提出教育救国的理念。二十世纪五十年代开始引进苏联的教育模式，教育为计划经济服务。如今在市场经济的环境下，有人居然提出教育产业化的主张，这是在败坏教育。教育界的有识之士，努力回归中华文化的教育传统，因为这个传统与马克思主义追求的人的全面自由发展是完全一致的。

其二是科学。中国古代大部分的科学与封建王朝的统治有关。比如，天文学是为了订皇历，地理学是为了看风水，化学产生于炼金与炼丹术。这样的科学传统，在西方科学的冲击下，根本无立足之地。时至今日，硕果仅存的就是中医药学了。一直以来，对中医药学的质疑就没有中断过，主要观点认为"中医是伪科学"。说这话的人，根本不懂中医。因为中医根本不是科学，自然谈不上"伪"，中医理论是哲学。

无论中国还是西方，科学都经历了三个阶段。第一阶段是古代科学，在这个阶段，科学与哲学是不分的；第二阶段是近代科学，科学的结论必须经过实验证明，可重复出现；第三个阶段是现代科学，根本特征是使用数学，量化把握研究对象。相比之下，中医学的理论停留在古代与哲学不分的阶段。比如阴阳、五行等理论，就是哲学而不是科学，因为无法在实验室中观察到。然而，中医有许多临床经验的总结，虽然可以称为近代科学，但是中医自身的特点使其屡屡被人质疑。比如，有人质疑中医的一个论据是：经络与穴位，没有解剖学的支持。我觉得说这话的人就是个白痴。我为什么骂人？因为中医诊病的特点是面对完整而有生命的人，根本无法用解剖学支持。这就好比手机没电时，自然接收不到任何信号是一个道理。这一被解剖学质疑的点，正是中医的特点与优势所在。我们可以尽最大可能接受西医的诊断手段，但是，中医的根本是面对完整的生命。医与患之间永远是人与人的关系，而不像西医将患者当作客体或对象。

中医的诊断方式是"望、闻、问、切、尝"，现在只有"望闻问切"，没有了"尝"，就是因为，用味觉品病体液，尝药物的效果，实在需要太高的境界，甚至冒生命危险，这不是常人做得到的。因此，中华传统文化中有"不为良相，便为良医"的古训，有"悬壶济世"的美德。今天，我们的白衣天使们，以救死扶伤为己任，疫情期间逆行，挡在病毒与健康之间，用自己的生命尝试疫苗的效果。总之，借鉴西方医学的理论和手段，传承中华传统的人文精神，中华医学必然会发扬光大。

第四，血统。

所谓血统，不是指种族的血缘传承，而是指家族制度的延续。中国古代的家族制度，就是华夏民族以及后来的汉民族的宗教信仰传统。其特点是以共同祖先为信仰，血缘亲情为纽带，根据血缘关系的远近亲疏不同，确定每个家族成员的身份、地位、权利和义务。以家族内部的礼仪规矩，约束每一个成员的言行举止，以光宗耀祖为个体生命的意义，以死后葬入祖坟为每个人的终极关系。

与西方的宗教与世俗权力时而斗争、时而合一一样，中华传统的家族制度，与社会公权力之间，也存在着从一体到分裂、从对抗到相辅相成的历史演化过程。比如，周朝是家与国一体化的"宗法制"；春秋战国时期礼崩乐坏，家与国分裂甚至冲突；秦建立中央集权制，就是消灭贵族家族的过程；汉部分恢复分封，放手地方经济发展，形成了地方豪强的家与国的对抗；汉景帝"削藩"、武帝"独尊儒术"，建立纯粹的中央集权制，逐渐消灭地方豪强，可是，随着士人走上朝廷，世代为官者逐渐形成士家大族；三国以至两晋的世家大族，与国家政权处于对抗阶段，甚至操控着王朝的更迭；隋、唐消灭了士家大族，却以节度使的方式，形成地方藩镇，一旦和家族结合，就形成割据势力，唐朝因此灭亡；经过五代，彻底消灭了藩镇割据，贵族与士族退出历史舞台，结束了家国对抗的历史阶段；北宋时期，中央集权制高度完善，消灭了豪强、贵族和士族之后的社会以庶族地主为主体，社会呈现碎片化。两宋时期，在理学家的倡导、家族自身的需要以及政府的支持下，全社会普遍建立起家族制度，家族制度作为非政府组织，成为社会公权力的基础。从此，家与国进入和谐相处的阶段，中国人普遍拥有了自己的宗教信仰。

然而，科学的洗礼让我们不再信鬼神，工业化的冲击让农民变成工人，城市化的改造让农民成为市民，土地革命消灭了农村的乡绅和地主。总之，家族制度灭亡了，至少是它的功能基本丧失了。社会主义改造将农民组织起来，但是，经济体制改革，农村实行家庭联产承包责任制，中国社会再度呈现碎片化状态，信仰也随之受到巨大冲击。信仰必须重建，又不可能重建家族，只能仰仗于社会主义道路的成功。

第五，政统。

所谓政统是指政权组织形式的传统。周朝建立了封建制，秦开始建立中央集权制度，汉初是"一国两制"，武帝之后，一国一制。从此，中华大地上演进着一个历史规律，就是合久必分，分久必合。中央集权制因权力太大而腐败，最终崩溃而封建割据；分裂必然带来战争，百姓不堪忍受，有人顺应民心，武力统一天下，因此，分久必合，再度统一，重新建立中央集权制，恢复和平，百姓安居乐业。

五、为何批判传统文化

放眼世界，所有具有悠久历史的民族，没有一个像中华民族这样，曾经彻底地否定自己的传统文化，究竟是什么原因呢？据我分析，大致有以下几个原因：

第一，鸦片战争失败。

1840年，英国因鸦片贸易问题，对中国开战，结果清朝惨败，签订《南京条约》。在西方列强面前，"中华民族向何处去"成了时代最尖锐的问题。中国先进的知识分子，纷纷探索中华民族的出路。魏源在他编著的《海国图志》中提出"师夷之长技以治夷"口号，成为洋务运动的指导思想。可是，一介文人的力量毕竟有限，一本书也不足以唤起一场巨大而深刻的社会变革。真正引发洋务运动的却是一场几乎摧毁大清王朝的农民战争。

第二，洋务运动的破产。

1851年，太平天国运动爆发，几年之后，太平军占领南京，建立自己的首都天京。为了镇压太平天国，以李鸿章为代表的淮军，开始从洋人那里买枪炮，洋务运动开启了。与此同时，有识之士认识到，靠银子买不来中华的强盛，必须有自己的制造业，由此提出"实业救国"的口号，引进西方的工业，我们的民族工业，艰难起步了。然而，腐败的官僚体制，遏制了民族工业的发展，险恶的国际环境，逼迫清政府继续花钱买军备。1888年北洋海军正式建立，洋务运动达到了历史的最高峰。可是，1894年爆发的甲午战争，北洋水师全军覆灭，宣告洋务运动的失败。

第三，戊戌变法夭折。

洋务运动失败后，中国人开始向日本人学习，走君主立宪的道路，开启了自上而下的变法，可是，仅仅103天戊戌变法就夭折了。那么，为什么日本的明治维新能够成功，中国的戊戌变法却失败呢？主要是因为中华文化的历史太久，封建王朝完全腐朽没落，几乎失去了自我更新的能力。从技术层面分析：日本是明治天皇在一次贵族政变推翻德川幕府之后亲政，天皇具有绝对权威之后，再自上而下进行维新；可是光绪皇帝基本上是个傀儡，希望通过变法达到亲政的目的，将一场关乎国家命运的变法纠缠在帝党与后党的权力之争中。而帝党在争斗中失败，直接导致了戊戌变法夭折。

第四，辛亥革命不彻底。

1900年八国联军攻打北京，清政府与列强签订《辛丑条约》，开始了列强瓜分中国的狂潮，中华民族陷入空前的危机之中。可是，变法之路走不通，中华民族究竟向何处去？1905年，孙中山在日本东京成立同盟会，提出"驱逐鞑虏，恢复中华，建立共和，平均地权"的政治口号，从此放弃君主立宪的维新变法之路，开启了民主革命的进程。1911年10月10日，武汉首义，全国十七个省宣布独立。1912年元旦，宣统皇帝宣布退位，大清帝国灭亡，中华民国建立。可是，民国政府根本不具备控制全国的能力，随着清政府被推翻，中央集权制消亡，华夏大地陷入军阀混战的灾难之中，"中华民族向何处去"的问题依然没有解决。

第五，新文化运动兴起。

中国先进的知识分子开始进行深刻的反思：洋务运动失败了，戊戌变法夭折了，辛亥革命推翻了封建王朝之后，中国试图复辟帝制，建立多党制，实行总统制，但是根本无法摆脱落后、贫弱的地位，百姓的生活依然非常贫困。其中原因究竟是什么呢？中国先进知识分子的结论是：中华文化出了问题，已经完全腐朽没落了，要想为中华民族寻找到新的出路，必须从文化革新入手。因此，陈独秀于1915年创办《青年杂志》，后改名为《新青年》，从此开启了新文化运动，提出了"德先生、赛先生、打倒孔家店"的口号，就是张开臂膀拥抱西方文化，彻底否定中华传统文化。显然，以胡适为代表的新文化运动中的西化派，希望中国全盘西化，建立美国式的民主制度。可是，世界形势的巨变，终止了这等受西方文化影响的知识分子的迷梦。

第六，十月革命爆发。

1914年第一次世界大战爆发，沙俄在战争中失利。1917年爆发了资产阶级"二月革命"，推翻了沙皇俄国，成立临时政府。1917年，十月革命爆发，推翻临时政府，建立苏维埃政权。毛主席说："十月革命一声炮响，给我们送来了马克思列宁主义……走俄国人的路，这就是结论。"可是，人们不禁要问："我们为什么要选择走俄国人的路呢？"在我看来有三个原因，让中国人只能做出这样的选择：

其一，沙皇俄国曾经是中国人民最凶恶的敌人，自1840年以来，通过《瑷珲条约》《北京条约》和《伊犁条约》霸占了我国160多万平方公里的土地，而且还想继续霸占东三省，建立"黄俄罗斯"。十月革命之后，全世界的帝国主义都支持被布尔什维克推翻的资产阶级政府，俄罗斯境内爆发了全面的内战，根本无暇顾及中国的东北。中国人对俄罗斯的态度发生微妙的变化，因为敌人的敌人有可能是朋友。

其二，1918年第一次世界大战结束，1919年上半年，主要帝国主义国家的代表在法国巴黎举行会议，讨论如何重新瓜分世界，号称"巴黎和会"。当时中国政府以战胜国的身份，派代表参加会议。可是，在美、英、法三国操控下，将战败国德国在山东的特权，全部转给日本。本来是战胜国，却承受战败国的耻辱。5 月 4 日，消息传到国内，3000 多名愤怒的学生上街游行，提出"外争主权，内除国贼"的口号，对北洋政府施加压力，不让代表在合约上签字。学生的运动得到全国人民的支持，商人罢市，工人罢工，并且上街游行。北洋政府只好释放被捕学生，中国代表也拒绝在"和约"上签字。这就是著名的五四运动。通过巴黎和会，中国人看清了帝国主义的嘴脸，明白了西方列强对待中华民族的真实态度。

其三，苏俄的宣言。十月革命成功之后建立的苏俄政权，遭到西方十几个国家的武装干涉，为了摆脱自身的困境，从 1919 年到 1921 年，发表三次《对华宣言》，宣布将"沙皇政府从中国夺得的一切都无偿地归还中国"，这意味着，沙皇俄国通过一系列不平等条约，侵占中国的 160 多万平方公里土地，全部归还中国。虽然，随着苏俄取得粉碎外国武装干涉的胜利，国际形势有所好转，政权基本稳定之后，《对华宣言》所做出的承诺统统不兑现。但是，这三次《对华宣言》在当时的确赢得中国知识分子对苏俄的好感。以李大钊为首的先进知识分子开始研究和宣传马克思主义，五四运动取得胜利，加速了马克思主义在中国的传播。1921年中国共产党成立，28 年之后，成为执政党，并且选择走社会主义道路。马克思列宁主义虽然不同于西方资产阶级的理论，但毕竟也来自西方。中国共产党人成为执政党，并非简单地夺取政权，而是要从根本上改造中国的封建社会，包括传统文化。无论是民主革命，还是社会主义革命，都是反传统的，并且在"文化大革命"中推向极端。

六、由批到不批的转化

1978 年，我党召开十一届三中全会，解放思想，重新恢复了中国共产党人实事求是的思想路线，在决定对内改革、对外开放的同时，终止了对传统文化的批判。

改革开放，中华民族再度打开国门，重新审视西方世界。从1977 年到 1989 年，西方各种政治、文化思潮，纷纷涌入中国。这十二年，在思想解放的同时，意识形态鱼龙混杂，很多年轻人价值迷失，信仰崩溃，并且深受西方非马克思主义的思潮影响。加之，社会道路中的挫折以及改革过程出现的重大问题，使得一时间社会思想非常混乱，终于酿成 1989 年的北京政治风波。

风波过后，全世界七个发达资本主义国家在经济上制裁我们，这说明中国共产党领导下的中国并不是资本主义国家。可是，党内的左派势力抬头，发起社会主义道路问题的讨论，强调中国共产党要坚持走社会主义道路。可是，什么是社会主义道路，一时没人能够说得清楚。

从国际共产主义运动的历史回顾，当初马克思创立共产主义学说，揭示资本主义社会的固有矛盾，预见在一次全世界范围爆发的资本主义经济危机中，资本主义世界崩溃，全世界无产者联合起来，推翻资本主义制度，进入共产主义。后来恩格斯提出新观点，认为资本主义不能直接进入共产主义，需要有一个过渡阶段，这个阶段不能消灭国家，需要无产阶级掌握政权，就叫无产阶级专政。在这个阶段，还不能实现"各尽所能，按需分配"的共产主义原则，只能实行"各尽所能，按劳分配"。那么这个阶段叫什么呢？当是，法国兴起社会主义思潮，鼓吹生产资料由社会拥有，恩格斯就将这个阶段的经济制度称为社会主义。可是，这只是一种理论设想。

十月革命成功之后，紧接着就是全世界的资本主义国家干涉苏俄，四年的战争，苏俄实行的是"战时共产主义"，就是军营式的配给制。当战争结束之后，列宁觉得这种战时共产主义与马克思的设想基本一致，于是，在和平时期继续战时共产主义，取消商品、货币，没有资本、银行，也没有稳定的财政来源。苏维埃政府就组织城市的工人到农村征粮，结果遭到农民的激烈反抗。城市的工人与农村的农民血脉相连，于是开始大规模罢工。与此同时，在十月革命鸣放礼炮的波罗的海舰队"阿芙乐尔"号巡洋舰的海军官兵哗变了。苏维埃就是工农兵的政权，却遭到工人、农民和士兵的一致反对。列宁意识到问题的严重，立刻决定停止战时共产主义，大踏步地向后退，恢复商品、市场、货币、银行等资本主义社会的经济要素，走国家资本主义的道路。这就是列宁的"新经济政策"，苏维埃的经济迅速得到了恢复。可是，不久列宁去世了。斯大林上台之后，中止了列宁的"新经济政策"，在苏联境内大搞社会主义改造，就是将企业国有化。这种社会主义，被称为"斯大林模式"，其实就是国家垄断资本主义。这种体制有着不可否认的优越性，特别适合恢复战后经济，完成国家的工业化进程。第一次世界大战诞生了一个社会主义国家；第二次世界大战产生了一个社会主义国家阵营。这些国家有一个共同点，就是经济落后，基本是农业国，又都是在战争的废墟上建设新的国家。它们有一个共同目标，就是恢复战后经济，在短期内有效地集中有限的财力和物力，完成工业化的进程。国家垄断资本主义，或者"斯大林模式"曾经在这些国家创造了经济奇迹。

可是，第二次世界大战结束之后出现了资本主义的稳定发展阶段。一方面是资本的社会化；另一方面，是军工转民用，军事科技在转向过程中，引发了第三次工业革命。这为资本主义注入了强大的发展动力，在冷战条件下，两种体制展开了和平竞争。就在资本主义充分享受世界市场经济的好处时，社会主义的计划经济由于军备竞赛，内部严重的腐败，脱离世界市场，导致了国家垄断资本主义走到了历史的尽头。八十年代，苏联全面收缩，社会主义阵营纷纷开始改革。我们国家的改革，就是这世界潮流中的一部分。可是，在价格改革的关键阶段，由于步子太大，物价飞涨，社会主义国家都出现动荡。

因此，在没有新的成功道路出现时，所谓的社会主义就是"斯大林模式"。从 1989 到 1992 年，我们党内激烈讨论社会主义道路问题，实际上就是对是否继续改革开放政策的一次争论。有人建议模仿南斯拉夫的"社会所有制"，可是还没等开始研究，南斯拉夫解体了。就在我们党内的争论一时没有答案的时候，东欧社会主义国家纷纷易帜，苏联最终解体，社会主义阵营不复存在，社会主义运动进入历史的最低谷。从 1989 到 1992 年这三年，我们中国共产党人就在迷茫中徘徊；一个十几亿人的社会主义中国，就像一艘巨轮在太平洋上漂，"中华民族向何处去"的历史问题再度出现。

就在全党都陷入困惑，未来不知向何处去的时候，邓小平来到南方视察，发表一系列的讲话。我将邓小平的南方谈话精神概括为三个要点：第一，深圳模式不是资本主义。邓小平告诉全党，改革开放没有错，不能走回头路。第二，须回答什么是"社会主义"问题。可是邓小平也不知道什么是社会主义，他只能说，"贫穷不是社会主义"，这就是否定的方式，是什么不知道，不是什么很清楚，这就是中华传统智慧。第三，发展经济是硬道理。唯其如此，才能解决贫穷问题。邓小平给全党指明了未来发展的方向。从此，全党开始全面抓经济，甚至提出"摸着石头过河"的口号，抓GDP，保经济增长8%，成了这个时期我党最重要的任务。中国的经济形势全面好转，并且顺利地渡过1993年东南亚的经济危机。

七、中华民族的伟大复兴

我们中国共产党人，在民主革命斗争中，将马克思主义的普遍真理与中国革命的具体实践相结合，取得了革命的胜利，并且成为执政党。在社会主义建设过程中，同样将马克思的社会主义原理，与中国社会主义建设的具体实践相结合，提出了"中国特色社会主义"道路的命题。

那么，什么是中国特色呢？就是一条前人没有走过的道路，既不同于苏联的"斯大林模式"，也不是西方资本主义国家的模式。就是在中国这块土地上，领导十几亿中国人民走向繁荣昌盛。社会主义道路，强调的是马克思主义基本理论的指导。马克思主义的普遍真理不能丢，中华传统文化如果没有马克思主义理论的指导，不可能为我们的民族提供新的思想、价值的资源，也不可能为中华民族指出未来方向和道路。这一点在马克思主义传播之前，已经充分证明。中华民族在接受马克思主义之前，一直在黑暗中摸索，这是不争的事实。

对中国特色社会主义道路最完美的诠释，是江泽民总书记在2000年的新年贺词。江总书记说："我们坚信，在新世纪里，中国人民将坚定不移地沿着建设有中国特色社会主义道路继续前进，中国的社会主义制度将经过不断改革而更加巩固和完善，中国的发展将通过各个地区的共同进步达到普遍繁荣，中华民族将在完成祖国统一和建立富强民主文明的社会主义现代化国家的基础上实现伟大的复兴！"从此，中华民族伟大复兴成为中国共产党的近期目标。

当我们说到中国特色的时候，传统文化的现代意义已经体现出来了。不过，这是总体上的意义，具体说来可以概括为以下三点：

第一，精神凝聚力。

任何一个古老的民族，她的传统文化，都是为本民族成员提供精神凝聚力的资源，一种民族的认同感。中华民族伟大复兴，是全球华人的共同愿景。全世界有六千多万华人华侨，他们是一支伟大的社会力量和资源。当年华人华侨曾经倾力支持孙中山的民主革命；第二次世界大战期间，他们又竭诚支持国内艰苦卓绝的抗日战争；中国共产党取得革命胜利之后，全世界的华人被撕裂成两大阵营。我们共产党人提出的共产主义奋斗目标，在华人世界少有共鸣。可是，当我们共产党人提出"中华民族伟大复兴"的口号时，只要还承认自己是华人，必定为这个目标感到热血沸腾。这就是我们中华民族最强大的凝聚力。

第二，民族文化自信。

中华民族的凝聚力，有一个重要原因，是对自己民族文化的自信，充分认识到本民族文化的独特魅力和特有价值。这就是民族自豪感，为自己是中华民族的一员而由衷地感到骄傲和自豪。然而，这种民族文化的自豪感与民族成员的荣誉感，源自我们伟大祖国的日益强大。当年大汉帝国以武力反击外族入侵，有力地保护了汉王朝的百姓，让百姓感受到强国之威，汉民族由此而形成。中国在公元前100年左右的时候，就完成了民族与国家完全一体化。而欧洲的民族独立国家是十五世纪之后，资本主义萌芽产生时才完成。为此我们的确感到非常自豪。

第三，情感归属与心灵家园。

我们都是中华民族的一员，我们不仅感到自豪和骄傲，而且还要为中华民族伟大复兴而努力奋斗，这是人生的目的和意义所在。有学生问我：您心目中"中华民族的伟大复兴"应该是个什么样？我回答：不是经济指标，不是人均GDP，而是我们中华文化与价值观，再度登临人类文化的巅峰！我们再也不惧怕任何外来势力的颠覆，话语中再也没有敏感和忌讳，我们的民族真正强大了。可是，这一天我有生之年看不见了。但是，我相信必然会实现，这就叫信念。所谓信念就是追求的目标要比自己的生命长。因为比个体的生命长，才能够超越个人利益。超越个人利益，才够"坦荡荡"地做君子，获得幸福感。追求的目标比生命长就是永恒。人都渴望永恒，但是生命不可能永恒，只要我此生未变，就是永恒。这是情怀，也是情感的归属与心灵的家园。

国学与人生

徐小跃

徐小跃，1958 年生人。现任南京大学中华文化研究院副院长，南京大学中国哲学、宗教学教授、博士生导师。主要从事中国哲学、哲学概论、宗教学、佛道思想、中国天人之学以及中国宗教与民间宗教的教学和研究。另担任《中国佛教百科全书》副主编，《禅学研究》副主编，《宗教研究》主编，著有《禅与老庄》、《罗教与禅宗》、《禅林宝训释译》、《社会科学十万个为什么——宗教卷》、《中国无神论史》（上下卷）、《中国宗教史》（上下卷）、《哲学概论》等著作。

大家好，今天我想和大家分享的题目是《国学与人生》。国学是我们常常听到的一个概念，但这一概念并非自明的，而是亟需辨明的。它与我们人生的具体关系也需要我们去体会发现。我们首先来看，什么是国学。

一、国学涵盖的内容

何谓国学？国学在哪里？国学的基础和核心是什么，以及国学所要实现的目标是什么？这些是我们学习和研究国学首先要弄清楚的问题。

所谓国学就是"国故之学"的简称，指中国固有的古代学术文化或传统学术文化。其实在此意义上的国学概念所强调的主要有两点：一点是中国；一点是传统。其要表明的是对中国传统学术，乃至整个中国传统文化的一种态度、意识和精神，从而表征一个时代的精神呼唤——那就是理性地对待中国传统文化，历史地认识中国传统文化，自信地再造中国传统文化，并以此振兴中华民族。

国学在哪里？国学研究的范围应从两个方面来理解和确定：一是作为学术的国学；一是作为思想的国学。

首先，从学术的角度来看，国学所包含的内容是极其广泛的。按中国古代的图书分类法，有所谓经、史、子、集"四部"或"四库"。

"经部"所收录的是儒家的典籍和研究儒家经典的著作，有"六经"（实存《诗》《书》《礼》《易》《春秋》"五经"）、"七经"、"九经"、"十三经"之说。十三经包括《周易》、《尚书》、《诗经》、《周礼》、《仪礼》、《礼记》（《礼经》所成的三礼）、《左传》、《公羊传》、《谷梁传》（《春秋》所成的三传）、《论语》、《孝经》、《尔雅》、《孟子》等。学习儒家思想还要读《大学》《中庸》《论语》《孟子》（简称"《学》《庸》《语》《孟》"）。这四本书，又合称"四书"。

"史部"所收录的是各种体裁的历史著作。中华民族是世界上最重历史的民族。在千年的历史发展过程中撰写了大量不同体裁的历史典籍。稍有素养的中国人就应读一下被称为"史学两司马"的书，一是司马迁的《史记》，一是司马光的《资治通鉴》。

"子部"所收录的则是儒、墨、道、法、名、杂、兵、农、阴阳、纵横、小说家等诸子百家的著作。除此之外，"子部"也收录了部分道教、佛教等方面的著作。也就是说，学习国学除了要读儒家的"四书五经"和历史著作以外，也要读一些《墨子》《老子》《庄子》《韩非子》《孙子》《管子》等诸子的书。

"集部"收录了历代诗、文、赋等各种体裁的作品，也收录了对各种作品进行品论即文学理论方面的著作，比如楚辞、汉赋、唐诗、宋词、元曲、明清小说以及各时代的文论。通俗地说，"集部"收录了古代一切有关文学方面的书籍。

我们对经、史、子、集四部的研究乃是"经学""史学""子学""文学"，而对最重要著作所做的版本校勘、文字音韵、考据训诂等研究也形成了一个专门的学——"小学"。所以，国学大师章太炎先生在《国学讲演录》中将国学分为小学、经学、史学、子学和文学。如果用现代学科分类法的话，国学应包括哲学、史学、文学、伦理学、宗教学、礼俗学、考据学、版本学、文字学、训诂学、音韵学等等。

其次，从思想角度来看，国学所包含的内容主要是儒道佛三家思想。之所以做出这样的判断，乃是基于我们对文化概念的理解以及传统文化对中国人实际影响的考量。一般来说，文化的范围极其广泛，物质的、非物质的、精神的、制度的都可被称为文化。所以文化的定义也是杂而多端、众说纷纭、莫衷一是。但如果要问文化的核心和基础是什么，那么答案一定是思想。思想包括价值取向和思维方式两个方面。或者说，只有具体探讨和回答价值取向和思维方式的文化，才能被称为思想文化。按此说法，国学或中国传统文化，其核心和基础当然是具有价值取向和思维方式等内容的中国传统思想文化了。说得再具体点，这个部分的国学，或者说中国传统文化是专指对中国人的精神、心性、人生价值、生命意义、生活方式、行为方式、思维方式以及深层的民族心理结构发生持久影响的思想文化。能够而且实际上也承担着上述功用的思想文化，那自然非儒道佛三家莫属。

国学的核心和基础是什么？国学的基础和核心是道。道是由思想、精神和信仰构成的。而这些都是无形的存在。《周易》说："形而上者谓之道，形而下者谓之器。"

国学所要实现的目标是什么？自然是通过道，最终实现"易天下""化成天下"。"思以其道易天下"，"观乎人文，以化成天下"，正是这个意思。这里所说的天下并非实指空间意义上的全世界，而是表示文化、精神、道德以及世道人心共同构成的整体。"化成天下"具体是指：净化心性、变化气质、淳化世风（"三化"）；成就道德、成长生命、成全人格（"三成"）；和睦家庭、和谐社会、和协自然（"三和"）。其中"净化心性"指向人的德性生命；"变化气质"指向人的气质生命；"淳化世风"则在于"亲民"（《大学》）、"仁民"（《孟子》）；"三成"指向人的两重生命；"和睦家庭"即是所谓"齐家"（《大学》）；"和谐社会"则是"治国平天下"（《大学》）；"和协自然"则是指"天地位焉，万物育焉""尽物之性""成物"（《中庸》）、"爱物"（《孟子》）等等。

　　国学或说中国传统文化的三大主体是儒道佛三家。古语说，天有三光日月星，人有三教儒道佛。由此也说明三家思想对中国人的重要性。我对儒道佛三家的主张、特色及其功用有如下的概括：儒家入世有为，道家超世无为，释家出世放下；儒之慈厚，道之慈柔，佛之慈悲；以儒治世求安定，以道治身求安康，以佛治心求安宁。

二、孟荀对人性的探讨

　　中国传统文化中的思想观念、人文精神、道德规范主要体现在儒家文化中。所以我今天专就儒家思想与大家谈些想法。

　　儒家思想十分重视人生问题。人生就是人的生，而不是人以外的生。它要回答人是什么、人应该是什么？这样一个最根本的问题。对这个最根本、最切要的问题探讨最为完备和精彩的当推我们的中国哲学。

孔子以"孝"德为例，排除了物质享受作为人的本质规定的可能。他说："今之孝者是谓能养，至于犬马皆能有养，不敬，何以别乎？"（《论语·为政》）《礼记》以"礼"德为例，排除了语言作为人的本质规定之可能。《礼记·曲礼上》说："鹦鹉能言，不离飞鸟；猩猩能言，不离禽兽。今人而无礼，虽能言不亦禽兽之心乎？"荀子以"义"德为例，排除了知觉作为人的本质规定的可能。荀子说："水火有气而无生，草木有生而无知，禽兽有知而无义。人有气有生有知，亦且有义，故最为天下贵也。"（《荀子·王制》）

围绕人生问题，儒家借助诸多概念完成了系统性的逻辑体系的建构。

儒家文化是一种"心性之学""生命之学""人生之学"，所以有关"人性"的探讨自然构成其逻辑的起点。人性问题是探讨人的本质属性、人的存在方式、人的生命形态的问题。关于这个问题，儒家重要经典《尚书·大禹谟》的一段话给出了很好的回答，"人心惟危，道心惟微。惟精惟一，允执厥中"。儒家将此称为"十六字心诀""圣人心法"。儒家正是靠此心传来传承的，从而形成了儒家千年不绝的所谓道统。儒家道统说的提出在一定意义上是为了回应佛教的挑战。佛教禅宗即有所谓法统说。这种法统源于佛教传说中的"灵山法会"以及"拈花微笑"，最终确立为由菩提达摩所开创的中国禅宗法统。韩愈则提出了一个尧、舜、禹、汤、文武、周公、孔子、孟子一脉相传的传道系统。

所以要了解儒家的人性论，一定要溯源到这里。当年朱熹读史读到此处恍然大悟，原来儒家思想的源头在这里啊！于是写下了《观书有感》："半亩方塘一鉴开，天光云影共徘徊。问渠那得清如许，为有源头活水来。"

根据《尚书》的观点，人的生命形态有两种：一个叫"气质生命"，一个叫"德性生命"。或说"人性"由两个部分组成，一为"人心"，一为"道心"。

儒家的创始人孔子对"性与天道"的问题谈论的不多，其门下弟子感叹"不可得而闻也"，但孔子还是提出了他的基本的人性观，即"性相近，习相远也"（《论语·阳货》）。《三字经》里也有这句话。实际上孔子在这里显然同意并继承了《尚书》的思想。也就是说，孔子所讲的"性"，即"人性"就是包括了"人心"与"道心"两部分。

众所周知，自孔子以后，儒分为八，其中影响最大的当属孟子与荀子。也正是他们俩将自《尚书》建立起来的"人性"含"两心"的传统进一步分殊开来。通俗地说，他们一人专就某"一心"展开了他们各自人性论的探讨。人性本善论与人性本恶论就此呈现。

孟子试图对"性""人性"概念进行严格界定，明确指出有关人的生理、物理、心理等方面的属性，"君子不谓性也"（《孟子·尽心下》）。君子所谓之性，当指人"本有"与"独有"的"两有"之性。如果从孟子的思路来看，他对"人性"的规定是严谨的。他说："人之所以异于禽兽者几希。"（《孟子·离娄下》）"几希"的意思就是一点点。在孟子看来，构成人之为人的本质属性，在人身上所占比例是很少的，绝大部分与禽兽是差不多的。

孟子提出了一个新的概念——"良心"，等同于"道心"。

"良心"具有"良能"，可以生"德"；具有"良知"，可以"判断""知晓"善恶，"仁义礼智根于心"（《孟子·尽心上》），此之谓也，"是非之心，智之端也"（《孟子·告子上》）。

值得注意的是，"此心"不是生理之"心"，"此心"也不是心理之"心"，既不是 heart，也不是 mind。中国文化给了"此心"好几个名字，或叫"道心"，或叫"良心"，或叫"明德"，或叫"性"，或叫"天地之性"，或叫"天命之性"等等。动物有"生理心"，也有"心理心"，但它们没有"天理心"。"天理心"就是"道心""良心"。动物会有些自然生理的血缘情义，也会有些自然心理的同情心，但绝对不可能有"连体"的同理心与同情心，即没有万物一体之仁之心！

孟子在论证人先天地具有"怵惕恻隐不忍之心"时举了一个"乍见孺子将入于井"的例子。主旨是在说明救人完全是出于人的恻隐之心，而不是出于其他原因。这就是孟子著名的"三非论"："非所以内交于孺子之父母也"，"非所以要誉于乡党朋友也"，"非恶其声而然也"。（《孟子·告子上》）孟子这是在告诉人们，人所做的道德的事情，一定是根植于良心——怵惕恻隐、不忍之心的，而绝非任何外在的功利、虚荣使然。

应该这么说，在人与非人的判断上，说的最为明确的还是被尊称为"亚圣"的孟子。他说："无恻隐之心，非人也；无羞恶之心，非人也；无辞让之心，非人也；无是非之心，非人也。"（《孟子·告子上》）孟子在这里实际向人们提出了一个更根本、更根源的哲学思考——人性的内涵究竟是什么？即人之为人的根据是什么？孟子说："人之所以异于禽兽者几希"（《孟子·离娄下》），这个构成人之为人的"几希"就是"良心"。所谓良心就是人的本然之心、天生之心。它包括这样四种生命情感：第一怵惕恻隐之心，第二羞恶之心，第三辞让之心，第四是非之心。由人的这种"四心"又产生出四种道德，即仁义礼智四德。孟子说："恻隐之心，仁之端也；羞恶之心，义之端也；辞让之心，礼之端也；是非之心，智之端也。"（《孟子·公孙丑上》）"恻隐之心，仁也；羞恶之心，义也；恭敬之心，礼也；是非之心，智也。"（《孟子·告子上》）所以孟子得出结论：无四心就不是人，无四德就不是人。孟子坚持认为，道德并非外来的强加而成，而是自有其人性的内在根据，人性之良心是能够生出与此相配的道德的。"仁义礼智，非由外铄我也，我固有之也"（《孟子·告子上》），说的就是这个意思。我的结论就是：有良心则为人，有道德则为人。这就是孟子所说的"人性本善也"。

荀子与孟子不同的是，他选择了《尚书》中的"人心"作为"人性"的内容。也就是说，他是以人的自然生理之心来界定人性的。

> 今人之性，生而有好利焉，顺是，故争夺生而辞让亡焉；生而有疾恶焉，顺是，故残贼生而忠信亡焉；生而有耳目之欲，有好声色焉，顺是，故淫乱生而礼义文理亡焉。然则，从人之性，顺人之情，必出于争夺，合于犯分乱理，而归于暴。故必将有师法之化，礼义之道，然后出于辞让，合于文理，而归于治。用此观之，人之性恶明矣，其善者伪也。
>
> （《荀子·性恶》）

荀子认为"人之性""人之情"就是《尚书》所说的"人心"，故危，故恶矣。所谓"人性本恶也"。

大家要知道的是，孟子与荀子都只是就人身的某个部分属性来规定他们对人性的理解的。或者说，他们各自都是从狭义角度来定义人性的。如果说孟子是就人的德性方面去定义人性；那么荀子就是从人的气质方面去定义人性。但从他们各自的论述以及理论归宿来看，他们实际上也都同时看到了人性的另一方面的内容。具体来说，孟子虽以人的德性定义人性，但也看到人自有自然生理的一面；荀子虽以人的气质去定义人性，却也能看到人有德性或道德的一面。孟子与荀子都是仁义礼诸德的推崇者，因此，他们都是儒家的代表人物。所以《汉书·艺文志》说："儒家者流……明教化……留意于仁义之际。"崇尚人伦道德的教化正是儒家思想的价值取向呢！"观乎人文，以化成天下"（《周易》），说的就是这个意思。

三、人伦与五常

彰显"道心"而使"人心"不显，乃是孟荀二人的共同主张。换句话说，道心不显，而人心彰显，则是他们共同忧虑的事！通俗地说，他们都担心人只知道追求物质或生理的满足，而缺失精神、道德的教化，因为如此下去，人必将沦为禽兽。孟荀殊途同归之处在于重"师法之化""礼义之道""人伦教化"，即重视人的价值和意义，突出"最为天下贵也"的那个存在。儒家认为，如果要实现人的价值和意义，就必须建立起人伦关系。

人之有道也，饱食暖衣逸居而无教，则近于禽兽。圣人有忧之，使契为司徒，教以人伦：父子有亲，君臣有义，夫妇有别，长幼有序，朋友有信。

（《孟子·滕文公上》）

何谓人义？父慈，子孝，兄良，弟悌，夫义，妇听，长惠，幼顺，君仁，臣忠。

（《礼记·礼运》）

父子恩，夫妇从，兄则友，弟则恭，长幼序，友与朋，君则敬，臣则忠，此十义，人所同。

（《三字经》）

这里的"人义"就是人的应当性。儒家认为，人的应当性就表现在要遵守人与人的这些伦常关系。那么，如何实现上述的"五有"呢？儒家不同的经典对此都做出了回答——落实到人的道德（人德）之上。

所谓的"人德"就是指只有人才具有的道德。儒家建立了许多道德条目。当然，这首先是为了解决"教以人伦"的需求。《礼记》列出了慈孝、良悌、仁忠等；《大学》指出："为人君止于仁，为人臣止于敬，为人子止于孝，为人父止于慈，与国人交止于信"，即仁、敬、孝、慈、信等。

当然，儒家的道德应该具有更加普遍的意义，比如"仁知勇"之"三达德"；"礼义廉耻"之"四维"；"仁义礼智信"之"五常"；或者如孔子之温、良、恭、俭、让（《论语·学而》）与恭、宽、信、敏、惠（《论语·阳货》）等德行；再比如"智仁圣义忠和"之"六德"（《周礼》）；"孝悌忠信礼义廉耻"之"四维八德"；"忠孝仁爱信义和平"之"新八德"；"仁义礼智信孝悌忠廉耻"之"十德"等等。道德是心灵产生的,是解决人的应当问题。人的"应当性"恰恰是人生最大的价值所在。

应该看到儒家道德的建立一定是出于巩固安顿"人伦"的需要。要说明的是,"仁义礼智"既是根于心(人性)的,又是规范"人伦"的。所以,"人伦"亦是根于心的,也是以人性为根据的。仁、义、礼、智是应着"人伦"的需要而建立的。这也才有了孟子以下论断:"仁之实,事亲是也;义之实,从兄是也;智之实,知斯二者弗去是也;礼之实,节文斯二者是也;乐之实,乐斯二者,乐则生矣,生则恶可已也,恶可已则不知足之蹈之手之舞之。"(《孟子·离娄上》)

"孝悌"是用来"事亲""从兄"的,"仁义礼智"也是用来"事亲""从兄"的。值得注意的是,孝悌之德与仁义礼智之德具有了重合之处。

值得强调的是,儒家道德德目有一个非常重要的特点:一方面,系于特定的人伦关系上;另一方面,则是被用在广泛的对象上,具体说来,就是一般的人和万物之上。简言之,既有用在特殊对象上的,也有用在一般对象上的。我们应该清楚地认识到,仁、义、礼、智诸德除了具有规范"父母双亲"与"姐妹"的作用外,它们显然也有与"孝悌"二德不同之处,即超越了"血缘伦理"的范围而向着更广泛的领域推及、推广,于是就有了更普遍、更一般的"人与人"的伦理关系。孟子明确交代了这一点:"亲亲而仁民,仁民而爱物。"(《孟子·尽心上》)由此,仁、义、礼、智等德就构成了规范着血缘以外的人与人的关系、人与物的关系的结构形式。

古人对仁义礼智"四德"的道理多有概括,仁之爱,义之宜，礼之恭，智之别是也。而我对"五常"之德的内在道理与精神的概括也与此类似："仁以爱之，义以正之，礼以敬之，智以善之，信以诚之。"仁爱、义正、礼敬、智善、信诚正是中国传统文化的核心价值观。

四、仁德是儒家的核心价值观

在仁、义、礼、智、信"五常"中，仁德又是作为全体大德而存在的。仁学思想又构成了儒学中最核心的价值观。

在儒家看来，"仁"是人所本有、独有的一种"能力"，一种"欲望"（"欲力""良欲"）。合而言之，可称为是一种"愿力"。这是一种发自内心的"愿力"。通俗地说，就是"自主""自觉""自省"的一种欲求、追求。人知道这是"善"的；人有行善的欲望；人能够行善。我自觉，我愿意，我可以做到这些。

仁是人心的本有属性；仁是人情愿的欲望；仁是人内心自发的行为。"可欲之谓善"（《孟子·尽心下》），"己欲立而立人，己欲达而达人"（《论语·雍也》），"己所不欲，勿施于人"（《论语·卫灵公》），这里都在强调一个"欲"字，即"愿意"，是一种自主的、自觉的愿意，而非任何外在的要求或强加的"愿意"。"自觉自愿"这四个字最能反映儒家的"良欲"问题与"为善"问题。

"自觉自愿"的最好表达就是孟子所谓的"由仁义行"（《孟子·离娄下》）。所谓的"由仁义行"正是在强调道德实践乃是发自内心的愿望与意愿；而由外力强迫的，非自觉自愿的做法就是孟子所否定的"行仁义"。"自觉自愿"（我愿意）就是"主动"，就是"自主"，就是"由仁义行"；非自觉自愿就是"被动"，就是"不自主"，就是"行仁义"，就是外在的要求你"应该怎样"。由此我联想到，王阳明与朱熹思想的区别也在于此。王阳明主张把"应该"变成"愿意"；而朱熹只是主张"应该"。但是如果只强调人应该怎么做，而不能转化为"自觉自愿"的"知行"，其结果还是会有流弊。

由此我们也可以认识到，王阳明的"心即理""知行合一"其实同样在强调"由仁义行"。只要"由着"这个"心"，即自发的有了这个"知"，从而必然地就会有这个"行"。这个恻隐之心、羞恶之心即是与此相应的"仁之理""义之理"。"心即理"，此之谓也。同理，这个由恻隐之心而生的仁理，由羞恶之心而生的义理，一旦发动，那就是"仁义行"了。所谓"知行合一"，就是说"一念发动处，便即是行"（《传习录下》），所要申论的也是这个道理。在王阳明那里，知行合一就是知即行、心即理。

对于儒家的"仁"的思想，需要从多个层面理解。第一，确立仁的本质含义。仁的本义是"果仁""果核"的意思。所谓水果的"核心"就是"仁"，表示最根本的存在，是生生之源。古代文字"仁"的一部分由"心"构成，说明"仁"字与"心"紧密相连。以此类推，作为根本性的"心"是有"生发"功能的。"生道即仁道"所要表达的也正是这层意思！

第二，确立仁之"亲"的本质规定。《说文解字》说："仁，亲也，从人从二。"儒家历史上太多的思想家都明确将"仁"定义为"爱"。亲就是爱，爱就是亲。"樊迟问仁，子曰爱人"（《论语·颜渊》）；孟子说"仁者爱人也"（《孟子·离娄下》）；《礼记·乐记》说"仁以爱之"；《白虎通义》说"仁者，不忍也，施生爱人也"；韩愈说"博爱之谓仁"（《原道》）；朱熹说"盖仁则是个温和慈爱底道理……仁字是个生底意思"（《晦庵集》）；"仁义礼智……其发用焉，则为爱恭宜别之情"（《朱文公文集》）。

第三，知道"仁"虽然是一种处理"关系"的德目，但是所有"关系"的组成都与一个共同主体之"人"紧密相关，所以对"己"的要求和规定当属于"仁"的一项重要首要任务！惟其如此，"忠"德产生了，"修己"问题也产生了。以"克己复礼为仁"（《论语·颜渊》）为代表的，孔子所有对"仁"的定义（指对"修己"意义上的"仁"的规定）都将"己立己达"界定为修养成德的首要任务。

第四，在完成了上述任务以后，人才开始进入如何处理人与他者之间关系的问题。这个根本之性和普遍之理乃是"良心"（恻隐之心）和"亲爱"。理解了这些才能理解孔子为什么高度肯定颜回对仁之"自爱"的规定。通俗地说，只有把"前提"抓好了，才有后面的一系列工作的展开，才有对"爱对象"的真正落实。"为仁由己"（《论语·颜渊》），此之谓也。"为仁由己"的意思就是先要做到自己"仁"，"自爱"就是实现一系列的"克己""成己""己立""己达""反省""内省""自省""慎独""求诸己""反求诸己"等努力的过程。"自爱"是对自己本性本心的开发、开启、光明，这是从正面来讲的；从反面讲，就是克制自己的"私欲""意欲""利欲""情欲"。总之，"自爱"当是兼具"正反"两方面的修行过程。"正"在于用"明""存""立"；"反"在于用"克""中节""寡""少"。由此可见，"自爱"实际包含了两种"智慧"获得的方式。

对"仁"的理解和研究应该遵循这样的次序：心—亲爱—己

之自爱—己内在之忠—一系列的"对己"用功和修养—己人—己物—天地万物一体之仁。

在儒家思想体系中，仁虽然是全体大德，但是还有许多德目自有其特殊意义与价值。这里不能一一给予关注。总之，在儒家看来，道德的生活才是合乎人性的生活，这种生活才是值得过的。"以德为要"构成了中国古代人生哲学的一个重要特征。

五、人性、人文与人民

将人性、人伦、人德统合起来的理论是儒家的人文观念。

《周易》指出："文明以止，人文也"，"观乎人文，以化成天下"。人文的精神包括以下四个方面的内容：其一，归止文明的方向；其二，归止至善的良心；其三，归止于做人的道德；其四，化成天下的责任。这个责任集中体现在张载的四句话中，"为天地立心，为生民立命，为往圣继绝学，为万世开太平"。如前所述，中国传统文化对天下的变化和化成主要是体现在思想、文化和道德上。我也曾将所谓"化成天下"概括为"三化三成"——净化心性，变化气质，淳化民心世风；成就道德，成长生命，成全人格。由此可见，人文所要最终解决的仍然是人的两重生命融合、和谐的问题。人文问题就是生命问题，都落实、体现在重视现实的人的生命这一大问题上。

儒家所有思想的归宿在于人民。

"民为邦本""民贵君轻""民以食为天""民心向背"是儒家人民思想的集中体现。孟子指出："得天下有道，得其民，斯得天下矣。得其民有道，得其心，斯得民矣。得其心有道：所欲与之聚之。所恶勿施尔也。"(《孟子·离娄上》)这是说，对得民心的"民之所欲"与"民之所勿"要做全面的认知，不能仅局限在物利层面，此"欲"是有层次性的，而深层的一定是与教化相关。对此，孟子也曾有具体论述："仁言不如仁声之入人深也，善政不如善教之得民也。善政民畏之，善教民爱之。善政得民财，善教得民心。"(《孟子·尽心上》)也就是说，仁德的语言不如仁德的乐声那样深入人心，良好的政治措施不如良好的教化那样获得民心，良好的政治措施只是使百姓畏惧，良好的教化却令百姓热爱。良好的政治措施得到的是百姓的财产，良好的教化得到的却是百姓的心。应该这么说，良好的政治措施只是为人民创造或带去财产，而良好的教化却能赢得民心。孟子在《孟子·尽心上》又说："君子之所以教者五：有如时雨化之者有成德者，有达财（才）者，有答问者，有私淑艾者，此五者，君子之所以教也"，这是说，君子用来教育的方式有五种：有像及时雨那样滋润万物的，有成全德行的，有培养才能的，有解答疑问的，有流传后世为后人所私下学习的。这五种就是君子用来教育的方式。

民心有以下几个追求，即长期性、稳定性、大众性、公平性、仁爱性、和平性。换句话说，中国传统文化下的民心特指人民百姓之期望。他们期望稳定而不是动乱，公平而不是不均，仁爱而不是残杀等。

还有一个"守天下"与"丧天下""失天下""亡天下"的问题，如果要使天下避免灭亡，对于人民文化的滋养，社会的公正、仁爱、和平就显得尤为重要。守天下比得天下更难。也就是说，在"守天下"的时候，要特别重视统治者与民众仁爱之心的问题。当然，在上者的仁爱则需要具有引领作用。在施政时，要时刻想到如何落实仁爱人民的问题，不能鱼肉百姓，不能损害人民的尊严，要满足他们各方面的切实需求，多办人民喜好的事情。在此情况下，一个社会的文明和稳定还取决于这个社会的公民的仁爱之心，绝对不能让人民处在麻木不仁的状态中。要提倡人人关心他人，互相帮助、互相给予、互相尊重、互相宽容。另外，在"守天下"的时候，还要特别重视社会的公平公正问题。不能使社会出现过度的贫富不均现象，要使人民共同富裕，帮助解决人民最关心的，诸如医疗、教育的公平公正的问题。如果一个社会仁义蔽塞，公平丧失，那么社会必然出现危机，人心不稳，天下最终难保。中国古人称之为"亡天下"。所以，此问题不得不慎也。当然，"守天下"与"亡天下"还有个和平问题。和平包括两种：一是国内和平，二是国际和平。国内和平属于社会的稳定问题。如果社会坏乱，天下也会随之败亡。所以，仁爱、公平、和平构成了支撑天下的三根大柱子。

简言之，民之"所欲"与"所恶"包括了多层次、多方面的"欲"与"恶"，既有物质生理之欲，精神归属之欲，也有政治参与之欲，安全平安之欲，尊严尊重之欲，还有自由平等之欲，自我实现之欲等等；与此相对，既有贫困之恶（厌恶），盘剥之恶，侵犯之恶，也有欺诈之恶，轻蔑之恶，残贼之恶，还有专制之恶，动乱不安之恶，不自由不平等之恶，以及不公平不公正之恶等等。

最后总结一下，我们应该对构成国学核心思想和精神的儒家的人生论做全方位认识。具体说来，必须深刻认识到"人道"的构造；深刻认识到"人性"的规定；深刻认识到"人情"的

"中和"；深刻认识到"人伦"的关系；深刻认识到"人德"的美善；深刻认识到"人文"的意义；深刻认识到"人间"的归宿；深刻认识到"人事"的要务；深刻认识到"人民"的重要；深刻认识到"人命"的珍贵；深刻认识到"人生"的境界等等。

在中国传统文化中，与人之本质相关的诸多概念都有其独特内涵与意义，比如重人道是指重人的两重生命；重人性是指重人的德性生命；重人情是指要重人的气质生命；重人伦、重人德、重人文则是指重人的意义和价值；重人间、重人事是指重现实地对人的关怀；重人民、重人命是指重人的根本所需；重人生则是指重人的超越性的精神追求。要之，中国传统文化，尤其是儒家文化以人性为根、以人伦为纲、以道德为魂、以人文为要、以人民为本。这种文化是一种合乎人性与社会文明发展方向的优秀文化。

儒家伦理与陌生人问题

陈少明

陈少明，1958 年生人，现为中山大学哲学系教授，兼任中山大学中国哲学研究所所长，为中山大学中国哲学学科带头人。曾为哈佛燕京学社客座研究员。长期致力于中国哲学、哲学史方法论的教学与研究。著有《儒学的现代转折》《汉宋学术与现代思想》《等待刺猬》《〈齐物论〉及其影响》《经典世界中的人事物》《梦觉之间——〈庄子〉思辨录》等作品。

我们今天谈谈儒家伦理与陌生人问题。如果我们把这个问题拆开：儒家伦理的话题，可能大家都听到过，也大概知道说了些什么；而陌生人的话题，即便不听报告，大家似乎也知道陌生人是什么。可是，当把儒家伦理跟陌生人联系起来时，大家平时就不一定会想到这个问题了，但对现代社会来说，它却是一个非常重要的问题。今天报告的内容，我想分两个方面来讨论：第一个是什么叫作陌生人，它未必像我们平时想到的样子；第二个则是讨论什么叫作陌生人社会。虽然我们每天都生活在陌生人社会中，可是却不一定知道究竟什么叫作陌生人社会，我的问题就从相关的介绍开始。

　　为什么我要把这个问题提出来？这里面涉及一个问题，就是我们讲儒家伦理的时候，一般想到的都是"亲亲"，或者我们认为，儒家伦理比较多的在于解决亲人之间的问题，或者再放大一点，它能够解决熟人之间的社会关系。也可能有人提出一个问题，说现代跟传统不是同样性质的社会，传统伦理能够解决亲人或者熟人之间的问题，但它能否应用于现代社会，却是儒家伦理面对的一个很大的挑战。这里还涉及一个问题，这种批评不是我们传统意义上对儒家的批判，比如认为儒家的三纲五常是不平等的；现在不是在价值上批评它的错误，而是强调它的功能，比如它们在现代社会究竟还有没有用这样的问题。我们现在就从对陌生人的讨论开始。

一、何为陌生人

什么叫作陌生人呢？我想大家都能想到两点，首先，陌生人不是亲人；其次，陌生人也不是熟人。当我们平常说到陌生人的时候，其实都不是指熟人。如果我问你说什么是陌生人的时候，你第一个想到的可能是指不认识的人。这个话一般来说没错，可是，这个世界上你不认识的人很多，却不会把所有不认识的人都叫陌生人，比如你不会说在美国有很多陌生人，在非洲或者其他什么地方有很多陌生人。因为我们不会将不知道的人、与你不打照面的人、没有关系的人称作陌生人。当我们说陌生人的时候，经常是指这个人你既不认识，但有时候又要去面对他。在这种情况下，我们才说这个人是陌生人。

这样的人与你的关系有两种潜在的可能性：一种是他有可能成为与你合作的人；另一种是他可能会带给你麻烦。所以，面对陌生人，我们通常会对他稍稍有点好奇，也有可能担心或者提防，甚至有点猜忌。可能很多人都看过一个电视剧叫作《不要和陌生人说话》，不要和陌生人说话就意味着对陌生人采取一种怀疑与警惕的态度。在日常生活中，你到了一个公共场合，比如火车站这种陌生人比较多的地方，会经常有人提示你，不要随便帮陌生人做事情，或者在你过海关的时候，最好不要帮陌生人带行李，因为这潜藏着一个巨大的危险。

这样一来，陌生人就变成在我们生活中时不时会打交道，却并不是一个让你感到很安全的因素。但如果是这样子，我们对陌生人的理解可能还是有点儿表面。如果这样来讲，陌生人也不是现代社会才有，传统社会也有陌生人。你在一个传统的社会里，比如你成长的社区或者村子，你也不能保证认识所有的人，或者你有时候也需要面对一些路过的人，比如有人来买东西，或者是来收购东西，甚至于偶然路过的、卖艺的等等。这些陌生人在传统社会你也可能会碰到。但是在传统社会中，陌生人是一个偶然的现象，不是我们经常碰到的，把陌生人作为一种社会现象来看待，其实是现代社会才可能的事情。也就是说，开放社会或人口流动的社会才会把它当作一个经常碰到的现象，而这样的一个现象，人们对它的关注其实是由来已久的，只不过社会学家并没有把它当作一个非常重要的事情，反复地来论说。

以前关注过陌生人问题的，比如前一两个世纪的德国社会学家齐美尔就曾写过一本很有名的书，叫作《货币哲学》。他从欧洲经济史里面提出一个很重要的问题。在早期欧洲社会中，在每个村落里交换生产物品的中间人都叫作陌生人，这些中间人都不是你这个村子里的人，他帮你把东西采购、收集起来，卖到别的地方，又把别的地方的东西介绍到你这个地方来。如果这个中间人在你村子里住久以后，有可能跟大家稍微熟一些；但由于他不是你这个村子里的人，如果村子中产生一些问题的时候，他还可以为本村的人做中间人，来为他们平衡一些矛盾，毕竟他作为外面的人与你们没有利害关系，不代表哪一个人的利益，大家更容易相信他。这是比较早的社会学家所提到的陌生人的现象。另一个比较重要的是从德国到美国的社会学家舒尔茨，他观察到，在二战前很多知识分子移民到美国，而移民到一个新地方的时候，你面对一大群陌生人，他们究竟是怎么跟原来的社会产生关系的，这又是他们提出的一个问题。

等到比较近的时候，社会学家才开始把这个问题当作一个重要的问题，比如英国的社会学家吉登斯，他说其实陌生人是现代社会的一种症候，就是现代社会一定要有陌生人。原因是什么呢？现代社会强调的问题是社会流动，这个流动的一个结果就可能导致我们不断地生活在陌生人中，陌生人之间的关系就成为你处理与社会之间关系的一个很重要的原则。甚至像英国的社会学家巴曼，他还认为在我们的现代伦理，特别是后现代伦理中，在讲道德伦理问题的时候，我们都会假设有陌生人的存在。我们经常说"我们""他们"，就是因为我们不是陌生人，但如果有"我们"的话，就一定存在着"他们"，讲"我们"要做什么，"我们"是什么人，就意味着有个与我们不一样的"他们"，这个"他们"就是潜在的陌生人。这样一来，陌生人就不仅仅是日常生活中跟你直接打交道的那些人。陌生人的这种现象以及他们的存在，成为我们理解这个社会的一个很重要的问题。

关于这个问题，我想分两个方面来分析，第一个方面是作为"他者"的陌生人，第二个是陌生人社会。作为他者的陌生人的这个"他者"，按照我们日常的话来说就是"他人"。那么何为作为他者的陌生人呢？这里我们有两个角度，一个是，当我在这里跟大家经常说"我们"的时候，也就意味着我跟大家共有一些对文化或者价值的认同，所以当我们说别人的时候，就意味着他跟我们拥有的东西有一定的差距。当然在更大的范围上，也许那些人也可以叫作"我们"，但是这个"我们"是需要在不同的处境下进行鉴定的。当我们要说陌生人的时候，有两种情况，一种是我们一大帮人面对一个人，比如我在大学里的一个班级中讲课，班级里面的这些人他们有可能是互相认识的，当我跟这个班级的同学到另外的一个地方，然后有人提出要加入我们这个团体，要听我们课的时候，这个人就是我们的陌生人。倒过来说，如果是我一个人到了一个地方，面对着他们的群体，我需要取得他们的帮助，我需要融入他们，这种情况下，就是我面对一帮陌生人。那倒过来也就是说，一群陌生人面对一个陌生人，或者是一个陌生人面对一群陌生人，但是那一群陌生人之间他们有可能是一个相互认识的群体。这样我们还会面临另外一个问题，就是我们说陌生人的时候，有可能是一群熟悉的人跟另一群熟悉的人，但这两群人互不熟悉，所以当他们会面的时候，就是一堆陌生人对着另外一堆陌生人。我反复说的一个问题，当我们说"我们"的时候，这个"我们"一定包含着自称"我们"的这些人具有某些共同的东西，虽然有可能我们是熟人，有可能没有那么熟，可是我们已经有了某一些约定俗成的、共同接受的规范。这个东西可以叫作我们拥有的共同背景，或者更大一点，是我们拥有的共同价值，更小一点，是我们拥有的共同的行为规则。在这样的一种，我们可以称"我们"的情况底下，你与其中的人打交道的时候，就可以互相信任。你可以相信，你要做的跟他要做的事情是在同一个范围里面的。可是假如我们碰到了一个跟我们不一样的，从别的地方来的人，在我们对他不了解的情况下，就需要告诉他一些最基本的东西，就要告诉他我们是什么人，我们为什么在一块，我们有什么规则，你加入我们以后你必须遵守哪些规矩；假如你不愿意，你就永远是我们以外的人，你就不能进入我们这样一个合作的范围，不能跟我们大家分享同样的权利和义务。这也就意味着，我们对认识的人的信任，跟对不认识的人的信任是不一样的。不认识的人，我们对他的信任有限度，而这个限度多少包含着一种潜在的，或者是公开离异的可能性。你有可能影响我们的利益，我就不可能跟你合作，我不会提供利益跟你合作，所以我们会把其他的人叫作"他者"，"陌生人"通常情况下是在这个意义上说的。

二、文化、共同体与冲突

我们跟熟人之间、跟他人或者陌生人之间有一个基本的差别，就是熟人之间有共同的文化模式，不是跟你一样的人，就不拥有这样一个模式。这个模式包括什么呢？包括信仰，包括我们对人的态度，包括我们生活的目标，还包括我们平时的合作内容。信仰，大家比较容易理解，持有不同宗教信仰的人，有一些东西是禁忌，你不能对一个不同信仰的人心中最看重的东西，随便去诋毁，你要这么诋毁他，你就会有很大的问题。但如果你们互相了解，就没有这样一个问题。不同文化的人对别人的态度也会不同，有些文化的人对所有人都采取一个开放的态度，有些文化背景下则可能对他人持有一种较为谨慎的态度，有些文化背景下则是对特定的人有特定的态度，有些文化背景下把与自身文化以外的人都看成是一样的，这些我们都非常容易理解。不同的文化模式往往有不同的生活目标，传统社会也好，现代社会也好。尽管这个目标可能会变化，可是作为一个共同团体里面的人，还是会拥有某些共同的东西。那么，这些共同的文化模式是怎么产生的呢？如果这个共同体是一个大的、长远的共同体，这个模式往往是由历史塑造的。相当于一个人，在哪个村子或者在城市的哪一个区域里生下来以后，围绕着你出生的背景，拥有那些周边所有人共同接受的东西。而你必须适应这个东西。你在这里存活下来，在这里成长，你就要跟这些东西相适应，至少跟其中大部分相适应。如果完全不适应，你就没法在这个地方生存。虽然不一定所有的人对所有的东西都能适应，但是最基本的东西，你必须是适应的。这个模式是相对于一个人而存在的，在这种文化模式中一起成长的人，就是我们平时说的"我们"。当然这是一个广泛意义上的"我们"，是一个共同体意义上的"我们"，对于不了解你的共同体，没有在这里成长的人，他就是另外的人。这些人对你来说，在一般的意义上，你可以说这是陌生人。当然，不同文化间的相互理解的程度可能有差别，可能有时候，有两种文化互相理解的程度，比另外一种文化对他理解的程度可能会强一点。比如说东亚有日本、韩国、中国三种文化。一方面我们可以说，我们跟日本人、韩国人是属于不同的文化；可是，与欧洲人、南美人或者是跟中东的人相比，有可能这两种文化的人相互了解的程度，就比后者稍微高一点。这是一个相对的问题。假如相互了解程度高的两种文化，可能相容的程度就比较高，如果相互了解的程度低，那么异己的程度可能就比较高。在同样的情况下，如果在接近的地方或者是在共同的场域里，根据不同的目标行动的时候，可能就会有冲突。简单来说，比如做宗教仪式，这个团体的人需要在这个时间做这个事情，另外一个团体的人是要在另外的时间做这个事情的，如果是在时间、空间上有矛盾的话，那么就会有冲突。具体来说，你要到欧洲或者是到美国一些更有传统影响力的地方，在星期天的时候，村子里的人都去做礼拜了，而你一个人在那里逛荡，他们就可能觉得你是一个不太道德的人，你跟他们是不一样的人，有可能出现这种情况。倒过来，中国人到全世界，不管他们怎么样，周末的时候我们总是要去做生意，可是有可能他们周末的时候就是不做生意的，你要去那里做生意，他们不做生意，我们看起来觉得这个好像不关你什么事，我要做生意，你爱买就买，不买也是你的事，我也不妨碍你，可是在文化上，这就是有冲突的。这一类，我们可以看成一种互不相容的行为模式。

我们说导致冲突的机会，往往不是一个人跟一个团体，比如你一个人到了一个陌生的地方，跟他们行为举止不一样，这种情况下不太会冲突。因为你一个人，即使跟他们不一样，他们也不把你放在心上，你也没有能力去挑战他们。会发生冲突的是什么情况呢？两个共同体聚到一块的时候，各自要按照自己的模式行动，这种情况下就会产生问题了。大规模的移民，互相争取同样一个地方，就会产生冲突。在这样一个背景下，我们的共同体到别的地方，跟别的共同体产生了一些接触，有了一些摩擦以后，因为这种情况的存在，我们对共同体的认同，这个时候往往就会被强化。我们到了一个陌生的地方，那个陌生的地方都是跟我们不一样的人。我们在这里的生活跟他们接触不方便，我们这些人就会迅速地形成我们的共同体，强化我们的原有生活，来作为我们生存或者发展的一个目标。在这种情况下，往往就会产生冲突。有时候你从某一个地方出发到另一个地方，你在原地的时候，不一定有太多的认同要求和需要，也不一定特别察觉到我们这里跟他有什么不一样，可是你一旦到了别的地方，发现跟别人不一样，而且你陷入了一种原来的行为方式不能自如地起作用的境遇，你马上就会动用一些符号，来表明我是属于什么人，我们有什么共同的东西。在全世界的人口移民过程中，我们常常会看到这样的现象，尤其中国人到国外，我们有唐人街，我们会有各种各样的塑造自己文化的方式。或者在某一个地方的人，比如说，从其他地方到深圳，这是潮州人，那是客家人，无形中这些东西就在起作用。如果没有这种族群的作用，也会有身份的作用，比如我们是白领，我们是打工的。所有的这些东西都会起到一定塑造我们的作用，有时候是通过宗教符号，有时候则是通过地域或者其他的一些行为模式来塑造这样一些东西，以至于壮大自己的共同体。

三、儒家之"仁"与陌生人

我们现在再倒过来，刚刚我们讲到的是关于陌生人跟陌生人发生关系的时候，从个人到团体，他们有可能产生不一样的情况，最有问题的情况有可能就是陌生人团体对陌生人团体，特别是当他们的行为目标不一致而产生冲突的情况下，就会出现各种各样的问题。但是这样的问题，在传统社会里并不是首先需要处理的。如果我们从儒家伦理的起源来考察这个问题，最开始的时候，儒家伦理在讲这个问题的时候，并没有把陌生人特别当作要提防或警惕的对象，最开始就不存在这样的问题。陌生人是什么样的情况呢？在儒家看来，有可能是需要我们同情的那个人。什么叫作需要我们同情的人？儒家伦理的一个基础、核心概念就是"仁"或者"仁义"。"仁"是什么意思？"仁"在《论语》里的基本含义有两个，一个是"亲亲为仁"，一个是"仁者爱人"。亲亲为仁我们比较容易理解，就是亲子之间的关系，亲子之间应有的情感是儒家讲仁的起源。儒家为什么要讲仁的起源这个问题呢？一个人在这个世界上，对别人应该怀有一个好的态度，或者感情，首先是在亲亲之间产生的。"亲亲"包括两个方面，一个是父母对子女，一个是子女对父母。可是强调亲亲，往往不是强调父母对子女，而是强调子女对父母。为什么呢？因为父母把一个孩子生下来，假如没有对他有特别的感情，这孩子早死掉了，要么不生，要么就没有办法活下去。如果花了很多的心血把这个孩子养大，那自然就不需要特别去强调"亲亲"。可是对于子女来说，这不是一个本能的问题，是需要培养的。这个培养的过程，当然是从最开始的时候，父母养育和教育子女的过程中，使子女知道了什么叫作对人的依赖跟信任。从这里开始，子女才慢慢地学会了怎么在这个社会用好的态度去对待别人。所以儒家强调，孝是一个起点，意思是你必须对父母有回馈和关爱，这才是做人最起码的出发点。

在这个基础上，你把对家人友好的态度慢慢放大到别人身上，就是除了你的亲人之外，再放大就是熟人，熟人就是你的邻里、你的伙伴，还有你的宗亲，或者是师生、其他的同事、工友等等。甚至要放大到什么人身上？还要放大到陌生人身上，为什么说放大到陌生人身上？我们举一个例子，孟子在解释人为什么要做有道德的人，他的一个基本理由就是每个人天生都拥有一种对别人友善的情怀，只要是人，生下来就都拥有。为什么拥有呢？他又举了一个例子。因为很多人都告诉他说，我就不拥有，或者我看到很多人都在干坏事，凭什么说大家都拥有呢？他举的例子是，如果我们看到一个很小的孩子爬到井边，然后要掉下去，我们任何一个人都会产生一种很焦虑、很着急的心情。假如你承认这一条，他便据此判定你天生就有一种对待他人的友善态度。看到一个孩子要掉下井，不一定是说你跟孩子的父母认识，也不是说用这样的关怀去讨好其他人，你仅仅是因为这个孩子是一条生命，这个生命发生危险的时候，你本能地为他产生焦虑。这样的话，你就有可能天生具有一种向善的品质。当然，孟子没有说见到孩子要落井的时候你就必须跑过去救，或者是像别人经常开玩笑的，你是要先救你妈妈还是要先救你太太，没有这样一种行动上的考虑。就是看到这个的时候，心里就是不一样，即使是没有去救，这个孩子掉下去以后，你也不会跟没看到一样。在这样的背景下，孟子就告诉我们说，哪怕是一个陌生人，我们对他也有一种同情的态度。

如果我们从这个例子引出一个问题，你对陌生人的关怀通常是对弱者；假如这个陌生人不是特别需要关怀，他也是一个跟你对等的有力量的人的话，儒家的看法就是要强调一个"报"。什么叫作"报"？中国人说"报"非常的明确，报恩、报德、报怨、报仇，都是用"报"，"报"就是你对我的态度，我要拿来回对你，这个叫作"报"。关于"报"的问题，《论语》中曾记载了孔子与弟子围绕此问题的讨论。学生问孔子说，我"以德报怨"行不行？"以德报怨"的意思是他人对我不友善、不友好，我对他用一个好的、友善的态度行不行？孔子说，这样的话，"何以报德"？就是说他人对你不好，你对他好；那他人对你好，你如果也对他人好，那么两个人对你不一样，你对他人却一样，这不就不公平了吗？所以孔子要强调的一个问题就是"以直报怨"，那个人对你不好，你对待他也不是说一定对他不好，而是根据这个行为，根据原则行事，不要因为一时一地的变化而有所改变。当然他人对你好，你对他人就一定要好。但他的学生子路就说了一句话，说他人对我好，我就对他人好，他人对我不好，我对他人就不好，孔子评论说，你这种态度就是蛮貊之言。蛮貊就是古代社会里的少数民族，假定他们不够文明，他们待人接物，对方是好的他们就好，不好就不好，孔子说这就是蛮貊之言。也就是说，孔子也接受了最低程度上的他人对你不好，你对他人也不需要好，这样一个行事规则。据此，我们可以看出来，从友爱问题一直到正义问题都包含了道德问题在里面。

在儒家伦理中还有一个很重要的问题——对别的人好还是不好，其实基本上都是指单个人的，比如我与另外一个人，或者我们与另外的很少的人，它基本上不构成一个我们所讨论的严格意义上的冲突问题。在儒家传统里，陌生人问题不构成一个共同生活的问题，如果双方达不成共识，我们就生活在不同的地方，你生活你的，我生活我的，我不到你那儿去，你也不到我这儿来。但这样一个观点，在什么情况下会被打破呢？别的民族、别的文化要到你这里来，你当然可以想，我不到你那里去你也别到我这儿来，这是一个公平的态度。可是假如有人说我要到你这儿来，而且你要按我的要求生活，怎么办呢？这就是后来，明末清初顾炎武所说的一个问题，假如别人要到我们这里来，要改变我们的生活模式，我们在这种情况下，就必须保卫我们的生活方式。这个保卫生活方式，在顾炎武那里被区分为保国与保天下。保国就是保明王朝，保天下是保我们这些人共同的生活模式。所以他把天下问题看作是当时以儒家文化为代表的，整个中国传统的生活、行为规范以及道德理想这样一个内容。当然我们都知道，在这样一个问题上，儒家当然强调自己的文化观念，强调自己行为模式的理想或者是优越感，这是儒家传统自身所谓文化自信的表现。它在历史上当然有很多好的表现，比如在被征服的情况下，你会因为文化的力量化解了征服者给你施加的破坏跟影响，其中有一些是非暴力的、文化上的交汇，有些则是暴力冲突的。非暴力的情况，比如印度佛教进入了中国后，最终变成中国的佛教。也就是说，你的文化模式可以把别人传进来的不同东西吸收转化成为你这个文化里面的基本内容。另外一个比较明显的暴力冲突的例子则是满族的汉化过程。根据历史记载，满族政权最开始进入中国，与汉族之间爆发了惨烈战争，这是大家都知道的。但是到了清朝末期，满族和汉族就已经没有太大的差别了。尤其是满族的皇帝进入中国之后，他们就开始学中国的经典文化，比如康熙、乾隆他们写字、画画都比中国很多汉族的君主还要厉害得多。这显然又属于前者，即非暴力的文化融合。

从这个过程我们就可以看出，儒家对待陌生人，不管是对个人还是对整体的文化，他们都有一套比较完整的理论。这套理论也在历史上一直发挥着作用，至少在西方进入中国之前，它都是有效的。

四、何为陌生人社会

可是，今天的社会已经有了一个很大的变化，这个变化就是从鸦片战争以来，西方列强进入中国以后，中国开始了现代化的历程。这个历程中包含着经济的、建设的、革命的、意识形态等种种变迁的过程。这个变迁最终导致我们的社会要真正面对一个陌生人社会。陌生人社会跟陌生人有什么不一样，这里我们要做一下区分。

陌生人社会不是我们与别人的关系，也不是我与别人的关系，也不是我们与他们的关系。我的意思是，不是我们跟少数不认识的人构成的社会，也不是两群不认识的人合在一块。这种社会比较危险，比如在以色列那个地方，这样一群人，那样一群人，在同一个地方，他们各自要新建一个社会，就没办法建起来。陌生人社会不是这样一个问题，陌生人社会到底是什么呢？它其实是指我们每一个人跟别人都是陌生人，就我们在座的人，你们很少有几个人相互熟悉。这是一个现代社会的缩影。不仅是我跟其他人不认识，大家都各自互不认识。传统的社会是由相互认识的人构成的，现代社会则是由互不认识的人构成的。我们说传统社会是熟人社会，熟人社会从根本上来说，有可能是传统的某一个村落，慢慢地发展到一定程度，就变成了一个地域共同体。人跟人一开始有可能是同一个祖宗，排了几辈后，里面的人仍然有可能知道，我跟你是属于哪一辈的关系，因为以前人的名字里面有一个辈分的排序。可是，当这个社会大到一定程度以后，人跟人之间的关系就没有那么熟悉了，有一些人可能不认识了。可是，这个社会依然是熟人社会，因为他们的行为规则，尽管我跟你不认识，可是我见到你的时候，我对待你的态度，跟你对待我的态度，我们都不会有怀疑。传统社会或者是规模比较小的社会，大家容易相互熟悉。但是在现代社会，人跟人之间的合作已经不是找熟人，而是与陌生人合作。传统的社会里，你要做一个事情，你是去找某某人，比如我的孩子要读书，就想着去找哪位老师；或者要去看病，我要去找我认识的那个医生；你叫孩子去做什么事情，你就叫他去找哪个阿姨、哪个叔叔。现代社会不是这样的，现代社会你要展开合作，不是找某某人，而是找某类人。有问题你要找警察，你不是找哪一个警察，是警察就可以；你要学习，就去找学校；你要找老师、找医生，也都是找一个类型的人，这个类型里的哪一个人都可以。这是我们在陌生人社会的行为规则。

传统社会我们要展开合作为什么常常要特指找哪个人，其实是基于信任问题。我相信我熟悉的这个人会帮我，最少他不会骗我，虽然这也不是百分之一百的信任，但是在概率上仍然是比较高的。可是在一个大都市这样的现代社会里，你没有这种单纯依靠熟人展开合作的可能性，但生活还要继续。这个时候你必须依靠一整套社会规则系统。这些规则系统实际是怎么样的？前面我们已经说到，我们其实不是信任某一个人，而是信任某一个行业，这个行业本身就是一个符号。我们信任这个规则下的某一个行业，我们每个人在社会中跟别人发生关系也都是一个符号。比如你是某一种职业身份，别人对你，与你对别人，往往都是围绕职业身份展开的，至少在日常工作的大部分时间里，我们都是这样做的。我们把这样的东西叫作对一个抽象系统的信任。我们不是对一个人的信任，而是相信整个系统。如果你不相信这个系统的话，你就寸步难行。一个很简单的例子，你一定相信坐上11路汽车会把你带到你想去的地方，但是如果这路汽车的路线变得随机，那么你对这路汽车就会失去信任。同样的道理，如果一个社会不断变动规则，那么这个社会就完了。在社会学家那里，这是一个理想类型的概念，我们假定最好的、最纯粹的情况。而实际生活中当然有可能千差万别，有可能出现各种问题；可是对系统的信任是我们能够生活的一个基本前提，陌生人社会的运转就是这样。深圳这个地方就是最典型的。原来的深圳居民非常非常少，后面的人都是从各种各样的地方移民来的，当然有些人是团体来的，有些农民工可能是同一个乡里来的，也有可能是单枪匹马来到这里的。如果没有稳固的规则，你来到这里，什么人都不认识，你又将如何生活呢？你只能靠这样的规则来生活。但这个规则也会有它自己另外的伦理问题。

这里涉及一个基本问题，就是合作关系问题。只要人跟人建立了关系，一种伦理关系便随之建立。伦理关系决定了你对一个人应有的态度。这个伦理关系当然首先不同于家庭成员之间的相互信任。在传统社会，在亲人之外，我们还有熟人关系，熟人关系靠某种利益或者情义建立起来。这种关系的亲密程度虽然低于家庭成员之间的亲情关系，但它依然有非常大的作用。传统社会很多地方都有会馆，比如我是新会会馆的，这种会馆连国外都有。这些东西都是试图把熟人社会镶嵌到现代都市的一种象征，当然越现代，它的作用越不一样。这种熟人关系刚刚确立起来的时候，它的作用可能非常大，随着时间的推移，或者成员越来越多，它的作用也会变得越来越淡、越来越弱。在这个社会中，人跟人之间的合作如果一定要建立在相互了解的基础上的话，那么这种合作必将变得非常困难。而且，这个社会在大家互不认识的情况下，很难见得谁比谁更优越，谁比谁更苦，所以我们也不会见到陌生人就去同情他，有时候你还要等别人同情你呢。这样的话，传统的分工和工作分配，以及与特定角色相连的关系，在现代社会就变得不能再起作用了。现代人合作是为了利益。当你移民到一个陌生的地方，你是为了谋生，你首先要跟别人发生合作关系，当然就会产生一个问题——合作的时候我能够获得什么东西。当然获得某些东西必须遵循一个原则，这个原则就涉及分配的正义问题。这个分配正义就需要有规则。在传统社会里，得到东西的人跟付出劳动的人，有可能不是同一个人，比如你的前辈累积的东西，而你从这些积累中获益。可是到了陌生人社会，与前辈无关，只能从现在开始，并遵循一个固定的伦理规则。这个规则不会考虑到你是本地的还是外地的，是老的还是年轻的，反正你付出的东西跟你所获得的回报之间有一个相对的平衡。而且，在这个过程中，拥有诚信效力的人的利益必将获得更大的保障。

五、陌生人社会的伦理与规则文化

这个时候，我们就必须考虑陌生人社会的伦理观念是从哪来的，这里涉及一个陌生人社会的伦理问题。它的核心观念就是契约伦理，这个契约伦理是和公平、正义等价值关联在一起的。也就是说，城市之所以能够发展，陌生人的社会能够壮大，它得益于已经制定的一些公平规则，这个公平的规则正是为陌生人之间的合作而准备的。当然倒过来，也许陌生人在一块更容易确立起一个公平的规则。我为什么这么说？因为这个是从罗尔斯的《正义论》中推导出来的。罗尔斯是美国的政治哲学家，他曾写过一本书叫《正义论》。一般研究政治哲学的人认为，这本书的出现，比他前五十年与后五十年出版的政治哲学的书影响都大。也就是说，这本书一般人都认可它的伟大，以至于有人说，学术界有一个罗尔斯产业。所谓罗尔斯产业是指围绕这本书派生出了很多职业，比如出版、教学与研究等等。上述各种各样的东西累计起来甚至使其成为一种能够为人提供就业机会的理论。毕竟全世界教政治哲学的人中，单独教罗尔斯的人就已经很多，靠罗尔斯的理论，你就可能在大学里谋生，就可能开一门课。这本书是一部伟大的著作。在这个书里面，论证了一件我们听起来很简单的事情——正义的社会需要满足哪些条件。他认为一个正义的社会的第一个条件便是大家都是平等自由的。第二个条件则是如果你对社会的贡献，让比你程度低的低层次社会人士有获利的话，你就可以从社会里面获取比别人更大的利益。也就是说，分配不会是绝对平均的，而是你有贡献，就可以拿多一点。可是贡献必须是对底层人民有所帮助。我们可以设想一下，在什么样的情况下大家最容易接受这个原则，那就是所谓的"原初状态"。如果大家在一起合作，并能够正常地运转下去，我们就需要有一个正义的环境。这个正义的环境就是，第一，我们需要合作；第二，合作必须是可能的。经常合作是需要，可是却也有很大可能合作不起来。在当今世界，有很多最终合作不起来的例子，不是因为不达标，而是没有可能。罗尔斯还认为合作中需要理智，理智的意思是指合作的人自己要得到利益，也能让别人得到利益，而不是说我来合作的时候，目的就是把所有的利益一个人独吞。如果这么想的话，这个社会不可能建立起公平的原则。罗尔斯的说法是我们绝大部分的人参加合作时都认可的，我虽然要得到自己的利益，但是别人应有的利益我也愿意给。还有一个很重要的就是人们对各自的合作者的实力跟背景了解不是太多，因为了解一旦多起来，我们就会琢磨建立规则的时候，是否对自己有利。如果大家都知道的不是太多，比如我们找两边的人合作，说我们来做一个比赛，比赛什么呢？比如踢球，如果你方的人知道对方的球技比你们差，你们当然就说我们就是来打球的，来看我们的输赢。如果大家都对别人的东西知道得不多，我们就会倾向制定一个比较公平的，对能力好的跟能力不好的人都同样保留最终获利的原则。

罗尔斯认为，他的这两个原则由符合这样身份的人来建立，这样的身份的人一定是陌生人。互相不认识的人才有可能确立起这样一个规则。这么看起来，就是陌生人比熟人有可能更有条件建立一种公平正义的契约关系。熟人反而有可能一开始就算计别人，或者碍于情面，很难建立起一个平等的关系。在既定的规则底下交换，那么生人跟熟人一视同仁，你进入这个领域后，你有可能处于更公平的环境。所以陌生人之间的公平正义，有可能比熟人之间更容易达成一致。这是从罗尔斯理论中推出来的一个说法，假如大家觉得他的理论是不能成立的，我们另当别论，但这的确是一个有影响力的理论。

与此相关的问题，当然就是规则文化。什么叫作规则文化？我刚才说过，我们做事不是找朋友或者熟人，不是靠父亲的关系，而是我们根据这个社会的规定，干什么事情就按照规则找什么样的行业来合作。当然这里就会有一个问题，难道以往的社会就没有规则吗？以往的社会当然也有规则，以往的社会规则有可能不是那么公平的，而且那个规则比现代社会有更强的强制性。因为它的规则是在你出生之前的那个社会就设定好的。你生下来以后，要用很长的时间才会察觉这个规则有问题或者没问题。当你试图推翻这个规则的时候，你会发现这并不是一件容易的事，因为它根本不是一个大家相互约定的契约。它是在一代代的人与人之间逐渐形成的，而且你获得的跟你付出的东西不是一次交易就能解决的，而可能是动态平衡的。比如传统社会，父子或者师徒之间的关系往往不平等，可是一个人的一辈子不会只有儿子的身份，有可能过一段时间你就变成了父亲；现在是学徒，你以后可能当了师傅，而师傅跟徒弟之间的不平等，也就随之具有了动态性特征。可是那种动态的平等有可能效力较低，现代社会要求的平等效力比较高，现代规则可以促进更多人参与这个规则，所以这种规则必须是公平的。这种规则是由契约达成的，而这种规则之下的所有人具有着平等的缔约能力。我们谈一个事情的时候，必须是平等的，我代表我的利益，你代表你的利益。

还有一个很重要的问题，有时候双方存在事实上的不平等。可是不平等的时候，他也必须定一个相对平等的条约，即我提供一个规则，愿意你就参加，不愿意你就退出，我不能垄断这个规则。一个简单的例子，银行发行信用卡。我们大家都知道信用卡要签很多条款，那个东西都是规则，可是大家愿意领这个信用卡，按照信用卡的规则办事，是因为它制定了一个相对来说较为公平的原则。当然到目前为止，很多人对信用卡制度还是有很多批评的，也有很多人说它是不公平的，可是它已经是相对公平的。大家如果明显觉得它不公平的话，我们就不用它了。大家可能又说，其实我们没有选择，我只能用它，你怎么保证公平？这就是现代资本主义为什么要反垄断，不能让你一家独大，要有几家，如果你这儿不公平的话，就找一家更公平的。如果我们的通讯行业只有一个公司的话，那么收你多少钱你都没有办法；如果有很多个公司，公司越多，肯定就越便宜，因为它会保证相对公平。经济这样，政治也是这样。其实所有的——无论是文化的、经济的还是政治的规则，对大家来说，越公平，参加的人就越多，反过来这个规则就越有力量。

我们接受了这个规则以后，又会产生两个新的问题。第一，你必须信任这个规则。如果你不信任它，那也没有用。我们每个人不是一开始就信任这些东西的。我们以前到银行存钱的时候，最早都是要拿钱给银行职员，他数了之后给你写一个东西，签个名。发展到后来，是你自己到机器上存钱。第一次存的时候，很多人就要嘀咕了，我不相信你们，所以每个人都是一开始可能存少点钱，然后看一下是不是照样有效。太多的钱还是不敢往里存，因为你对这个制度不信任，你不知道会不会有问题。等到每个人都这么做的时候，你就知道没有问题了。因为只要一个地方有问题，它整个就崩溃了。到今天，你连跑到那个存钱的地方都不用了，就在你的手机上划来划去。而且用手机的一个好处就是它更准确。你给了多少钱，马上它就能告诉你，这个东西就是在建立一种信任。

当然，不仅是你信任别人，你还要让别人信任你。如果你把信用卡透支很多，然后跑掉了，每个人都这样做，那这个系统一定也是崩溃的。所以这个不是单方面的信任，你所获得的某项权利跟你要承担的义务之间往往是平等的。从商业、政治到其他公共生活，都必须这样。如果不是这样，这个社会就一定是有问题的。那社会有没有人有问题呢？肯定是有的。这要怎么办呢？一个社会需要另外的体制，比如一个强力的司法制度。当然如果对违规的人处罚很轻，很多人就敢违规；处罚得重些，他觉得得不偿失，他就不会违规。比如市场上有很多东西是假的，不符合规则，如果处罚得轻，导致很多人觉得这样的话更有利可图，那么这种情况就会增多，并最终导致整个系统的崩溃。所以，只要它能够发展下去，就一定要不断地采取一些措施，对它进行修补、调整，尽管大家对社会有很多不满，可是这个机制一直在起作用。如果不起作用，早就完蛋了，我们整天吃到的就可能全部是毒药，或者至少全部是垃圾了。可是我们也不觉得真会如此，道理就在这个地方。可见，规则文化对现代社会来说是异常重要的。

陌生人构成城市的时候，我们一般的假设是不同的人怀着自己的理想到了城市来。当然，最基本的理想就是满足自身经济的要求。很多移民也是这样的，不论是受过很好的教育的人或者有资产的人跑到像深圳这样的地方来投资，或者来谋取一个高级的职位，还是一般的打工人到城市里来送快递，都一样，都怀着一样的改善劳动状况跟生活品质的想法。国际移民大部分亦是如此。只要是自由移民，很多人移民去美国或者其他地方，大部分也是抱着这样一个想法。当然，我们不讨论难民跟其他一些问题，我们只讨论经济移民。为什么有人愿意移民到有些地方去呢？为什么有些地方就是移民输出，有些地方则是移民输入呢？可以肯定的是，移民输入的地方，往往更加富裕，机会也更公平，而且必须不能有太强的排他性。这样的地方有很多，比如一个传统国家的内部，就发生着从乡村走向城市，世界也是从封闭走向开放。

当今世界上最有名、有影响力的，当然就是欧盟，它的资金、人员跟技术都是流动的。当然欧盟也碰到了很多问题。可是到目前为止，也没有明显的迹象表明欧盟弄不下去了，毕竟欧盟的经济增长率还是非常快的。它的有些问题是政治与其他方面带来的问题，还不完全是我们所说的资金、人员、技术流动的问题。尽管这种流动在经济学家看起来可能也有很多可以讨论的，可是我们只讲最基本的方面，这种情况你必须排除宗教的、种族的、性别的障碍，这样就可以把无数的相互陌生的我变成是"我们"。说到欧盟的问题，它可能会面对比如说移民不愿意融入的问题，毕竟移民往往是集体移民。所以，流动社会与移民本身，都会对建立陌生人社会的常规秩序，带来另外的一些挑战。

六、儒家伦理与契约伦理

刚才我们讲到传统的儒家文化，说它最重要、最有影响力的一个东西是家庭伦理，第二是熟人社会的伦理。熟人社会的伦理就是讲仁爱之外，还要讲忠信，这样一些互相认识的、熟悉的人之间也有伦理关系，也有信用关系，也有做人、做事是不是忠诚的问题。当然还要讲对于陌生人的同情心、恻隐之心。但是儒家传统伦理的确没有关于规则与契约的论述，所以有人认为儒家伦理不能面对这个问题，准确地说，是儒家传统理论没论述这个问题。为什么没有论述这个问题？因为传统社会就没这种情况的出现。在孔孟时代，没有大规模的人，也没有今天意义上的现代都市的出现，传统社会的理解就能够解决相当部分的问题。可是它的确不能完全解决问题，不能完全解决就意味着它的理论与现代社会相排斥，还是说它只是没有做好理论的准备，这是我进一步要讨论的一个问题。

我们刚才讲到的一个问题是契约伦理。契约伦理在西方是一个很重要的概念，"契约论"也是西方思想史中一个源远流长的传统。这个传统里有各种各样的关于政治、社会契约理论。如果我们简单地把它分开，从伦理上考虑，我们要说契约伦理其实是一个复合的观念，你必须有很多种观念合起来才能满足契约伦理的要求。它首先碰到的一个问题就是你必须假定别人是好人，而非想着别人是坏人，那就没法做了。要建立契约，首先就要把别人视作一个个有正常欲望的人。这一要求是我们必须满足的，不能说有些人可以，有些人不可以满足。

这些要求，儒家的传统伦理都能够满足。第一，儒家伦理认为人有辨别善恶的能力，认为大部分人都有从善、向善的愿望，大部分人对别人都可以采取一个平等的态度。我们举一个例子，孟子在与君主讨论的时候，君主告诉他说，不好意思，我的快乐没有你说的那么高级，我的快乐其实比较低级，就是喜欢打打猎而已。孟子告诉他，这也没问题，关键是如果你能够将这种快乐推及普通老百姓，与民共乐就行了。那意味着什么？意味着儒家伦理让每个人都拥有追求自己利益的一个权利，下层人也应该得到满足。同样的，儒家伦理还觉得，任何一个人只要努力都可以成为道德品质优秀的人，没有说有些人天生就是不可能的，每个人只要努力，都有一个这样的机会。这就假定了所有人都有平等的人格，而非身份性的区别。什么叫作"非身份性区别"？就是没有把所有人划成两个阶层，这个阶层的人永远不能上到或沦落到另一个阶层，否则传统科举就不可理喻了。科举制就是为了保证下层的人通过考试获得进入上层社会的机会而设定的社会机制。尽管这个机会不是一个普遍的机会，不能为太多人拥有，可是原则上它仍为上下开放提供了可能。儒家伦理是接受或者是支持这样一种观念的，这是一个很重要的问题。社会平等是一个重要的规则，一个不平等的社会没有什么契约可言。

第二个很重要的问题就是儒家要讲理。大家会觉得，这个讲理是我们要讲理，不一定是儒家要讲理。我们平时都要讲理，如果离开"理"字，我们几乎没法讨论任何问题。如果我们的讨论难以为继，就说明这个人不可理喻。可是大家都知道，"理"字的普遍使用，是到了宋明理学家那里才出现的。他们的理论也被叫作"理学"。理学家提出了一个概念，他们认为天下不同的人，各种各样的情况，但所有人却又有个共同的东西，即都必须有理可说。人跟人之间讨论问题都可以讲理，而没有说你可以讲理，他不可以讲理，所有人都拥有一个超越自身的公共标准，这个标准就叫作"理"。这是宋明理学带给我们最重要的一个思想的遗产。大家试想一下，今天我们如果把汉语中的"理"字去掉，我们还能不能交流？即使去掉，你也要想到这个观念；如果这个东西没有，我们就没法进行交流。这个很重要。因为只有这样，我们才能够制定规则，而这个规则也才有可能被理解。

儒家除了要友善待人，要原则对等，还要讲信用。孔子反复讲到忠信，忠就是指要坚守职责，要尽全力做你的事情。在孔子时代，这个忠不是指下面对上面的忠诚，因为孔子并没有要求自己忠于某一个固定的君主，否则他就不可能周游列国。这个国家对我好，满足我条件，我跟你干；不满足条件，我就到别的地方干。两个国家有可能以后是敌对的，他并没有说你是君主，我就一辈子要跟着你，没有这样的问题。但是当你到了他那儿去，领了别人的钱，获得了他赋予你的权利，他叫你干事情，你就必须尽忠职守，这个东西才叫作忠。忠的概念是从这里来的，而不是说老百姓对皇帝表忠心，最开始没有这样一种观念。

儒家还强调一个问题，即孔子所谓的"民无信不立"。为什么"民无信不立"？就是政府如果不能取信于老百姓，政府就没办法在这个社会上拥有自己想拥有的东西。关于信用的制度，从春秋时代各国就通过会盟签订停战契约，他们都必须要讲信用。即使到后来的民间私人借贷也要讲信。大家都知道，古代也有很多契约，我们这个契约就是原来的经济生活。借钱、还钱，房契、地契这一类的东西都属于契约。但是，有一种契约古代就比较少，即多边契约，像联合国几十个国家一起签订的合约，在古代就比较少。这种理论也不是没有，因为春秋会盟也有这样的例子，可惜没有形成一种相应的完整理论。当然这不等于说儒家不讲这个东西，就反对这个东西。按儒家伦理，必须接受这样一个量化的现代社会的状况，它具备我们刚才说的一条一条的道理，都可以合成、支撑契约伦理的形成。所以，在西方文明传进来以后，近代中国的商业及其他各个领域的发展，也逐渐接受了这样的东西，我们也努力地往这个方向发展。这就要求我们还必须建立一种基于制度的信任。这个制度性信任，最低的程度就是我们在公共生活中去买一个食品，我们不用担心买回来的这个东西是有毒的。最低的制度性信任可以保障这个东西。从事产品的生产与销售也必须满足我们的规范条件，然后我们才会付钱，并安心地拿到货物。小的东西是这样，大的也是这样，比如说我们现在劳动，政府告诉我们说，以后我们退休是有工资的，不会说到了退休，政府又告诉你没有了。这个是我们对制度的信任，如果我们对制度有足够的信任，我们就不再需要每个人都赚很多钱来养老。政府不是担心我们不消费吗？我们要存很多钱，毕竟我们要存钱养老，这就在于制度能不能对我们以后的晚年有一个保证。

如果政府让我们觉得很有信心，那这当然就没有问题。这是一种良性转换的东西，所以正义的问题也是我们整个公共生活的一个基本问题。在这个意义上，儒家伦理即使没有发展出完善的契约文化，它也应该能够接受并容纳这样一个新的内容。

大家可能会问一个问题，我们这个以陌生人为主的社会只采取一个契约伦理不就行了，西方有现成的，我们搬过来就好了，为什么还要说儒家伦理要容纳它。儒家伦理不需要我们，我们也可以不需要它。道理上也是，可问题是我们并非不需要，因为我们所在的陌生人社会里并不全都是陌生人。在陌生人社会里，熟人跟亲人并存的。你每天从家里出来，你与自己的家人相接触；在工作中，同事跟你一开始可能是陌生人，可是工作一段时间之后你们也极有可能成为朋友，你跟他的关系就跟街边碰到的陌生人不一样了。也就是说，熟人社会都是熟人，陌生人社会并不都是陌生人。这样的话，我们在现代社会跟人打交道的时候，就会碰到三种不同的人，有亲人、熟人与陌生人，当然有可能在特别的情况，你还有敌人。但你不能说所有人处理任何事务，都依凭陌生人原则。比如你到家以后，你不能说我们来家里讲正义，偶尔可以这样，但你不能总是这样。如果总是这样的话，没有一个父母愿意养育儿女，因为最终都是吃亏的。可是子女怎么办呢？长大以后，他的子女又让他吃亏，基本上是这样一个情况。

在现代的陌生人社会，我们的实际问题就是家庭问题，家庭伦理也是必须保留的。如果没有家庭伦理，一个人就不能学会爱别人，信任别人。如果没有这个东西的话，每个人一出来就要防止别人对你有所不轨，那这个社会就没法运转了，即使是勉强运转，这个社会的人也会非常痛苦，没法生活，没有安全感，没有那种可以信赖的东西；做事既没有羞耻感，也没有荣誉感。因为没有人与你共同构成共同体，没有人和你有同样的情怀，或者同样的情感。家的存在依然是重要的问题。在这个意义上，儒家伦理对家的观念的塑造依然非常重要，而且必须保卫家的价值。五四以来有一个传统就是觉得家是私有的，是不公正问题的根源。你们看五四启蒙的时候，当时的很多作家都批评家庭伦理，比如巴金所写的《家》《春》《秋》，曹禺所写的《雷雨》，都把家庭描写得一塌糊涂，家庭里面都是虚伪、压制，没有自由。但是对这种情况的批评，是基于特定历史背景的，而且他们那些人描写的"家"都是大家族。大家族里面才有等级，感到最不满的人基本上都是里面的儿子，特别是需要承担责任的长子。这些能写小说的人，都是受过高等的教育的，有钱的人，他们受了一些西方文化的启发，认为每个人都应该是独立自主的，可是那个家庭却强加给他们一个很大的负担——你要光宗耀祖，你要继承家里的事情，家里的东西都必须你去安排等等。在这种背景下，他们个个都想挣脱家庭。如果是一个农民的家庭，没有多少文化，也没有什么财产的话，谁会出来讨论这种问题。

对家的看法在今天仍是一个需要讨论的问题。这个问题有两方面倾向是要提防的。其一，防止家庭政治化，你不能把家庭生活以外的政治问题纳进来，变成家庭问题。其二，不能把家庭商业化。比如结婚前，两个人要先去公证彼此的财产，然后结婚就像建一个合资公司，每个人占有多少股份一样。这种东西就是我们现在的观念侵蚀家庭的一个重要表现。还有一个问题，比如政府提倡家庭养老，提倡养老最重要的一个事情就是在收税的时候，减免部分税款用于父母养老，这才是支持我们维护家庭与养老的做法。而不是说在收税的时候只管收税，至于你需要多少钱养家，我不管。同时在别的地方却告诉你，养育父母终老是我们中华民族的传统美德。

从这个意义上来说，儒家伦理对家庭的强调非常重要，而不是应该被削弱的东西。这样一来，儒家伦理与现代契约伦理，就共同构成了现代陌生人社会生活中的基本伦理。当然，我们经常说反腐败、防止任人唯亲这一类的话，主要是为了防止将公共资源私人化。可是，这个问题并不构成否定家庭伦理的理由。我们应该把公共权利运用的界限界定清楚，然后让大家都知道别的国家也有家庭，他们也没有完全抛弃家庭这种社会组织形式。要把这个东西说清楚，我们就不能说因为我们有这个问题，然后就将一切问题的产生归因为家庭伦理。因为这样说既败坏了家庭伦理，也无助于解释我们的公共生活。在这样一个情况下，生跟熟是互相转化的。比如一开始的时候，我们跟别人打交道，师生也好，同事也好，合作者也好，上下级也好，一开始都是陌生人的关系。当你与他人建构关系的时候，其实就是根据一个契约，比如我在这里应聘，你录用我，给我多少钱，我干什么活；如果表现好，你提升我，我就干得更好。可是这个过程中，你会产生情谊。有了情谊后，人跟人之间的关怀就会有一些不一样，假如你听到一个同事说他病了，有问题了，你听了以后跟听到街边说别人一样，那别人就觉得你这个人没有人情味。没有人情味其实就是说你这个人不关心别人，不关心别人就不是一个好的人，我相信没有人觉得这是一件值得赞扬的事情。同时，我们还要强调"恻隐"，要对弱者，包括陌生人，保持一种同情心。正因如此，今天世界上哪个地方碰到了比较大的灾害，我们都会去捐钱。如果有人不捐钱，是因为觉得这个钱用得不够好，那是另外的问题。这不是你不愿意帮助弱者。我们很多人都愿意这么做，而这样的内容都是儒家伦理所要求的。所以，我们还有慈善事业，还有扶危救困的这些事情，这些事情都是对正义的补充。如果没有这个东西，这个社会就有问题。今天我们讲儒家伦理，就是要把儒家伦理跟陌生人社会的契约伦理结合起来，来回应我们这个时代的伦理诉求，最终有助于我们建立一个公正的而且充满人情味的社会。至少我相信这种可能性是存在的。

汉学哲学之呈现：以翻译卢梭为例

苑举正

苑举正，1960 年生人，比利时鲁汶大学（荷语区）哲学博士，台湾大学哲学系专任教授，平潭两岸国学中心主任（台方）。主要研究方向为科学哲学、政治哲学、欧陆哲学，著有《求真》《哲学六讲》《索罗斯的投资哲学》《所有做投资的人都应该要读哲学》等。

一、前言

汉语哲学是所有以汉语写作出来的哲学思想，因此本文所论之汉语哲学，不以中国哲学为限。事实上，本文主要讨论的是，如何以汉语传递西方哲学，让汉语使用者有直接理解哲学文本的机会。这个目的很特殊，因为这并不是一个翻译西方哲学为汉语的工作，而是一个如何让会汉语的人，无需考虑外语的问题，直接吸收、学习、反省、在地化西方哲学的方法。

为了明确说明这个方法，本文论证，汉语哲学之主要目标在于，如何用汉语理解重要的哲学思想。这也是我们今日发展汉语哲学的主要价值。因此，汉语哲学之核心问题在于，如何由汉语表达最重要的哲学理念。实际上，当哲学家透过汉语，呈现哲学理念时，其实面对极大的挑战，因为在写作汉语哲学的过程中，除了牵涉跨越语境之挑战外，还需要能够做出重要的选择，寻觅最值得经由汉语介绍的哲学理念。

反之若是不能找出最值得介绍的理念，径自以汉语介绍这些哲学内容的过程，既费时又费力，远不能够满足我们以汉语从事哲学研究与思考的需要。所以本文所谈的问题，并不是如何介绍西方哲学的问题，因为我们需要用汉语写出西方哲学中重要的内容。至于说，如何选出西方哲学中重要的内容，我们认为，关键是找出西方哲学中，最有实践价值的部分。

无可否认地，西方哲学的实践价值改变了世界，而这正是我们必须以汉语企图说明西方哲学的重点。我们必须承认，西方哲学在西方改变世界的过程中，扮演了重要的角色。今日的汉语哲学就是要把这部分的理念、道理以及过程说清楚。即使我们必须承认，对于重要性的认知可能非常主观，甚至可以说是人智互见，但以西方哲学之地位来看，这个重要性的选择并非全然主观，甚至有些概念已经在现代世界中成为客观事实的一部分。

笔者在翻译卢梭的过程中，深深感觉到卢梭对于自由理念的解析，极为精彩，并对后世影响深远，非常值得我们将卢梭的自由理念，作为透过汉语理解现代世界之基础①。如果我们能够用汉语清晰地表达其内容，让所有以汉语阅读哲学文本的人，可以从更宏观、更清晰以及更有脉络化的角度理解现在世界之核心，那么本文可以针对汉语哲学的发展方向，提供一个参考的方法。

引用这个方法，不但可以深入地理解西方哲学，甚至可以经由汉语细致地发展西方哲学的理念，进而自行脉络化哲学讨论，以汉语创造出哲学价值与结果。

---

① 卢梭：《卢梭之德行堕落与不平等的起源》，苑举正译，台北：联经出版社，2015，第 357 页。

二、汉语哲学的价值

汉语哲学的价值不在汉语而在哲学。这句话的意思具有两方面的含义：一个是汉语价值，另外一个是哲学价值。对于我们使用汉语从事哲学研究的人来讲，汉语价值与哲学价值极有可能是同一个概念。这也就是说，汉语是哲学的载体，而哲学是汉语展现思想的方式。然而对于不以汉语为主从事哲学研究的人而言，哲学价值除了自己的语言之外，就是哲学研究中唯一的价值。不过，这说明无论用哪一种语言，从事哲学研究工作的主要目的之一，必然在于彰显哲学价值。那么什么是哲学价值呢？

所有的人、事、时、地、物，它们都有被评价与判断的价值，不过哲学价值则与这些可被评价与判断的对象不同。这些对象面对的，是静态评价与判断，而哲学价值不是静态的，因为它必然与思想有关，而思想是动态的。"与思想有关"这个表达很有意义，因为它指的不仅是思想中的概念，而我们想强调的是，这个表达所形容事物的概念，是可以落实在生活中的实践。

我们可以理解，"不能实践的思想"不如"能够实践的思想"，因为若仅止于思想中的概念，那么没有人知道提出这个概念的真正价值在哪里？同理而言，能够改变现实世界的概念，当然就是最具有哲学价值的概念。那么，什么概念改变了世界？甚至我们可以问，今天的现代世界，它与古代世界是那么不同，那么它是哪里来的呢？

回头来看，哲学概念塑造生活实践的例证很多，例如中国思想史中，周公的"制礼作乐"，孔子的"不语怪力乱神"，孟子的

"民贵君轻"都是在民间实践深具影响力的想法，产生中华文明的现实世界。西方哲学也是一样，柏拉图的"理型说"，亚里士多德的"范畴论"，甚至基督教中的"圣父、圣子、圣灵的三位一体论"，均能够以概念的方式影响西方世界的民生实践。

无论中西哲学思想，能够改变世界的地方很多，也因而产生更多，以及更高的哲学价值。那么，如果要问现代时期，产生哲学价值最多的，最核心的，以及最实用的概念是什么呢？答案当然不是一定的，不过就现代时期发展的各式各样概念中，除了科学之外，自由、民主、权利、教育等是最重要的。不过，这些概念固然重要，但在现代哲学中，自由这个概念，是这些概念中最基础的。

三、"自由"在现代哲学中的地位

在哲学的发展中，"自由"这个概念的出现，是很有意义的。在汉语哲学中，自由概念的呈现，更是如此，我们一直是用积极与正面的态度来看待这个概念。最重要的原因就是，自由概念扮演了一种解放人类被奴役处境的角色。但是自由的应用与落实真是这么正面吗？思考这个问题的同时，在汉语哲学的语境中，是否也需要以批判的态度来检视这个概念？

不过对于自由概念保持正面与积极的态度也是很可以理解的，因为它在民主发展的过程中，否定前现代时期的三个观点：

第一，前现代时期的最大特征，就是人有阶层性。亚里士多德的《尼各马可伦理学》中讲，万事万物皆有阶层的原因，是它们在表现上都有好坏的差异。其中，如果这个是良驹，就是因为这匹马具有成为好马的德性。好的乐器能够被称之为好，正是因为这个乐器具有成为好乐器的德性；人也一样。

第二，"德性"这个观念在古希腊社会中非常重要，因为它在希腊文化中叫作"arete"，原意就是"好"。同样的字用到人的身上，德性造就出来的是"贵族"制度，也就是"aristocracy"这个词。换言之，贵族就是"德性配位"与一般平民有阶层上的不同。贵族制度解释人之间的阶层性，某些人是贵族，某些人是平民，甚至下民。这个阶层性在历史中延续了很长一段时间，形成了政治、社会、经济的区别。

第三，在前现代时期，西方的贵族政治主导一切，但这个制度在现代时期的科学革命后，引发伴随旧制度与教会权威的全面改革，结果遭到全面的怀疑与否定。人们开始怀疑教会的权威，否定所有不公平的体制，其中被认定最不公平的是贵族体制，结果是，以民为主的时代呼之欲出。

这一切与科学革命相关，而且因为科学革命引发政治革命。从科学革命到政治革命的过程，个人自由、民主平等以及普遍人权逐渐受到肯定。原来在古代与中世纪的时代中，基本民主概念，如社会契约、个人权利、普遍教育以及全面法治等缺乏发展基础，而在这个关键时期，当旧制度面对革命的事实，而以民为本的概念在现代时期是怎么发展的呢？

这时候，思想的洪流中出现真空，旧制度无法挽回，新制度缺乏动力，人们需要一个迎向新时代的基础概念。这时候，1754年，卢梭出版了《论人类不平等的起源及其基础》（*Discours sur l'origine et les fondements de l'inégalité parmi les hommes*）。在这本书中，卢梭提供迎向新时代的基础概念：人的自由。

四、卢梭"自由"概念区分人与动物

卢梭提出来的"自由"概念深深影响了现代哲学，成为"知识形式"的基本认知①。卢梭自由概念的起源，来自他说明人与动物之间不同的观点。对于卢梭而言，"人究竟哪里不同于动物？"是个很有意义的问题，因为它提问的方式，在于回答我们在经验中都可以观察到的事实，为什么与动物这么相似的人，却拥有道德意识？

长期以来，在哲学界，一直有人问"人究竟哪里不同于动物呢？"这个很重要的问题，因为人自诩为"万物之灵"，甚至认为自己在宇宙间，或是在神所创造的世界中，都具有很特别的地位。然而虽然这是已经被否定的神学答案，但这也一直是最有权威的答案；在这个权威被颠覆之后呢？

除了神学的答案之外，哲学史的答案有亚里士多德与笛卡儿。亚里士多德认为，人与动物不同的主要原因，就是人有理性，其他都一样。理性使得人不但能够使用语言，而且还能够透过语言明辨是非，知道好歹。所以，因为人有理性，而动物没有，所以理性就是人与动物的根本区别。

然而，亚里士多德的答案是程度的，并不是本质的问题。我

---

① 我们用福柯（M. Foucault）在《词与物》（*Les mots et les choses/ The Order of Things*）提出"知识形式"（episteme），解释"自由概念"在历史上某个时期的某个领域，由哪些深层次的论述规律所支配，形成知识的特征。应当注意的是，"知识形式"是知识的存有学，本身不是知识，不能够把它当成可以在众多学科中跨界的知识。

们实际上会发觉，动物并不是我们想象中那么没有理性，我们误以为它们没有语言，不能沟通。事实上，动物有它们的"沟通方式"，还会形成团体，服从团体。虽然跟人的理性能力不能相比较，但这是个程度上的问题，并不是"本质"上的问题。

笛卡儿认为，动物就是个完整而且复杂的机器，没有情感，没有社会性，遇到事情没有情绪反应。这很明显是错误的，因为我们可以轻而易举地观察到，动物不但有情感，而且有极强大的社会性，这在狮子、蜜蜂与蚂蚁这种群居动物中，表现得最为明显。

最重要的是，这些都是我们观察到的现象，它们不能真正区分人跟动物的差别，因为这些区分不是本质性的。我们说过，提出"人哪里与动物不同？"这个问题的主要原因就是要能够论证，人因为与动物不同，所以人是道德的动物。道德的要求对于人而言是本质性的区分，因为动物根本就没有涉及道德的议题。那么，人与动物不同在哪里呢？

五、翻译卢梭原文的重点

在《论人类不平等的起源及其基础》中，卢梭以一段话说明人与动物在本质上的不同。我们先看看他的原文，然后对这段文字再进行分析。他的原文论证如下，卢梭说："直到目前为止，我所论的是人的生理结构，现在从形上学与道德的角度，来谈论人。"①

卢梭说:"我在所有的动物中都看到一台自然所赋予的灵巧机器,它使得动物能够有感知地运动,并在某种范围中,保证它们不受到任何事物的破坏与侵扰。我明确地感觉人也一样,只是自然除了赋予人所有与动物一样的能力之外,还单独地使人成为自由的代理人,动物依照本能来选择或拒绝,而人类则是依照自由的能力来选择或拒绝。这使得即使在对其有好处的情况下,动物也无法脱离自然规律而做不同的选择,但是,人却经常在有害个人下做出不同的选择。这也是为什么,鸽子会在装满肉的盆子旁边饿死,而猫会死在装满水果或谷物的容器旁,然而若自然允许它们尝试,应该互相换食平日所憎恶的食物。"②

卢梭这一段文字不长,但是内容非常丰富,它包含了五个重点。首先,卢梭讲到"形上学与道德的角度",这对于我们要处

---

① Je n'ai considéré jusqu'ici que l'homme physique; tâchons de le regarder maintenant par le côté métaphysique et moral.

② Je ne vois dans tout animal qu'une machine ingénieuse, à qui la nature a donné des sens pour se remonter elle-même, et pour se garantir, jusqu'à un certain point, de tout ce qui tend à la détruire ou à la déranger. J'aperçois précisément les mêmes choses dans la machine humaine, avec cette différence que la nature seule fait tout dans les opérations de la bête, au lieu que l'homme concourt aux siennes en qualité d'agent libre. L'une choisit ou rejette par instinct, et l'autre par un acte de liberté; ce qui fait que la bête ne peut s'écarter de la règle qui lui est prescrite, même quand il lui serait avantageux de le faire, et que l'homme s'en écarte souvent à son préjudice. C'est ainsi qu'un pigeon mourrait de faim près d'un bassin rempli des meilleures viandes, et un chat sur des tas de fruits ou de grains, quoique l'un et l'autre pût très-bien se nourrir de l'aliment qu'il dédaigne, s'il s'était avisé d'en essayer.

理的问题，也就是人与动物的差别在哪，有关键的意义；其次，卢梭强调，所有的动物，包含人都是"自然"所赋予的灵巧机器，其中"自然"指的是"原生的状态"；再次，自然赋予人与动物一样的结构外，单独地使人成为自由的代理人，在此，自由的理念出现了；第四，自由与本能上的区别，划分出人与动物的区别；最后，自由说明人具有违抗本能的能力，但这能力却未必为人带来幸福。这段话值得进一步分析。

首先，卢梭从形上学与道德的角度谈人，是很有意义的。为什么我们有必要从道德的角度与从形上学的角度区分"人与动物本质上的差异"。从道德的角度来讲，就是人有道德，但动物没有。这是很直接的答案，但这也是很直觉式的反应，从经验与观察可以得知，可是这不足以成为论证的依据，因为每一个人的直觉都不尽相同，而且在提出道德这个说法时，什么是道德也缺乏明确的定义。我们需要更为普遍的解释。

形上学的角度，就是为了解决这些问题的。形上学的论证，并不直接处理问题中的主要部分（人与动物的差别），而是问，是"什么"使得人与动物有差别？换而言之，我们的问题（人与动物的差别），已经包含一个答案，就是人与动物有差别，但差别是什么？这其实是问，使得"人与动物有差别的理由"是什么？

因此，我们有必要先说明形上学论证是什么？简言之，在哲学中，尤其是西方哲学，形上学的论证就是，使得问题成为可能的学问。听到这句话，我理解，在汉语世界中，这种形上学式的发问很奇特，因为问题不就是问题吗？为什么要这么复杂呢？对于这个问题，我必须说，形上学的发问，就是本质性的发问。

遇到这个介于人与动物之间区别到底是什么的问题中，形上学的发问追求一个本质性的答案。换而言之，我们问的是，人与动物之间的区别本质为何？因此形上学的发问，就是找出是什么样的本质性概念，让人与动物之间有这么大的区别。问题的答案，必然不能脱离客观的现实，而若只依靠个人才会拥有的主观直觉，并不足以作为客观论证的基础。我们要的是本质性的答案。

因此，这里所谈的"形上学"与"道德"的差别，指的是卢梭时代针对这两个名词所做的区别。"形上学"指人的理性与理解，而"道德"方面指的除了人作为一个道德主体之外，也包含与其他人关系的需求、热情、感觉、态度、信念以及行为。很明显的，我们哲学上需要形上学的论证，正是理性的理解，而卢梭的原文中说的也是这个意思。

然后卢梭讨论人与动物的生理结构。卢梭是自然主义者，意思就是人与动物都是自然所创造的。卢梭受斯多葛哲学的影响，认为自然所创造的一切，都是很好的，完美的，包含万事万物。①同时，人与动物，因为共同的来源，所以人与动物在生理结构方面差别不大。然而，虽说如此，但从道德的或从形上学的结构来讲，人与动物却有着根本的不同。

接下来，一般人认为，人是"万物之灵"，其实这里面所讲

---

① 斯多葛哲学（也称为斯多亚哲学），是公元前三世纪到公元三世纪，于古希腊以及罗马帝国所流行的哲学思想。该思想强调，万事万物起源的宇宙论，其中包含天、地，以及人。一切事物的组成、发展、行动，均依照原则进行，而对人来讲，这些原则就是道德的起源，尤其是人的行动，须与自然相应。

的"灵",并不是说他特别灵光或是能力特别强,而讲的是人对于道德的反应,跟其他动物是非常不一样的。卢梭在这里针对人的生理结构,以及人在道德的形上学问题做了清楚的分类。这个分类是非常重要的,因为人与动物在生理结构方面差别不大,但是从道德的形上学结构来讲,人与动物却有着根本的不同,理由就是,人是自由的代理。

说"人是自由的代理",这种表达方式在汉语中很奇特,因为通常汉语中会说:"人是自由的",而这个"代理"是什么意思呢?这里的"代理"强调的是,人之本能与意愿,不能决定他想做什么就做什么。这也就是说,人做的事情,一定是对他的自然生存而言是好的,是有益的。因此,人虽然是自由的,但是他只是自由的代理,因为在他执行自由意志时,这个意志不可能违背终极原则,也就是自然生存的原则。

第四,人跟动物就生理结构而言,差别不大,但是真正的区别,就在于动物依照本能选择或拒绝它想要做什么事情,而这一点人就非常不一样。人是一种自由的动物,有自己的能力来选择或拒绝。动物依照本能选择或拒绝,不是自由,而人自由选择或拒绝,不受本能限制。因此,是自由的能力让人与动物不同。

最后,人因为拥有自由的能力,所以可以选择生存,不会破坏自己的生存。猫与鸽子就没有这种选择,因为自由的能力使得人可以继续维持自保,而动物受到本能的牵制,就没有能力维持生命;猫会饿死在香喷喷的谷物旁,而鸽子会饿死在上好的肉旁。人以自保为原则,什么都吃。最重要的地方是,人因为拥有选择的自由,而不完全受到本能的限制。

卢梭这一段话的内容涉及"自然规范"与"自由选择"这两

个观念。自然规定了本性，其中包含所有动物的本性，而人是动物中的一部分，因此自然规范了所有动物的所作所为，而所有的动物必须遵守。但是人不一样，因为他拥有自由选择的能力，他会选择服从或反抗本能，在这种自由的展现中，人因为能够反抗本能，所以可以感觉到自己是自由的；这依然是自然的，因为自保是自然生存中最重要的原则。

卢梭是一个兼具启蒙哲学家与浪漫主义者特征的混合型人物。人拥有自由这件事情，对于他而言，这只是人的"特有本能"。这个"本能"是人所独有，但凡有一得，必有一失，因为人可能过度应用自由，因而违背自然，导致破坏自然的规范。想要了解自由的滥用，就必须认识卢梭所谓的"完善化生存能力"。

六、完善化生存能力

卢梭认为，人之所以不同于动物，在于人有一种"完善化生存能力"（la perfectibilitē）。这是什么意思呢？什么是"完善化生存能力"？为什么这种能力是人所独有的，而其他动物没有呢？这种能力是不是就是人的自由意志呢？在汉语哲学中，"自由"这个名词的语境，往往是正面的，积极的，对于人性的肯定，开启"以民为本"的认知。但在卢梭眼中，这种人所独有的能力，是种事实，但极有可能为人带来祸害。

人因为自由，不受本能的限制，追求自保。在食物上来讲，只要能够生存，什么都得吃；在穿衣服上，只要能够御寒，什么都得穿。然而，在自保这个目的达到之后，人会基于享受、娱乐、消遣，追求奢华、浪费、纵欲。"完善化生存能力"是人与动物之间的差别，但人拥有这种能力的事实，并不能改变人有堕落可能的事实。所以，在一开始，卢梭就看得非常明白，虽然自由让人与动物不同，但自由反被自由误，人可能因自由带自己进入灭亡。

关键是这里有两种选项："自然规范"与"自由选择"。自然规范所有动物的所作所为，它们必须遵守，人可以感受到类似的支配，但他可以自由地选择服从或反抗。正是在这种自由的意识之中，人显示心灵的精神层面。虽然人的感觉机制与理念形成同样可以由物理法则解释，但人的意愿与选择的能力却是纯粹精神的行为，在这个方面上物理法则的机制不能解释任何东西。意识中的自由，并不是人所选择的，是人自然拥有的。

七、个人教育与集体政治

卢梭所提出的自由论证在经验层面与形上层面都很精彩，也经得起考验。我们的确在经验上可以感觉到那没有限制的自由意志，我们也在形上层面因为自由而将人定义成为道德动物。这个结果不但展现在所有人的身上，也影响个人与集体的发展。这是卢梭在现代时期中最重要的贡献，其中关键不再是自由的展示，而是人发展的历史。

在经验上很明显看出动物跟人在成长过程的差别。动物一出生，完全受到本能的影响，不需要教育就能够做所有日后长大需要做的事情。动物的一生，就完全被本能所决定，固定做这个物种中所会做的事情。甚至，几千年，甚至几万年来，会做的行为，都不会改变。人就不同了。人一出生的时候非常脆弱，如果没人照料抚养，完全没有生存能力。对于人来讲，成长过程就是教育过程，而且教育对这个人非常重要。

教育会进一步决定这个人在成长的过程中，成为一个什么样的人。对所有人都一样，教育的方向、方式，以及方法，训练出社会群体所期待的人。因此，教育虽然是训练个人的，但教育成长的结果，就是为社会群体的发展基础作准备。因此，对于个人而言，成长的过程中所受的教育，不但是这个人的命运，也是他所处的社会群体的发展。相对于动物而言，人因为自由，出现发展上的选择，而这就是人类这个物种所独有的：历史。

动物没有历史可言，因为它们从一出生就被本能所决定，终其一生可以预料它们这一代的生存与其他世代都一样。海龟与鲑鱼会到同一个地方产卵、孵育、死亡，世世代代维持这样的生命，没有变化的可能。一直依靠本能生存的动物，它们既不获得什么，也不失去什么。然而，人这个物种很不同，人因为拥有自由，所以会发展"完善化生存能力"，因此会改变生活状态，而会出现各式记录，形成历史。

历史记录的发展方向，集中在人针对生存环境的优越与舒适所做的改变。这些改变，渐渐发展出所有其他的能力，并在我们人类中，致力于个人与集体上。相对动物而言，这是人的宿命，也是人的自然能力。因此，历史是人类最大的特征，而教育与政治正是个人与集体发展的结果。在这个认知下，卢梭在1754年出版《论人类不平等的起源及其基础》后，他于1762年同时出版了《爱弥儿：论教育》，以及《社会契约论》。

这两本著作，是现代时期思想中的经典。个人选择的发展，结果就是充实人生所接受的教育，而集体判断的规范，就是群体赖以为生的政治制度。人所受的教育以及国家实施的民主制度两者，就因为卢梭的一段深具哲学价值的概念获得开启，而在今天，这是人类最重要的两个方向，也就是个人教育与国家民主。

八、结论

本文的目的在于论证汉语哲学的价值。在面对快速转变的现代世界中，汉语哲学担当让汉语使用者，理解世界转变之道的当然义务。为了这个目标，汉语哲学需要方法，并依此方法决定，哪些哲学内容是汉语哲学应当而且必须发展的方向。本文是一个尝试，并不期待本文内容成为发展汉语哲学之方向。然而，就今天汉语哲学的特殊脉络，本文从汉语哲学的语境，展现三个重点：

第一，在每一个时期中最重要的与思想相关的概念，应当透过翻译以及诠释的方式，呈现出这些概念以及他们对于这个时代所发挥的重要性。透过汉语哲学转述这些概念的价值，就是为以汉语哲学讨论哲学内容之脉络化做准备。

第二，汉语哲学本身有自己的语境，所以在本文中所谈论卢梭的自由概念，实际上并不是一个至高无上的价值，它甚至有可能将人类的命运带向灭亡的可能性。然而，在汉语的语境中，自由正面形象是确立的。这是本文最重要的部分，因为若无深入之理解，会导致用汉语哲学吸收哲学知识的人，面对理解的限制。

第三，在汉语哲学呈现理念的过程中，需要特别注意，使用汉语的同时要一方面能够承接重要的思想概念，另一方面还要能够借着呈现的过程，对于汉语展现哲学概念中所隐含的内容，做不断地厘清。我们认为，西方哲学之汉语脉络化，是活用哲学的契机，毕竟学习西方哲学的目的，在于如何应用这些哲学思想；只有透过脉络化之努力，才能够让汉语哲学具有在地生根的力量。

敬畏上天，仁民爱物

韩 星

韩星，1960 年生人。现任中国人民大学国学院教授，博士生导师，西安中和书院院长。主要从事中国思想史、中国文化史、儒学思想史、儒家经典诠释学、儒（孔）教问题研究。担任中华孔子学会理事、国际南冥学研究会副会长、中韩文化交流丛书编委等职务。出版专著有《先秦儒法源流述论》《儒教问题：争鸣与反思》《儒法整合——秦汉政治文化论》《孔学述论》《中国文化通论》《儒家人文精神》等。

大家好，我今天演讲的主题为《敬畏上天，仁民爱物》。众所周知，在中国文化中，天有多重含义。敬畏上天源于古人对天的信仰，天地君亲师是具有根源性、民间性、普遍性的民族信仰。出于对上天的敬畏，灾异之变就能使帝王警觉，反省为政当中的过失，减少施政当中的失误。帝王对上天的敬畏，落实到政治实践中就是以民为本，敬德保民。士人敬畏上天乃是指敬畏天道、天命，具体到民间就形成了"人在做，天在看"，"三尺头上有神明"等集体无意识。心存敬畏的人自然能够仁民爱物，推己及人，推人及物。"敬畏上天，仁民爱物"可以简单概括为"敬天爱民"。"敬畏上天，仁民爱物"乃是以儒家为主体的中国传统文化的优秀传统，需要我们在新时代不断传承和发展。

一、天的含义

首先我们一起来看"天"的具体含义，《说文解字》曰："颠也。至高无上，从一、大。"即人头顶以上的至高无上者为天。我们一般人肉眼能看到的就是在地面以上的高空，相当于我们现在所说的自然，即自然之天。"天"还有天神的含义，如《尚书·泰誓上》"天佑下民"，《周易·大有》"自天佑之"，是说天神佑助生民。天居高以镇人，班固《白虎通·天地》有言"天者何也，天之为言镇也，居高理下，为人镇也"。有时"天"还可以指哲学家所讲的精神实体，如《孟子·尽心上》："尽其心者，知其性也。知其性，则知天矣。存其心，养其性，所以事天也。"冯友兰也曾把中国古代的"天"归纳为五种含义：第一，物质之天，即与地相对之天；第二，主宰之天，即所谓皇天上帝，有人格的天、帝。第三，运命之天，乃指人生中我们人所无奈何者；第四，自然之天，乃指自然之运行；第五，义理之天，乃谓宇宙之最高原理。

其实在中国古代思想发展过程中，"天"还与"帝"（上帝）有密切的关系。帝在古代中国的原初神话和宗教体系中，是指至上神，有多个不同的名称：帝、天帝、昊天上帝、皇天、皇天上帝、天皇大帝等等，一般老百姓叫"老天爷"，亦是主宰天地宇宙的，超自然的最高神，代表天或者等同于天。大致来说，其在殷商多称"帝"，西周多称"天"，春秋战国时期的孔子、孟子也很少称帝，多称天，但他们所谓的天仍有最高主宰的含义。老子所谓天，是指与地相对的太空。荀子以天与人对举，其所谓天乃是指广大的自然。《易传》讲"天尊地卑""仰则观象于天，俯则观法于地"，其所谓天也指日月星辰的总体。到宋代，张载讲"由太虚，有天之名"（《正蒙·太和篇》），所谓天是指广大无外的世界总体。程颢讲"天者，理也"（《河南程氏遗书》卷第十一），以天为普遍的必然规律。

我们人所敬畏的天主要是指主宰之天、运命之天，倾向于天的宗教信仰含义。

二、天地君亲师

敬畏上天源于古人对天的信仰。中国文化没有形成一神教那样的宗教，但不能说中国人没有信仰。中国人信仰是多元的，除了经常讲的儒释道三教是魏晋以后的信仰，各地还有诸多的民间信仰。其实最具有根源性、民间性、普遍性，为中国一般老百姓共同认同的就是对天地君亲师的祭拜。《荀子·礼论篇》云："天地者，生之本也；先祖者，类之本也；君师者，治之本也。无天地恶生，无先祖恶出，无君师恶治，三者偏亡，焉无安人。故礼，上事天，下事地，尊先祖而隆君师，是礼之三本也。""天地君亲师"的观念发端于《国语》，到荀子这里基本形成，著名国学大师钱穆先生曾指出："'天地君亲师'五字，始见荀子书中。此下两千年，五字深入人心，常挂口头。其在中国文化、中国人生中之意义价值之重大，自可想象。"鲁迅先生曾经写道："我家的正屋的中央，供着一块牌位，用金字写着必须绝对尊敬和服从的五位：'天地君亲师'。""天地君亲师"体现了敬天法祖、孝亲顺长、忠君爱国、尊师重教等价值观念取向。当然，随着社会历史的变化，从辛亥革命以后，君就成为历史了，国却永远存在，所以有人就建议把"君"换成"国"，就成了"天地国亲师"。

在这五者之中，天是一切一切的本源。人们对上天以及天地之间的万事万物、鬼神精灵都怀有敬畏戒惧之心，才会规范与约束自己的言行举止。

三、敬天的历史演变

接下来，我们看一下"敬天"观念的历史演变。从中国文化的发展历程来看，上古就有万物有灵观念以及由此引起的自然崇拜活动。在原始人的眼里，自然界的各种事物和现象，无论日月、星辰还是山川、河流、风雨、雷电都有某种神奇的力量，于是所有影响作用于人类生活的自然物、自然力，纷纷被幻化为形形色色的神灵：日神、月神、雷公、电母、土地爷、河伯……祈祷这些神灵保佑平安，帮助先民战胜无法预料又无力抵御的灾害，就是原始宗教的发端。随着思维的进化发展，人们不断地对宗教信仰的现象进行归纳、分类，形成了天神、人鬼、地祇三大神灵系统，以及与此相应的三大祭祀体系。

夏代统治者为了论证自己统治的合理性，认为天神是宇宙的最高支配者，君王是天神在人间的代表，声称自己的政权是得之于"天命"的，如《尚书·召诰》所载："有夏服（受）天命。"《礼记·表记》也记载孔子的话："夏道遵命，事鬼神而远之，近人而忠焉。"夏代尊天命，即是说夏王朝是受天之命来统治万民的，这就是天命观。大约在夏代也形成了至上神的观念，即从原始宗教中继承下来的祖先崇拜和灵魂—祖灵崇拜。在殷代，思想更演变出以宗教为主的特征。宗教支配着整个社会生活和精神生活，《礼记·表记》说："殷人尊神，率民以事鬼，先鬼而后礼。"在殷商人眼里，几乎每一种与人关系密切的自然物、自然现象都有它们的神灵。甲骨卜辞表明，殷商时代所形成的至上神观念被称为"帝"或"上帝"。它是上天和人世间的最高主宰，所有自然现象的变化以及人类社会的种种活动，在殷人看来都为上帝意志所支配；而自然现象中的风、云、雷、雨，则被看成是上帝所驱使的神灵。上帝与这些自然神处于一种上下等级的关系，上帝是至高无上的，具有绝对的权威。世人又是怎样知道上帝的意旨呢？当时是通过"卜筮"。从出土的甲骨卜辞来看，殷人几乎所有的事务，比如年成的丰歉，战争的胜败，城邑的兴建，官吏的任免，刑罚的施用，法律的制定，以及奴隶是否逃亡等等，都必须通过占卜向祖先神和上帝祈祷或请示。比如《尚书·高宗肜日》就曾记载："惟天监下民……降年有永有不永，非天夭民，民中绝命。民有不若德，不听罪。"这段话的意思是说，天神监视着下民的一切活动，上天赐给人的年寿有长有短，并不是上天使人夭折，而是有些人自己断绝自己的性命。有些人有不好的品德，有不顺从天意的罪过。

西周建立后面临着许多重大的政治问题，比如一个存续了五百余年的王朝为什么竟一瞬间坍塌？而一个西方偏远、落后的"小邦周"怎么能一下子推翻了"大商邑"？要一下子统治广袤的商王国和那些时刻准备复辟的殷遗民，应该怎么做？通过认真反思夏商周政权转移的历史，总结经验和教训，冷静考察现实，全面构思未来，周初的统治阶层逐渐形成了一系列很有见地的思想观念，其中重要的内容就是"以德配天"的天命观和"敬德保民"的民本观。我们先讲第一点。在殷周递嬗过程中，周人曾对殷人的天命观念进行了改造，不再绝对地迷信天命，而是尊尚礼法，注重人事，强调德性，使传统的天命观增加了更多的理性和道德内涵，奠定了后来中国文化以人文理性为主的发展道路。周人虽然承认天命，但与殷商有重大不同之处。在殷商的观念里，人的一切都是上帝安排好了的，人在天命面前是无能为力的；天命是恒常的、不可移易的。但是到了周人这里就不一样了，他们总结并吸取了夏、商灭亡的教训，提出了"天命靡常，唯德是辅"（《尚书·多士》）、"以德配天"的新天命观，认为"天"或"上帝"不是哪一族独有的神，而是天下各族共有的神；天命属于谁，就看谁拥有能令人民归顺的"德"。"德"主要包括三个基本方面：敬天、敬宗、保民，也就是恭行天命，尊崇天帝与祖宗的教诲，爱护天下的百姓。《诗经·周颂·敬之》讲"上天"只会把统治人间的天命交给那些有"德"者；一旦统治者失"德"，也就会随之失去上天的庇佑，新的有德者即可以应运而生，取而代之。因此，作为君临天下的统治者应该"以德配天"，才有可能实现长治久安。"敬之敬之，天维显思，命不易哉。无曰高高在上，陟降厥士，日监在兹。"（《诗经·周颂·敬之》）即警戒啊警戒！苍天在上天理昭彰，天命有常道不易变更。不要说苍天高高在上，升降赏罚，施于群臣，日日在此监察。

四、灾异与反省

出于对上天的敬畏，灾异往往能使帝王警觉，从而反省为政当中的过失，减少施政当中的失误。比如《尚书·洪范》就认为帝王的道德修养和施政措施会引起天气的变化。"洪范九畴"所提出的九大政治法则第八条为"念用庶征"，就是指几种检念君王行为的征兆，其中说道："曰休征；曰肃，时雨若；曰乂，时旸若；曰晢，时燠若；曰谋，时寒若；曰圣，时风若。曰咎征，曰狂，恒雨若；曰僭，恒旸若；曰豫，恒燠若；曰急，恒寒若；

曰蒙，恒风若。"其中美好的征兆有：一是肃敬，及时下雨；一是修治，及时晴朗；一是明智，及时温暖；一是善谋，及时变寒；一是通圣，及时刮风。恶劣的征兆则有：一是狂妄，久雨；一是僭谬，久旱；一是逸豫，久热；一是急躁，久寒；一是昏昧，久风。天和人同类相通，相互感应。君王违背了天意，上天就会出现灾异进行谴责和警告；如果政通人和，天就会降下祥瑞以示鼓励。《尚书·皋陶谟》说："天聪明，自我民聪明。天明畏，自我民明威。达于上下，敬哉有土！"意思是说，上天的视听依从臣民的视听，上天的赏罚依从臣民的赏罚。天意和民意是相通的，要敬畏啊，有国土的君王！

孔子作《春秋》重灾异，每有灾异必书，比如日蚀、星陨、有蜮、山崩、地震、夏大雨水、冬大雨雪、陨霜不杀草等等。《春秋》重灾异，正是因为天人之间的感应关系：人类的行为会上感于天，天则会根据人类行为的善恶邪正下应于人，天下应人的方式就是用灾异来谴告人，使人反省改过。《中庸》说："国家将兴，必有祯祥；国家将亡，必有妖孽"，国家将要兴盛的时候，一定有吉庆祥瑞的征兆；国家将要覆亡的时候，一定有妖孽灾异的征兆。汉武帝在策问中向董仲舒提出了"三代受命，其符安在？灾异之变，何缘而起"的问题，董仲舒则回答说："臣闻天之所大奉使之王者，必有非人力所能致而自至者，此受命之符也。天下之人同心归之，若归父母，故天瑞应诚而至。……及至后世，淫佚衰微，不能统理群生，诸侯背叛，残贼良民以争壤土，废德教而任刑罚。刑罚不中，则生邪气；邪气积于下，怨恶畜于上。上下不和，则阴阳缪戾而妖孽生矣。此灾异所缘而起也。"（《汉书·董仲舒传》）大概意思是说，只要累德行善，天下归心，自然能够召至天降祥瑞符命；反之，如若残贼百姓，人民离散，诸侯背叛，也必会召至灾异。《春秋繁露·必仁且智》说："凡灾异之本，尽生于国家之失，乃始萌芽，而天出灾异以谴告之。"灾异的出现，就是由于治国有失误，"国家将有失道之败，而天乃先出灾害以谴告之。不知自省，又出怪异以警惧之。尚不知变，而伤败乃至"（《汉书·董仲舒传》）。天出灾异的目的并非要惩罚君王，而是警告君王，使其反省过失，改过自新，补救其为政之失，表现了天的仁德之心。所以，君王就要主动地与天地相参合，要以天的爱利为意，养长为事，多做爱人利民之事。

因此，在古代社会，每当出现灾异和人为的治理失误时，帝王就需要自我反省。据史料记载："禹出见罪人，下车问而泣之，左右曰：'夫罪人不顺道，故使然焉，君王何为痛之至于此也？'禹曰：'尧舜之人，皆以尧舜之心为心；今寡人为君也，百姓各自以其心为心，是以痛之。'"（《说苑·君道》）就是说，大禹登上天子之位后，有一次出外视察时看见了犯罪的人，便下车询问并难过地哭了起来。左右问其故，大禹说：尧舜之时，民皆用尧舜之心为心，而今我作为君王，老百姓民心涣散，所以他深感内疚，认为这是自己没有当好这个天子所致，于是自省自责，并主动承担失察的责任。商灭夏后，汤布告天下，安抚民心，他在《汤诰》中说："尔有善，朕弗敢蔽；罪当朕躬，弗敢自赦，惟简在上帝之心。其尔万方有罪，在予一人；予一人有罪，无以尔万方。"（《尚书·汤诰》）意思是说，你们有善行，我不敢掩盖；罪过在我自身，我不敢自我宽恕，因为这些在上帝心里都是明明白白的。你们万方有过失，原因也都在于我；我有过失，也希望不会连及你们万方诸侯。还有一个商汤祈祷桑林的故事：

昔者汤克夏而正天下，天大旱，五年不收，汤乃以身祷于桑林，曰："余一人有罪，无及万夫。万夫有罪，在余一人。无以一人之不敏，使上帝鬼神伤民之命。"于是翦其发，枥其手，以身为牺牲，用祈福于上帝，民乃甚说，雨乃大至。则汤达乎鬼神之化，人事之传也。

（《吕氏春秋·季秋纪·顺民》）

过去，商汤战胜夏，刚开始治理天下，天大旱，连续五年不能收获，商汤就用自己的身子在桑林祈祷，说："我一人有罪过，不要殃及万民；万民有罪的话，都在于我一个人。不要因为我一个人的无能而让上帝、鬼、神伤害人民的性命。"他剪掉了自己的头发，捆绑了自己的双手，以身体作为祭品，来向上帝祈求福祉。人民于是非常高兴，大雨倾盆而降。那么，可以说商汤已经是通达鬼神变化与人事转变了。另外还有文献记载，商汤还曾以六件事情反省自问："昔成汤遭旱，以六事自责曰：'政不节邪？使民疾邪？宫室荣邪？女谒盛邪？苞苴行邪？谗夫昌邪？'"（《后汉书·钟离意传》）这是说，以前成汤时遭受大旱，汤用六件事来责问自己：是执政用权无节制吗？让百姓受苦了吗？是宫室建设太繁复吗？我听用妇言弄权乱政了吗？财物行贿盛行吗？毁善害能的人猖獗吗？如果有这些过咎，都是我成汤才德欠缺，领导无方的原因啊，祈请上天降罪给我，不要因我的罪过，而连累百姓。

从汉代起，历代帝王在朝廷出现问题、国家遭受天灾、政权处于安危时经常下"罪己诏"，自省或检讨自己过失、过错。历史上第一次以"罪己诏"的形式颁布天下的是汉文帝。后元元年

（前163年），汉文帝下诏曰："间者数年比不登，又有水旱疾疫之灾，朕甚忧之。愚而不明，未达其咎。意者朕之政有所失、而行有过与？乃天道有不顺、地利或不得、人事多失和、鬼神废不享与？何以致此？将百官之奉养或费、无用之事或多与？何其民食之寡乏也？"（《汉书·文帝纪》）据统计，在中国历史上共有八十九位皇帝曾下过罪己诏。

五、以民为本，敬德保民

帝王对上天的敬畏，落实在政治实践中就体现为以民为本，敬德保民。

"以民为本"见于伪古文《尚书·夏书·五子之歌》，"民可近，不可下；民惟邦本，本固邦宁"。大禹的儿子启作为夏朝君主开启了"家天下"时代。继承王位的儿子太康没有德行，贪图享乐，在外打猎长期不归。老百姓不满，国都被后羿侵占，太康的五个弟弟和母亲也被赶到洛河边。他们追述大禹的告诫而作《五子之歌》，其中就有大禹留下来的训诫，意思是，为政者对待人民只能亲敬，不可轻贱；对天下人民要存戒惧之心，不可随意欺凌，因为他们是国家的根本。人民安居乐业，国家才能安宁。商王朝建立后，汤吸取夏桀灭亡的历史教训，体恤民情，注意组织发展生产。《史记·殷本纪》就曾记载了成汤与名臣伊尹的对话，"人视水见形，视民知治不"，并提出了"视民知治"的观点，与后世所说的"以民为监""以水为监"都是相通的。

西周政治局势稳定以后，周公、成王常常追忆殷商先王与周文王、武王的美德，"兢兢以德治为务"，即以"德"为治国平天下的根本。"敬德"是指怀着恭谨态度践行道德，施行德政。西周统治者从商人灭亡中吸取教训，认为治理天下比得到天下更难，弄得不好就会被推翻，"殷鉴不远"。所以他们明白"皇天无亲，惟德是辅"（《尚书·蔡仲之命》），有德才会得到上天的保佑的道理。与"敬德"密切联系的则是"保民"。"保民"乃是基于民意与天意之间的一致性，《尚书·泰誓》说："民之所欲，天必从之。……天视自我民视，天听自我民听。百姓有过，在予一人。"这句有名的话经常为人们引用。周公提出统治者要把民的苦痛看成自己的苦痛并加以重视，并反复告诫其子弟臣僚要约束自己的思想和行为，切忌恣意妄为，作怨于民，不要贪图安乐，而应体察民情，尽心行政，要求子弟臣僚要"知稼穑之艰难""知小人之依"，尤应对孤寡老人予以特别关爱，"怀保小民，惠鲜鳏寡"。他还提出不要把水当镜子，而应该把臣民当作镜子："人无于水监，当于民监。"（《尚书·酒诰》）只有这样，才能保持周人长久的统治，"欲至于万年惟王，子子孙孙永保民"（《尚书·梓材》）。其中"永保民"正是统治"至于万年"的前提条件。

西周以民为本，敬德保民，到了春秋战国，经过儒家学者的发展和宣扬，成为当时颇具影响力的一种学说。孔子一生对周公推崇备至，其思想也受周公影响很大。他反对暴政、苛税，反对战争对人民生命财产的破坏，提倡重民、富民，主张"养民也惠""使民也义""使民以时""使民如承大祭""博施与民而能济众"的王道政治。《论语·尧曰》也曾载孔子之言："所重民、食、丧、祭。宽则得众，信则民任焉，敏则有功，公则说。"也就是说，统治者重视的是：百姓，粮食，丧礼，祭祀。可见，在

"民、食、丧、祭"四者中，民居首位；而民以食为天，故其次重食。在这个基础上，孔子希望统治者能够以宽厚赢得民众归附；以诚信取信于民；办事敏捷，有功于世；为政公平，民心悦服。孟子继承并完善了西周以降的"民本"思想。比如《孟子·梁惠王上》就指出："保民而王，莫之能御也。"《孟子·尽心下》也说"得乎丘民而为天子"。反之，"暴其民，甚则身弑国亡，不甚则身危国削"，并举例说："桀纣之失天下也，失其民也；失其民者，失其心也。得天下有道：得其民，斯得天下矣。"（《孟子·离娄上》）桀、纣失天下的直接原因，不再被看作是丧失天命，而是被看作丧失民心。得民心者得天下，失民心者失天下，在孟子之后就成了中国古代政治文化的日常用语了。因此，治理国家应当以民为本。在他看来，人民、社稷、君主三者之间的关系应当是："民为贵，社稷次之，君为轻。"（《孟子·尽心下》）就重要性而言，首先是人民，其次是象征着国家政权的社稷，最后才是君主。道理很简单，只有获得人民的拥护，国家政权才会具有稳固的根基；国家政权有了稳固的根基，君主的位子才会坐得住。荀子认为："天之生民，非为君也；天之立君，以为民也。"（《荀子·大略》）他明确反对"生民为君"说，而是提倡"立君为民"说，就相当于我们现在说领导干部为人民服务一样。他还在《王制》篇中引《传》曰："君者舟也，庶人者水也；水则载舟，水则覆舟。"这里引用"传曰"，说明这个说法是古已有之的。这一论述，恰当地把君主和民众之间的关系比作船与水的关系，称为"君民舟水论"，对后世帝王影响很大。

秦汉以降的中国政治思想以儒家为主体，基本上贯穿着西周以来的保民、民本的思想传统。各个时代的政治家、思想家都强调重民、利民。唐太宗李世民就说："君依于国，国依于民。刻民以奉君，犹割肉以充腹，腹饱而身毙，君富而国亡。故人君之患，不自外来，常由身出。夫欲盛则费广，费广则赋重，赋重则民愁，民愁则国危，国危则君丧矣。"（《资治通鉴》卷一九二）李世民提出了"君依于国，国依于民"的重民思想，把民众看作是国家的根本，并提醒太子诸王，如果不重视民众的利益，必将失去民心，亦即丧失统治的社会基础，必然招致家破国亡的命运。正是在这种重民思想的指导下，他才能够实行开明政治，纳谏任贤；也才能使得贞观年间，君臣关系协调，整个统治集团的作用得到充分发挥，出现了历史上著名的"贞观之治"。五代蜀主孟昶亲撰《颁令箴》，其中也有"尔俸尔禄，民膏民脂，下民易虐，上天难欺"四句，宋太宗鉴于前后蜀政治腐败、不战而败的历史教训，颁于州县，敕令勘石立于衙署大堂前，使州主县令坐堂理事，故称《戒石铭》。南宋高宗绍兴二年，高宗又令诗人黄庭坚书写这一祖训，并颁于各府州县，刻石立于大堂之前，也称《御制戒石铭》。两宋以后，《戒石铭》遍布全国各州县，流传日广，成为官场箴规，以警诫官员要敬畏上天，仁政爱民，若徇私枉法，天理不容。现河北保定直隶总督衙署仍保存着这种"戒石坊"。

六、敬天道、畏天命

除了君主，士阶层也要自觉地敬畏天道、天命，《论语·季氏篇》就曾记载孔子的话："君子有三畏：畏天命，畏大人，畏圣人之言。小人不知天命而不畏也，狎大人，侮圣人之言。"意思是说，君子有三件敬畏的事情：敬畏天命，敬畏地位比你高贵的人，敬畏圣人的话。小人不知天命，因而也不敬畏、不敬重地位高贵的人，还轻侮圣人之言。孔子把敬畏天命放在第一位，而大人承接天命，圣人阐释天命。因此，畏大人，畏圣人之言也都可以归结到畏天命上来。孔子还提出了"修己以敬"的观点，要求人们修养自己，保持恭敬的态度。《论语·乡党篇》就曾记载孔子在日常生活中随时随地所体现出的敬畏："见齐衰者，虽狎，必变。见冕者与瞽者，虽亵，必以貌。凶服者式之。式负版者。有盛馔，必变色而作。迅雷风烈必变。"就是说，孔子看见穿丧服的人，即使是关系很亲密的，也一定要把态度变得严肃起来。看见当官的和盲人，即使是常在一起的，也一定要有礼貌。在乘车时遇见穿丧服的人，便俯伏在车前横木上以示同情。遇见背负国家图籍的人，也这样做以示敬意。做客时，如果有丰盛的筵席，就神色一变，并站起来致谢。遇见迅雷大风，一定要改变神色，以示对上天的敬畏。有一次孔子病重，子路让孔子的学生充当家臣准备料理丧事。后来，孔子的病好了些，并知道了这事，说："久矣哉，由之行诈也！无臣而为有臣。吾谁欺？欺天乎？"（《论语·子罕篇》）子路做这种欺诈的事情很久啦！我没有家臣而冒充有家臣。我欺骗谁呢？欺骗上天吗？子路本是好意，他打算以大夫之礼为老师治办后事，想把老师的葬礼办得风光些，让孔子得享死后的哀荣。但是，按照周礼，孔子没有资格以大夫之礼安葬，子路的做法显然违反了礼制。孔子严厉地批评了他，甚至把这件事上升到天道的高度，认为天不可欺。在《论语·八佾篇》中孔子也强调了"获罪于天，无所祷也"。如果人得罪了上天，违背天理，你就无处可祈祷了，或者说祷告也没有用了，必受天谴天罚。孟子所谓"尽心""知性""知天"之说也能体现其对上天怀有的敬畏。"仰不愧于天，俯不怍于人"（《孟子·尽心上》）则是其人生三乐之一。孟子重视人的道德本心，认为一个人只有做到立其大本，心正无邪，才能仰俯无有愧怍。他还告诫为政者："顺天者存，逆天者亡"（《孟子·离娄上》），"乐天者保天下，畏天者保其国"（《孟子·梁惠王下》）。董仲舒认为"天者，万物之祖，万物非天不生"（《春秋繁露·顺命》）。天是宇宙万物的创生者。"天者，百神之大君也。"（《春秋繁露·郊语》）天是其他众神的主宰，相当于至上神。他又说："不敬畏天，其殃来至暗，暗者不见其端，若自然也。"（《春秋繁露·郊语》）意思是说，不敬畏上天，天降灾祸，可能默而无声、潜而无形。

北宋周敦颐首先提出了"主静"的思想，二程认为"主静"说的佛老味道太重，"才说静，便入于释氏之说也。不用静字，只用敬字"，便用"主敬说"代替"主静说"。二程提出"学者须先识仁……识得此理，以诚敬存之而已"（《识仁篇》，《二程遗书》卷二上）；"涵养需用敬，进学则在致知"（《二程遗书》卷十八）；程颐说："所谓敬者，主一之谓敬。所谓一者，无适之谓一。"（《二程遗书》卷十五）"敬"就是主一，一就是要专心于一处，不能三心二意，不能有丝毫的松懈。朱熹认为，"敬"在儒家思想中具有很高的地位，"敬字工夫，乃是圣门第一义，彻头彻尾，不顷刻间断"，"敬之一字，真圣门之纲领，存养之要法。一主乎此，更无内外精粗之间"。（《朱子语类》卷十二）"敬之一字，万善根本，涵养省察，格物致知，种种工夫，皆从此出。"（朱熹《答潘恭叔》，《文集》卷五十）可以看出，"敬"

在朱熹心中是所有善的根本，是心性涵养、体察天理的重要条件与路径。他又说："敬只是一个畏字。"这个"畏"并不是指恐惧，而是强调对天命的敬畏。朱熹在《中庸章句》中说"君子之心，常存敬畏"，也是告诉人们，为人处世应当常存敬畏之心。

七、举头三尺有神明

这种敬畏上天的观念影响到民间就形成了"人在做，天在看""三尺头上有神明"的集体无意识。《增广贤文》说："万事劝人休瞒昧，举头三尺有神明。"就是说，做什么坏事都不要试图隐瞒，头上三尺的神明一直在监视着你的一举一动。《太上感应篇》说："又有三台北斗神君，在人头上，录人罪恶，夺其纪算。"则是说还有三台星和北斗星的主管神君，经常在人的头上，记录人所行的罪恶情况，按其事实轻重，给予减算或削纪不等的报应。《了凡四训》说："举头三尺，决有神明"，头顶七尺有神明，做事说话要凭着良心，做到心中无愧就好，毫不得罪于天地鬼神，对得起自己也对得起别人。这实际上是让人们具有敬畏鬼神之心，借以强化人的道德感，自觉约束自己的行为。只有敬畏天地之道，敬畏道德律令，心存对民族文化的"温情与敬意"，才能保持理性与信仰的平衡，才不会骄泰泛滥。人一旦没有敬畏之心，往往就会变得肆无忌惮，为所欲为，无法无天，最终吞下自酿的苦酒。

八、仁民爱物

儒家认为，心存敬畏的人就能够仁民爱物，推己及人，推人及物。"仁"最基本的含义就是爱人。儒家仁爱以同心圆的方式由内而外，由小而大，层层向外扩展，以实现"天下归仁"的理想。

首先，一个人要具有仁爱之心，才能够爱别人。也就是说你首先应该是个"仁者"，有仁爱的品质。儒家认为，这是根于人天生的性善，而内在地形成的品质，是人的道德行为的发端。孟子是彻底的性善论者，他不仅指出仁爱是人天生的本性，恶只是人性之善的丧失，还把是否有良善之心，看成人与禽兽之间最本质的区别。人之所以为人，就在于人共有同情心、羞耻心、礼让心、是非心"四心"，即"良心""本心"。按照孟子所言，有了"四心"也只是良心的开端，还要扩而充之，推而广之，形成仁、义、礼、智等"四德"。

其次是自爱。自爱包含了对自己身体的爱惜，强调仁爱是要从自爱开始，以自爱为起点，但不是以自爱为中心。汉代的扬雄在《法言·君子》中说："人必其自爱也，而后人爱诸；人必其自敬也，而后人敬诸。自爱，仁之至也；自敬，礼之至也。未有不自爱敬而人爱敬之者也。"这句话强调了人要自尊自爱。自尊自爱是关爱他人的必要前提。一个自暴自弃的人，不会对他人产生友好行为。丧失了自信心和责任感的人，也常常做出损害别人的行为。

第三，爱亲人，即血缘亲情之爱。孔子非常重视孝悌，主张处理一切人伦关系，都要从孝悌做起。"仁之实，事亲是也。"（《孟子·离娄上》）《孝经·圣治章》也有云："不爱其亲而爱他人者，谓之悖德；不敬其亲而敬他人者，谓之悖礼。"就是说，假如有人不爱自己的父母，而去爱别人，就叫悖德；不敬自己父母而去敬别人，则是悖礼。这话是符合道德逻辑的，怎么能够相信一个人连生他养他的父母都不肯亲爱，却能真心实意地热爱他人？仁爱思想是从家庭血缘亲情引申出来的，一个人只有首先爱自己的亲人，才会去爱他人。离开了亲情之爱，仁者之爱就成为无根之萍，无本之末。即使有这样的爱，也要么是虚伪的，要么是由功利需求所引起的索取式的爱。

第四，"泛爱众"，即爱一切人。孔子又将亲情之爱推广开来，要求人与人之间要充满爱心，要"己欲立而立人，己欲达而达人"（《论语·雍也篇》）；"己所不欲，勿施于人"（《论语·颜渊篇》），强调对人要温、良、恭、俭、让。孔子讲求仁爱，强调宽容，并要求统治者"节用而爱人，使民以时"（《论语·学而篇》），国君节用而爱养人民，不要无穷无尽地使用民力，使老百姓有休养生息的时间。他还主张："泛爱众，而亲仁"（《论语·学而篇》），"四海之内，皆兄弟也"（《论语·颜渊篇》），即广泛地爱他人，对世界上没有血缘关系的人也要以血缘亲情的方式来对待。孟子也说："老吾老，以及人之老；幼吾幼，以及人之幼。"（《孟子·梁惠王上》）人不能把自己的爱局限于狭隘的天地，不要太自私。

第五，爱物。儒家之仁还可以被推向天地万物，达到仁者与天地万物为一体的境界。《尚书·武成》就反对"暴殄天物"，孔子虽然尚未形成把"仁爱"推及物的明确论述，但他对自然界的生命充满了怜悯之情。比如《论语·述而篇》载："子钓而不纲，弋不射宿。"意思是说：孔子钓鱼用杆而不用网捕，射鸟不射归巢栖息的鸟，这就充分体现了孔子爱物及取物有节的思想。孟子则明确提出了"亲亲而仁民，仁民而爱物"（《孟子·尽心上》）的讲法。汉代董仲舒说："质于爱民，以下至于鸟兽昆虫莫不爱。不爱，奚足谓仁？"（《春秋繁露·仁义法》）就是说，非但要爱他人，连鸟兽昆虫也要爱。爱人而不爱鸟兽昆虫，还称不上是仁爱。又说："泛爱群生，不以喜怒赏罚，所以为仁也。"（《春秋繁露·离合根》）这样就把仁爱的道德从人扩展到鸟兽鱼虫，表现了泛爱生灵的博大胸怀。

宋儒认为宇宙间的生生之德、生生之理就是"仁"，人通过万物的生意、春意、感通意最可以"识仁""观仁"。宋代大儒程颢就曾记得当年跟老师周敦颐（字茂叔）读书时，"周茂叔窗前草不除去，问之，云：与自家意思一般"。什么意思呢？按照理学的说法，天地之大德就是生长发育万物的仁爱之心。但天地之仁心不可见，只能从草木荣茂中见之。北宋张载《西铭》也说："民吾同胞，物吾与也。"人和万物都是天地所生，比起其他万物来人最为尊贵，所以，人就应该把天底下所有人看成是同胞兄弟，把万物看成是同辈朋友。宋儒提出了"天地万物一体之仁"之说。二程说："仁者，以天地万物为一体，莫非己也。认得为己，何所不至；若不属己，自与己不相干。如手足之不仁，气已不贯，皆不属己。故博施济众，乃圣人之功用。"王阳明在《答顾东桥书》的最后一段说："圣人之心，以天地万物为一体，其视天下之人，无外内远近，凡有血气，皆其昆弟赤子之亲，莫不欲安全而教养之，以遂其万物一体之念。"（《传习录》中）后儒进一步把"爱物"发展为"爱惜物命"。袁黄《了凡四训·积善之方》也说:"何谓爱惜物命?凡人之所以为人者,惟此恻隐之心而已。求仁者求此,积德者积此。"东林党学派著名学者高攀龙也在《高子家训》中说:"少杀生命最可养心,最可惜福。一般皮肉、一般痛苦,物但不能言耳。不知其刀俎之间何等苦恼,我却以日用口腹,人事应酬,略不为彼思量,岂复有仁心乎?"他要家人待客时少用肉肴,兼用素菜,以少杀生命,积德行善。

九、敬天爱民

"敬畏上天""仁民爱物"其实可以简化为"敬天爱民"。金元时期全真七子之一的丘处机曾万里西行见成吉思汗。成吉思汗"问为治之方,则对以敬天爱民为本"(《元史·释老传·丘处机》)。他的意思就是劝诫成吉思汗要"敬天爱民"、减少屠杀、清心寡欲。明儒王竑曾在景泰四年(1453年)正月,因灾异频繁出现,春天非常寒冷,而上书:"陛下嗣位以来,非不敬天爱民,而天变民穷特甚者,臣窃恐圣德虽修而未至,大伦虽正而未笃,贤才虽用而未收其效,邪佞虽屏而未尽其类,仁爱施而实惠未溥,财用省而上供未节,刑罚宽而冤狱未伸,工役停而匠力未息,法制颁而奉行或有更张,赋税免而有司或仍牵制。"(《明史·王竑传》)皇上采纳了他的建议,遂下诏修身反省,并征求直言。

日本"经营四圣"之一、京瓷创始人稻盛和夫也曾深受儒家思想的影响,并提出了"敬天爱人"的经营哲学。直接的解释即是敬畏上天,关爱众人。"敬天",就是要敬重人类赖以生存和工作的大自然和社会，并自觉地遵从天理、公理；"爱人"则是要对社会和他人抱有真诚的关爱、帮助之心并付之行动。简单地说，敬天就是依循自然之理、人间正道；爱人则是能够摒弃私欲、体恤他人。

十、现代意义

百多年来，我们对几千年的优秀传统文化没有很好的继承，更没有对我们的所作所为做出彻底的反省，比如对天道没有敬畏，于是无所顾忌，肆意妄行，亵渎神明，狎侮鬼神，伤天害理，天怒神怨。古代人们通过心性修养，内在超越，相信自己通过尽心、知性、知天可以与天道相通，而现代人则很难再做这样的努力，也不再希冀通过下学而上达"天道"，最终成圣成贤。与西方"上帝死了"相对照，中国社会已经进入了"无天"的时代，我们经常说"无法无天"，意思是指不顾国法，没有天理，随心所欲，无所顾忌。"天"的价值塌陷与意义祛魅导致社会中出现众多精神痼疾——道德行动失去终极依归、人的存在丧失精神家园。随着"天道"信仰的破灭，很多人对上天缺乏敬畏，而进入了无法无天的自我膨胀和不可一世的精神癫狂状态，如大跃进时的一首诗《我来了》所言："天上没有玉皇，地上没有龙王，我就是玉皇！我就是龙王！喝令三山五岳开道，我来了!"这首诗当时在全国传诵，反映了当时的人们不知敬畏上天，不能尊重自然规律的狂妄自大的心态。

不能仁民爱物，对他人和万物缺乏仁爱之心，导致不知自爱，不懂孝悌，不能亲爱亲人。孝悌为仁之本，这些人到了社会上，对别人自然也不能将心比心，推己及人，以忠恕之道处理人与人之间的关系，最后造成人际关系恶化，以邻为壑，坑蒙拐骗，尔虞我诈，持强凌弱，丛林法则。一些人不能泛爱大众，亲近仁德，而是玩世不恭，逆反社会，恶搞社会，报复社会，甚至小事化大，煽风点火，唯恐天下不乱；或者悲观厌世，冷漠待世，消极避世。一些官员也不能正己正人，道德齐礼，而是道政齐刑，不惠而使，不教而杀，造成了社会矛盾的恶化，群体事件频发。仁心丧失，仁德缺失，也造成了很多人暴殄天物，为一己口福之欲，为赚黑心钱，残忍地杀害各种动物，特别是珍稀动物，贪婪地盗取自然资源，对我们赖以生存的自然环境进行肆意破坏，造成水土流失、沙漠化、物种灭绝、大气污染、全球变暖和臭氧层损耗等环境恶果，直接威胁人类的生存。

敬畏上天，仁民爱物是以儒家为主体的中国传统文化的优秀传统，需要我们在新时代不断地传承与发展，特别当我们遭遇新冠肆虐全球，威胁整个人类生存的巨大灾难时，我们更需要悲天悯人，人饥己饥，人溺己溺，身在中国、胸怀天下，互帮互助，助人为乐的精神，为中华民族的伟大复兴，为构建人类命运共同体做出我们应有的贡献。

《论语》中的人生智慧

吴根友

吴根友，1963 年生人。现为武汉大学哲学学院教授、博士生导师、武汉大学文明对话高等研究院院长，武汉大学学术委员，人文学部学术委员会主任，人文学部学位评定委员会双召集人之一；历任哲学学院副院长、国学院副院长、哲学学院院长，现任中国哲学史学会副会长；教育部"长江学者"特聘教授，国务院政府特殊津贴专家。曾兼任湖北省哲学史学会会长、教育部教学指导委员会委员（哲学类）。研究方向为明清哲学、自由主义、政治哲学等，出版《道家思想及其现代诠释》《中国现代价值观的初生历程》《戴震、乾嘉学术与中国文化》《判教与比较》《诸子学志》等近二十种专著。

非常有幸来到两岸国学大讲堂，将我对《论语》中的人生哲学和人生智慧的理解，与大家做一个分享。

我先要介绍《论语》这部书的简单情况。《论语》这部书与我们今人写的书不一样，是孔子与弟子以及再传弟子的对话经过编辑而成的一部著作。其次，在这部书里，还有少数学生有子、曾子、子张、子夏、子贡等人的思想，也在书中有所体现，所以它是一个集体的作品。再次，《论语》这部书是问答体，是古代的口语，但这种口语它是经过加工的，非常优美，今天我们只要有高中文化水平，这部书拿到手，90%的人都可以读得懂。所以古汉语的口语与我们现代汉语之间的差别不是很大，这可以体现中华文化连续性的特点。但《论语》这部书并不是孔子全部思想的表现，其他著作，如《礼记》的某些片段、《孔子家语》、新出土文献的《语丛》类文字，也体现了孔子的思想。因此，我们讲《论语》是研究孔子的重要的作品，但不是唯一的作品。《论语》还有一个特点，就是篇幅比较小，大概 11700 字，但是它内涵极其丰富，对后来整个中国社会的影响都是极其深刻的，构成了后期的"十三经"之一，这部书在整个中国思想史或者社会生活中间的影响与地位，都是崇高的。西方社会有《圣经》，中国的《论语》在一定程度上也可以看作是中国人的《圣经》，这本书在古代社会可以说是家喻户晓，只要读过一点书的人都会知道这本书。《论语》这本书也有很多版本，我提供的一个版本就是我的好朋友杨逢彬教授做注并翻译的，叫作《论语新注新译》。大家如果喜欢《论语》，建议看这本书。接下来我们就集中讲《论语》中所包含的人生智慧。

一、《论语》中的知人、识人与做人

关于我们如何做人，如何认识人，《论语》中有大量的论述。在这里我列出几条，如孔子讲："不患人之不己知，患不知人也"，"不患人之不己知，患其不能也"，"君子病无能焉，不病人之不己知也"。在这三则格言中，孔子是说，我们不要急于让别人怎么理解你，别人不理解你也并没有问题，只要你真的有本事，你并不丧失什么。我们真正要担心的有两点：一是你不了解别人。不了解别人，跟别人打交道就会犯错误，别人有长处你没有发现，那你工作就会做不好。你不了解别人，你就不能知人善任。在了解别人和自己被别人知道这两者之间孰轻孰重，在孔子看来，显然知人比别人知道自己更重要。第二点，作为君子，你不要担心别人不了解你的美德与才能，你主要担心的应是你自己有没有本事。如果你自己没有本事，别人知道你又怎么样呢？你照样不能够被重用。孔子的这种思想在今天仍然有价值。我们很多人在社会上急于被领导认识，可是认识你之后，把事情交给你，一件事情你也办砸了，两件事你也办砸了，这个领导就知道你没本事，那你就更糟糕。所以孔子讲，"不患人之不己知，患其不能也"。因此，在知人、识人和做人方面，我们首先要把自己德行和才能提升上来，总会有被重用的时候，这就是我们谚语讲的，"是金子总会发光的"。

我们识人，看这个人是不是一个值得交的朋友？是否可靠？孔子告诉我们："巧言令色，鲜矣仁！"这句话很重要，《论语》中出现了两次。就是讲，一个人一天到晚在你面前说甜言蜜语，满脸对你笑，顺从你。在孔子看来，这种人很少是仁者，他极可能是小人，因为他有求于你，他心里的很多东西并没有真实地表达出来。"鲜矣仁"，虽是一个概词，但指向的确是一个很大的概率。我们有些人身居领导岗位的时候，你要是碰到这些人，那就更要小心。孔子还告诉我们怎么去认识一个人、了解一个人，他讲："视其所以，观其所由，察其所安，人焉廋哉？人焉廋哉？""视其所以"，就是我们仔细的考察一下这个人，他人生所凭借的是什么？他是凭借裙带关系，祖宗留下来的财富？还是他个人的本事？"视其所以"的"视"，意思是认真地看，不是今天见一面马上跟他结交，而是要经过长时间的观察看这个人的人生根据和他的依靠是什么，也不是我们看到有多大的靠山，不是这个意思。而是看这个人的人生立足点在哪里。"观其所由"，就是看这个人做事情是不是走正道？是不是经常搞些歪门邪道？"所由"就是所经过的路，也就是他的人生轨迹，看他跟谁在做朋友，跟谁在打交道，怎么就把事情做成的。"观"在这里也是认真地看，不是随便地看一眼，一两次打交道，不是这样的。"察其所安"，最后一点更重要。要仔细地看这个人安身立命的地方在哪里，就是他的人生最终结的价值追求是什么，是为了成名？成家？或者是为了飞黄腾达？还是为一个崇高的目的？或者为了一个伟大的事业？"察其所安"，就是人的根本价值取向。孔子讲，我们把这三点都搞清楚了，一个人他怎么能够躲藏起来呢？"人焉廋哉"，"廋"就是躲藏。一个人无论多么巧妙地隐藏自己，你从这三个角度去考察他，这种人他想不暴露他自己的真正秉性，那都是不可能的。我觉得孔子讲识人的这个方法，在今天看来仍然是有效的，并不过时。不仅对于中国是有效的，对于世界上任何一个民族，只要是一个文明之中的民族，我们去考察一个人，凭这三点都可以看这个人到底是什么样的人。这点具有相当大的普遍性，如何识人这点，孔子讲得真好！

我们又应该如何做人呢？在知人、识人的同时，更重要的是做人。做人就是我们在生活中间要成为一个什么样的人。孔子与子贡有一段对话，很有意思。子贡是孔子后期的学生，很聪明，也非常调皮，很会做生意，赚了大笔的钱。孔子的思想之所以能够流传，与子贡的传播有极大的关系。孔子逝世后，守孔子之墓时间最长的学生就是子贡。子贡很聪明，他似乎想在老师面前卖弄一下。有一天他对老师讲，我有一个新的发现，想请教一下老师，看这个说法行不行？他说："贫而无谄，富而无骄，何如？"意思是说，一个人没钱，但是看到有钱的人不献媚；如果我富贵了，但我不骄横。如果做到这样了，是什么样的人呢？子贡很得意，以为自己这个讲法很高明。孔子没有否定他，而是说"可也"。子贡听到后，一开始可能有点失望。但孔子提出了一个更高的境界，即"未若贫而乐，富而好礼者也"。意思是说，如果一个人没钱，但是他能够很达观，很快乐，很积极向上；有钱之后，他不仅不骄，而且按照礼的规范来做事情。很显然，孔子提出的这个做人境界，比子贡所讲的要更高。人往往都是人穷志短，怎么可能乐得起来呢？孔子为什么讲"贫而乐"呢？就是你虽然没钱，但是你有崇高的精神追求，你知道人生活在世上应该干什么，没有钱不是你没本事赚不到钱，而是你没有把精力放在上面，你有更重要的事情要去做，所以一时没钱，也能够做到"贫而乐"。一般人很有钱之后，往往就会越礼逾规，这个不能做的事他偏要去做，那个不能做的事他也要试一下。"富而好礼"的意思是说，你虽然富裕了，但不追求奢侈、奢华，而是按照你的要求和身份来安排自己的生活，这个要求更高。做人没钱的时候，大多数很老实，有钱之后容易变得骄横、铺张、奢侈，做一些与自己身份不相称的事情，也是常见的事情。不好礼的结果，常常会导致犯法。孔子这个讲法，对于我们今天生活中通过个人的勤劳而致富之后的人如何妥善地安排自己的生活，是极有帮助的。

子张这个学生很有意思，他是孔子的学生中不怎么想认真学习的人，一心一意就想混个职位，拿点俸禄，过日子。子张"问行"，意思是说，我们人生活在这个世上，怎么样才能行得通？怎么样别人才不会给自己使绊子呢？孔子告诉他，"言忠信，行笃敬"。意思就是说，你说的话是可靠的，值得相信的，然后你的行为是很厚道的，对别人保持一种敬畏之心，不是乱来，如果你做到这两点，那你即使在一个野蛮人生活的地方，别人也会接受你——"虽蛮貊之邦，行矣"。反过来，如果你说话不算数，做事情很没谱，也不尊重别人，即使在一个文明的地方——州里，你也行不通。所以孔子讲，一个人生在世上，如何能够让自己走得远、走得久。就要做到言语忠信、行为笃厚，存有敬畏之心。这句话在今天也仍然是有效的。

就做人的问题，孔子又讲："人无远虑，必有近忧。"这是个口头语，我们都熟悉。为什么讲人无远虑，就必有近忧呢？意思是说，你对未来没有设计安排，事情来了才去考虑，那你天天都会有麻烦。因为人生活在世上，总是要吃饭穿衣，与人打交道，如果你没有一些提前的安排，很多地方就会出现问题。首先，你的经济可能就不会被安排得井井有条，亲戚结婚要随礼，你发现把钱用完了，又要去借钱，或者不借钱，心里就发毛。你如果有一定的积蓄，赚钱的时候考虑到人情之间的关系，你平时肯定会稍微存点钱。然后还有其他的事情，比如小孩上学等等。总而言之，你有远虑，生活就有安排，就有计划，有三年计划、五年计划、十年计划。遇到事情，你就不会太着急。人要规划自己的生活，不偷不抢，不可能一下就有很多钱，需要长时间积蓄、准备。所以说，"人无远虑，必有近忧"。这个远虑，就是指我们对生活要有计划、要有安排。现代人的生活跟古代人有一个非常不一样的地方，就是计划性，包括我们现在年轻人结婚的时候，要准备好房子等等。孔子这个讲法，在今天也是适用的，任何事情你都要有安排，要有考虑。没有远大的考虑，你天天会遇到眼前鸡毛蒜皮的小事，被小事所羁绊。我们做人，要学会做计划，要有较远大的理想，就可以避开很多无聊的小事纠缠。

人生在世，每个人都有自己的想法，自己的心思。可怎么样的心思才是对的呢？孔子讲要"绝四"，即在大脑中要对四件事情保持警惕，不要让自己犯这样的错误。一是"毋意"。"毋"就是不要的意思，就是不要猜想。比如有一个人，他斧子掉了，他怀疑是邻人偷的，就观察邻人出门，觉得像偷斧的样子；邻人回来，像偷斧的样子；邻人说话也像偷斧子的样子。这就是猜测，所以要"毋意"。对于一件没有根据的事情，我们不要瞎猜。做事要思考，要动脑筋。这就叫"毋意"。"毋必"，"必"的意思就是期必，即一厢情愿地相信，甚至跟别人打赌。有时自己也没搞清楚，没搞懂，但却一腔义气，认为某事一定会是怎样的。孔子告诉我们要"毋必"。很多事情存在着多种可能性，人间的事情往往很复杂，有时只要有个小环节出了问题，整个事情就可能泡汤，所以要"毋必"。"毋固"之"固"有两解，一个是指固陋，一个是固执。固陋和固执的结果都一样，就是你本来见闻很狭窄，知道的很少，但你非要认为某事一定像你认为的那样才是对的，就像我们有的地方，海边人觉得海鲜可能就是最好吃的，内陆的、平原的河鲜怎么比得上海鲜呢！坚定地认为海鲜比河鲜好，这就叫"固"。不同地方人的口味都不太一样，西北人可能认为羊肉是最好的，他未必认为海鲜就是最好的。所以我们不要认为自己所习惯的、所喜欢的就是最好的，然后就坚持它。在很多方面，我们要保持宽容、开放的态度，即"毋固"。"毋我"，这个"我"，就是"我执"，与后来佛教讲要破"我执"的意思比较接近。就是什么事都把自己放在第一位，一定是要按照我的见解、我的意志办事，我认为是对的就是对的，我的利益就是第一。这都是执着于"我"的表现。孔子告诫我们，在与人打交道的时候，一定要在思想上和心理上克服"意""必""固""我"。作为成人，我们在与朋友打交道时未必坚持这个"我"，但是我们会有孩子，孩子上大学、孩子结婚、孩子干什么职业，有些家长很霸道，觉得非要这样不可，那样就不行，比如孩子读大学的时候，很多父母就把自己没有实现的想法强加在孩子身上，一定要填信息管理，一定要填金融，一定要填什么经贸，这个专业出来以后很赚钱。而有的小孩他喜欢文史哲，父母觉得这种不赚钱的专业不要学，非得让小孩子按照他们的意志填志愿，上大学。结果小孩上大学很不快活，然后得抑郁症，然后休学等等。这都是父母在固执地坚持自己意见所导致的亲子之间关系的问题。所以我们讲，"意必固我"这四点，是我们做人终身要克服的一种心理状态和思想状态。这四点可以说是一种普遍的做人做事的原则，不仅在中国，在西方，在世界任何文明的地方，都是正当的，而且是正确的要求。

我们又要讲到子贡了。子贡很有意思，他聪明，他有时候就玩巧，有点偷懒，他对老师说，你说的话很多，能不能告诉我一句话，我一生都可以去坚持的——"有一言而可以终身行之者乎？"孔子的确很厉害，学生突然的问话，没有难倒孔子。孔子讲，可能有吧，"其恕乎"。"恕乎"就是恕道。孔子认为自己可能讲得太简洁了，子贡可能没听懂，所以就补了一句，恕道的意思是："己所不欲，勿施于人"——你自己不想要的那种状态，你就不要再把这种状态强加到别人身上。这句话听起来很抽象，但是这句话是永远有效的，在全世界我们叫作"金规则"，我们把它称为"金规则"的消极表达方法，即是很保守的一种表达方法。什么叫"己所不欲，勿施于人"？比如说，我们讲为人处事，如果你的上级对你颐指气使，你心里肯定很不爽。我刚刚在网上看到一个消息，有一个中年男子，湖南长沙人，把妻子送上班之后，然后他就把车子停在湘江的大桥上，自己跳江死掉了。这绝对是一个悲剧。据他妻子讲，是她丈夫的领导之前批评了他，但这件事情真相如何，有待求证。但有一点是很明白的，即我们做人的时候，你不希望领导对你颐指气使，不希望领导训斥你。但如果你是个领导，你对下级是不是也不应该去训斥呢？领导训了我，我就要训你，那就不是恕道。你不希望领导对你颐指气使，训斥你，你作为领导的时候，你也不去训斥别人，那就是恕道。你不希望朋友欺骗你，那你也不要去欺骗朋友。总而言之，所有那些发生在你身上的很不愉快的事情，你就不要再把这种不愉快的事情传递给另一个人，这就叫作"己所不欲，勿施于人"。

"恕道"是消极的金规则，那么从积极的角度看，金规则又该如何表达呢？那就叫作"己欲立而立人，己欲达而达人"。上述这段文献不涉及这层意思，此处我们不深讲。回到上文的文献，我们认为，孔子为子贡这个非常具有挑战性的问题，给了一个非常巧妙的回答。我相信在座的所有人，都可以接受这个原则，这对于塑造自己的人格，协调、和谐自己身边的人际关系，包括自己的子女和父母的关系，都是有效的。这条金规则，可以说是超越时空，现在有效，以后也仍然有效。上面五则文献主要介绍了孔子如何做人的思想。

实际上，《论语》中讲做人的，还有其他内容，孔子非常重要的一个弟子叫曾子。曾子曰："吾日三省吾身"，这个"三省"不是讲反省三次，"三"是"多"的意思，就是要多次的反省。反省什么呢？"为人谋而不忠乎？"——就是我替别人出谋划策，是不是尽了自己最大的心力？是否因为涉及自己的私利而保留了该说而没有说的话？"与朋友交而不信乎？"——我与朋友交往是不是有欺诈行为，说了谎话没有。"传不习乎"——这个"传"字，意思是传授知识，就像我今天跟大家讲国学，那我在讲国学之前我是不是随便的糊弄？随便地选几条文献拿出来，在这台上乱讲？绝对不是。我昨天晚上为了给大家讲这个内容，还专门在自己的社区试讲了一遍。因为我不知道听众是哪些人，他们的古文程度如何？不像我平时给大学生讲课，跟研究生讲课，那我可以把握深浅，现在我面对的是一个陌生人的群体，那我怎么讲呢？怎么让别人听得懂呢？所以我先试一下，面对社区的很多人，我也不知道他们是些什么人，他们当中有教授、有普通人，讲了一遍，现场的反应与效果还好，所以我就有信心了。我在社区讲完过了一个星期之后，又把这个 ppt 再修改了一遍，这是传道授业之前，要敬而习之。传道授业者要对自己所传所授的内容负责，要讲通，尤其不能把基本文献的意思都讲错了。故传道授业之前，要认真地准备、温习。这是曾子要求我们读书人每天要反省的三件事。

我们讲，人除了吃喝穿住以外，还要有精神追求，所以孔子又对自己的孩子说："小子何莫学夫《诗》？"你日常生活衣食无忧，不是睡觉，就是打牌，你为什么不读一点诗呢？古人讲的诗，很多不是我们今天的谈情说爱。诗里有社会关怀，有批评现实政治的，也有抒发感情的。孔子讲，诗可以"兴"，兴就是对对方有引发作用。比如说我们朋友之间喝茶喝酒，讲一首非常好的诗，你朋友一听，觉得这首诗很好，对我有启发，这就可以看作是"兴"的表现。古人诗歌中，像我们在座可能都熟悉的《蒹葭》这首诗。平潭海边的那个芦苇，可能就是《诗经》中的蒹葭。"蒹葭苍苍，白露为霜，所谓伊人，在水一方。溯洄从之，道阻且长，溯游从之，宛在水中央。"现在被改编变成歌曲了，唱起来也很好听。而唱这首歌的时候，大家在一起会跟着一起唱，这也是"兴"。

可以"观"，我们通过诗，看到一个地方、一个时代里的生活状态。比如像杜甫的《兵车行》——"车辚辚，马萧萧，行人弓箭各在腰。爷娘妻子走相送，尘埃不见咸阳桥"——就批评了唐代中期的对外战争。可以"群"，即有些诗可以达到团结人的效果，如《秦风·无衣》"岂曰无衣？与子同袍"，现代歌词《黄河大合唱》，现在的国歌，就是"起来！起来！"这些本来都是诗，然后变成国歌。当你读到这些诗，或唱这些歌词的时候，就能够鼓舞士气，人们就会团结起来。这就达到了"群"的效果。可以"怨"，即通过诗也可以对社会的不公平进行抱怨。读诗有多方面的效果，接受多方面的教育。然后"迩之事父"——就是在家庭里，可以通过读诗很好地侍奉自己的父母。"远之事君"——对于与你距离很远的国君，通过读诗，将来有一天国家有事，也可以为国君服务。前者是伦理的，后者是政治的。这就是古人讲的"诗教"。

通过读诗，我们在知识上也会有获益——"多识于鸟兽草木之名"。记得我读大学的时候，读过诗人舒婷的一首诗《致橡树》。作为安徽人，后来在湖北上学、工作，从来没看过橡树是什么样子的。最近就是2020年12月12号，我参加中山大学哲学系60周年系庆，晚上在中山大学校园里散步，就看到那个橡树，那个橡树真的很粗、很高大，比这屋顶还要高，我才知道这就是舒婷写的橡树，真的叶子可以升到云端，根可以在地下相互拥抱。

诗歌不是仅仅抒发个人的情怀，很多人误解以为诗歌仅仅是写年轻男女的爱情，那是对诗的一个非常大的误解。诗歌里有广泛的社会内涵、人生感情的抒发，特别是男女感情的抒发仅仅是诗歌中很小的部分。从古到今的诗歌里，包含着大量的社会的、政治的、伦理的甚至哲学的内容，像屈原的《天问》就是问天，问天就是哲学的思考；屈原的《离骚》，里面既有写个人身世的曲折离奇，又批评楚国政治上的腐败，但又表达了屈原对楚国的一片赤诚，千古以来都会感动人们。"哀民生之多艰"这句话，感动千古多少诗人！诗里面包含着"兴观群怨"的诸多功能，因此，读诗既可以很好地侍奉自己的父母，也可以很好地帮助国君在道德风化方面做出自己力所能及的事情。做人不能仅仅是穿衣吃饭，还要有崇高的精神追求，在满足了自己的生活之外，还要有社会关怀，诗中所包含的"兴观群怨"，可以把我们从一个比较低的生存状态提升到一个比较高的精神生存状态，这就是《论语》所讲的"做人"的较高层次的内容与要求。

二、如何学习，如何交友？

接下来我们要讲的是"学习"问题。孔子讲的"学习"，与我们今天讲的非常不一样，孔子讲的是"为己之学"。"为己之学"，就是我们学习不是为了在别人面前夸耀而显得我很博学，我们学习的效果也不是要立竿见影，比如马上就要评职称，或者是要被提拔。为己之学就是为了让自己活得明白，为了让自己生活的有质量，所以我们要学习，因此叫"为己之学"。《论语》的第一篇，"学而时习之"就是告诉我们学习要按照时节来温习、练习与实践。这个"习"有多种意思，但在古代是实践（义），为什么要实践呢？因为古代学的是"礼"，"礼"不按照时间去实践，你就忘记了，很多动作就会生疏，所以要按时来实践。有朋友从远方来并和你一起学习，那不是很快乐的吗？"人不知而不愠"，意思是说，别人不了解你，你也不生气，不也是君子吗？

孔子在这里将古代有政治地位的"君子",转化为一种德行上的君子,"君子"一词的内涵开始被泛化了。

第二点,孔子讲"弟子入则孝,出则悌,谨而信,泛爱众而亲仁,行有余力,则以学文"。古人在讲学习的时候,更多强调的是做人。我们首先要成为一个有孝悌之心,能够有广泛亲和力,而且把仁爱的"仁"作为自己的人生目标的人。这是在道德上要让自己有所成长,所以弟子"入则孝",在家里要尽孝。"出则悌",出门在外与陌生人打交道,不要傲慢,不要以为自己有钱,或者有地位,或者自己有力量,对别人不理睬,而是要像对待兄弟一样恭敬。现在我们很多有学问的、有修养的,称比自己年轻的人为某兄,就是"出则悌"的一种日常生活表现。"谨而信",做事不要冒失,说话不要无礼夸海口,要可靠。中国人有没有普遍的爱呢?有,所有人你都要爱,要以"仁爱"作为自己为人处世的基本原则。亲仁,就是亲近"仁"的意思。在这些做人的方面你都做得很好了,如果还有时间与精力,你就去广泛地学习古代的文献。这个"文"是广泛的文献,大约类似我们今天所讲的"文史哲艺"等人文性的知识。孔子讲做人,重要是德行在先,人文学的各种知识在后。如果一个人做人都有问题,你学那么多文化知识,可能还会坏事情,让你变得更加奸诈、更加投机取巧、更有本事去做坏事。古人在知识和德行的问题上,常常要求把德放在第一,绝对是对的。你看我们今天的那些黑客、那些在网络上从事诈骗的罪犯,他没知识吗?他的电脑技术比一般的人好很多,但是他只是用这些知识来干坏事。所以,我们在教育孩子的问题上,一定要他在德行上可靠,然后他学习的那些知识才会发挥正面的价值。如果德行不可靠,那些知识恰恰可能会促使他犯罪。世界上任何一个民族，监狱里关着的人不一定都是笨蛋，监狱里有相当一部分人都是极其聪明的，特别是那些小偷，他们把别人的车门撬开，制造万能钥匙，有本事。所以在知识与德行的关系上，儒家讲德行在先是正确的。我们在座的各位，在教育自己的孩子时，也应该是要先教做人，然后再广泛的阅读各种知识。如果做人都没做好，你学了很多知识，有时候往往还会起负面的作用。孔子强调的学习次序问题，在今天也仍然是有效的。

孔子也讲学习的方法："学而不思则罔，思而不学则殆。"一味地学习而不思考，那你就会迷惘，就会迷失方向。"思而不学则殆"，一天到晚地空想，不看书，尤其是不系统地去看书，那你就会走偏路，然后发一些很偏激的议论，那就会很危险。今天网络上很多人发一些偏激议论，都是属于思而不学的那一类人。

孔子以托古的方式说道："古之学者为己，今之学者为人。"这个讲法对我们今天的人是很有触动的，古时候理想的学习状态是为了自己德行的提升，为了让自己生活得明白、少犯错误。现在人们学习就不一样了，学几项后就卖弄，学习了新东西马上就要见效，读了书之后就要兑现价值，否则我读的书就没有价值。孔子的这个说法对我们今天读书人是一个极大的提醒。我们读书仅仅是为了自己活得更有品味，精神上更加充实，而不是通过学习让领导重用你，让你马上就可以赚钱。所以他讲"古之学者为己，今之学者为人"。

在学习的过程中，孔子还讲出了一种态度，这种态度其实也是一种人生的态度，他说，"知之者不如好之者，好之者不如乐之者"。这是提到的学习三境界，非常重要。有些人学习是浅尝辄止，一旦知道了就夸夸其谈，那能叫真正的学习吗？不是。孔子讲，对于一个东西仅仅停留在知的层面是不够的，要有情感的投入，要喜欢它。你只有喜欢它，你才会不断地追求，深入地了解，那才是真正学习的开始。停留在一般的阅读或泛读层面，都还不是真正的学习。孔子讲，如果是要更深入地了解，"好之者"还不行，还要"乐之者"。那就是我们学一件东西时，要达到乐此不疲的境界。什么叫乐此不疲？你不去这样学习或者不去研究它，浑身都感到不自在，这个境界就叫乐此不疲。就像我们当学者，至少我自己是这样的，出差三天，让我不跟书打交道，浑身就会不自在。在家里也是一样的。每天我要是不在书房里待一下子，那这一天的日子就觉得很难受。所以我出差一般都会带书，就因为是学者，看书已经变成一个习惯了。哪天离开书，日子就不舒服，这种对于书的状态，似乎可以称之为"乐之者"。我们要把事情干好，就一定要达到这样一个"乐之者"的境界。那些有创造发明的人，往往都处在这个"乐之者"的境界。能在某个行当做出超出一般人的成就，大体上都是具有"乐之者"境界的。我们讲，学习有三个境界，"知之""好之""乐之"。用这三个境界来衡量我们自己的学习，问一问你自己究竟处在哪个境界？也就会大体明白自己将会有什么结果了。以上所讲，都是"为己之学"的诸方面内容。

接下来我们讲"交友之道"，这里有些讲法可能跟我们正常的想法有点不一样。我们该怎样交朋友呢？孔子讲："君子不重则不威，学则不固，主忠信，无友不如己者，过，则勿惮改。"意思是说，你要想成为一个君子，你不要嘻嘻哈哈的，不要轻挑，要专注，所以"不重则不威"，你不专注就没有威严感。你学习了，会见多识广，你就不会表现出固陋，就不会坚持自己狭隘的观点。"主忠信"的意思前面讲了，就是做人要以忠信为主。后面一句话就会引起争论，"无友不如己者"，就是不要与那些不如自己的人交朋友。这句话乍一听很刺耳，那我们交朋友都要交比我们高的，那我们自己不比别人高，别人不也都不与我们交朋友了吗？我们还能交到朋友吗？我们要认真体会一下，孔子为什么讲"无友不如己者"。后面还有几处也是这样讲，所以我们在座的也可以思考，为什么要"无友不如己者"。然后做人，"过，则勿惮改"，就是有错误不要掩饰。我们很多人犯错误了经常不愿意承认，总要找个理由、找个借口把它掩盖过去。孔子讲，我们有过错，跟朋友交往老老实实承认，不要害怕去改错。这一点说起容易，做起来很难。特别是做领导的，犯错误更不愿承认错误，尤其缺乏勇气去改正错误，我们再回到交友之道的主题——"无友不如己"。这话怎么理解，孔子讲："见贤思齐焉，见不贤而内自省也。"这句话很重要。我们往往很嫉妒别人比自己好，总喜欢在背后说别人的坏话，这就不是"见贤思齐"的态度。你看我们今天的网络上，一旦出现一个坏事情，大家都来评论，好像自己都很高尚，实际上大家都忘记了自己做过的不好的事情。如果大家都能退回来想一想，我是不是在某些方面做的跟这个人是一样的？这样我们就不会轻易地指责别人了。我们今天网络的语言暴力，从另一个层面也表明，整个社会关于人的教育方面有很大的欠缺，大家都缺乏"见不贤而内自省也"的基本德性修养。

当你看到一个在道德上比较差的人，我不是去指责他，而是退而求其次，想想我在某一方面某些时候是不是做的跟他这个人情况有类似之处。如果大家能够做到这一点，那我相信今天网络上的语言暴力要少很多。所以我觉得中国的中小学教育、高中和大学教育在关于怎么做人的问题上，其实有很多的空间。我们在基本的做人德行上面，教育是不够的。"见不贤而内自省也"这个是非常重要的做人的原则，也是交友的原则。不要在道德上随便地指责别人，我们不具备在道德上审判别人的权威。所以孔子讲"见贤思齐焉，见不贤而内自省也"。这一原则与"无友不如己者"的要求，是不是有内在联系？

我们再看这一则："三人行，必有我师焉，择其善者而从之，其不善者而改之。"孔子前面讲做人要"毋意、毋必、毋固、毋我"，这里孔子讲"必有"，但这个必不是那个"必"字，他是讲我们三个人在一起行路时，或者多于三个就是一群朋友的时候，孔子讲其中一定有一个人是我的老师。你看孔子讲的话是多么的谦虚！他不一定讲其中某个人所有的方面都是老师，而是讲这个人在某一方面的德行才能，或者其他方面有超过自己的地方。所以"必有我师焉"，要求大家在交朋友时，知道"择其善者而从之"，也就是从朋友身上发现并学习好的东西，不是朋友所有的方面我都要去学习。如果有一个朋友德行很高，能力也很强，但是他有不好的习惯，比如喝酒抽烟，那我不是要学他喝酒抽烟，我学他德行很高的地方，学他能力很强的部分，所以"择其善者而从之"，把朋友身上好的东西学到手。那朋友身上不好的一些东西，比如说有的朋友可能喜欢骂人，脾气很暴躁，"其不善者而改之"——朋友身上的不好的东西，我就偷偷地改掉，但我不会当面去指责他。所以，什么叫"无友不如己者"，通过此则文献我们就大体知道孔子说这句话的真正意思了。孔子讲

"无友不如己"，不是讲地位、权力比自己高的，比自己大的，钱比自己多的那一类人，不是要我们攀龙附凤，不是这样的！孔子的"无友不如己者"，是讲不是要结交那些德行上、才能上比自己差的人，不要去跟他们交朋友，要交那些在德行和才能上比自己有长处的人，这样我们自己就会得到提高。所以"无友不如己者"，我们千万不要把它理解成是一个攀龙附凤的行为，而是要向那些在德行、才能上超过自己的人学习。所谓"三人行，必有我师焉"，正是"无友不如己者"这句话的谜底。

孔子讲，"已矣乎，吾未见能见其过而内自讼者也"。意思是说，我跟这么多人交往，还没看到过一个能够看到自己内在有过失，然后自己责备自己的人。孔子的时代跟我们今天也很类似，我们也很少看到一个朋友发现自己有错误，就不断地责备自己的。因此，孔子对这个社会有时其实很失望，因为很难发现一个人因为自己的错误而不断责备自己。所以孔子感叹的这一现象，在今天其实也是很普遍的。

孔子讲"见善如不及，见不善如探汤"，意思与上面所讲的比较接近，即当我们看到好的东西和人的时候，要认识到自己在这些方面的不足，并要不断地向好的方面去追求；看到那些不好的，就要像把手指伸到开水里一样，赶紧缩回来。这与前面讲的"见不贤而内自省也"的道理是一样的。

"见不贤而内自省也""见不善如探汤"，孔子告诉我们的这些做人方法，如果我们很多人今天能够按照这种方式去做的话，一定会减少很多人际矛盾，我们的网络也会干净很多。遗憾的是，我们在做人的教育上面，是非常欠缺的。

孔子还讲我们要怎样交朋友？他说："益者三友，损者三友。"

"三友"，就是有三种类型的朋友对你是有帮助的，有三种朋友对你是有坏处的。"友直、友谅、友多闻"，就是我们要和很正直的人交朋友。"友谅"之"谅"就是有言而信的人，我们可以去跟他做朋友。"友多闻"的"多闻"就是见多识广的人。哪些人不能交朋友呢？就是"便辟、善柔、便佞"这类人。做事情走歪门邪道，搞小聪明，不通过正常的方式来获取自己的好处的人，就是"便辟"。"善柔"就是前面讲的巧言令色这一类，"便佞"就是口才特别好，把死的说成活的那种人。这些人都是坏朋友，不要跟他们去交往，跟他们在一起就会损害你。"益者三友，损者三友"，我们交朋友时，一定要把眼睛睁大一点，看看这个朋友是不是很正直，是不是有德行，讲话很诚信，是不是见多识广，你跟他在一起，谈一番话是不是胜过你十年读书，这就是"多闻"，这些朋友对你都有帮助。那些便辟、善柔、便佞的人，尽量不要跟他们做朋友，跟他们做朋友对你是有坏处的。大家要切记孔子告诉我们的交友之道。

信虽居五常之末，但十分重要。孔子讲："人而无信，不知其可也。大车无輗，小车无軏，其何以行之哉！"大车就是牛车，小车就是马车，无论牛车还是马车，套在牛的额头上，有一个弯弯的东西叫牛轭，套马的叫马轭，在轭上面有一个弯弯的和车子架起来的一个钩子，古代的钩子有个插销，体积很小，尖尖的，这两种插销，一个叫"軏"，一个叫"輗"。因为没有插销，两个钩子就不稳，车一跑，两个钩子就脱掉了。孔子这里讲的"信"是这样一种德行，说话算数这一点，看起来很小，但是这个很小的东西如果没有的话，就像那个马车和牛车在运动的过程中间没有固定两个钩子的插销一样，那车子跑路就会出问题，牛车马车就没办法行走。大家想一想，一个人说话老是在撒谎，你还有朋友吗？还有别人相信你吗？你还能办得成一件事情吗？什么事都办不成！仁义礼智信这个"信"字，虽居五常之末，但它是让我们事情得以成功的一种德行，所以交友之道，一定要讲诚信。你本来手上有闲钱，朋友真的很困难，问你借钱过渡一下，你讲我没钱，刚刚买房子用了，之后你拿钱去买车子了，你想你的朋友怎么想？你下次有困难找别人帮忙，别人帮忙不？说话不诚信，是非常危险的。"人而无信不知其可"，这话说的很重，意思是说，一个人如果没有诚信这样一个基本的品德，我们就没办法预估他。因为这个是一个毫无底线的人，一个毫无底线的人，你怎么能跟他做朋友呢？

孔子又讲："躬自厚而薄责于人，则远怨矣。"这句话是一个省略句，完整的意思是："躬自厚责于己而薄责于人。"什么叫"躬自厚"，就是一件很小过失的事情，你将自己责备得很严很深，这叫"躬自厚责于己"。但如是别人犯了错误，你就不要老是批评别人，而且用很严重的语气或者过多地指责。所以，如果自己对别人做了一件很抱歉的事情，哪怕很轻，你对自己的谴责责备也一定要多，这叫"躬自厚"。哪怕别人做事对你做得不好，你也不要太过于计较，你要稍微轻描淡写一些。如果这样子交朋友，你就"远怨矣"——别人不会在后面抱怨你。在这里，我们可以看到，孔子教给了中国人做事情要厚道的道理。什么叫厚道？孔子这里讲的就是"厚道"！"躬自厚而薄责于人，则远怨矣。"这个"远"字是动词，远离怨恨。

孔子讲，我们交朋友是有原则的，你看那些人："群居终日，言不及义，好行小惠，难矣哉。"意思是说，一群人在一起，一天到晚就没有谈一件正经事情，然后这些人又喜欢给你一些小恩小惠，这种人是很难做朋友的，不要跟这种人来往。

我觉得，上面孔子说的这些交友原则，绝大多数在今天我们的人际交往中，都仍然是有效的。要而言之，在交友之道中，以下四点要牢牢记住：一是要言而有信，二是要见贤思齐，三是要善于自我反省，四是对朋友不要过于指责。能做到以上四点，我们就一定可以交到真正的朋友。

三、如何做公务员，如何当领导？

最后，我要讲一讲，孔子教我们如何学做公务员、当好领导。"学做公务员"是我用现代的语言翻译孔子所说的话，古代叫"学干禄"。"学干禄"就是求一份俸禄，也可以说怎么去当领导。孔子讲："不患无位，患所以立。不患莫己知，求为可知也。"我们在职场上，往往担心我会不会得到处长的职位，我会不会得到一个厅长的位置等等。孔子讲，你不要老是一天到晚担心有没有你的位置，而要思考怎么能够让自己站起来，这一点才是你要考虑的。换句话讲，你应该思考怎么样才配当一个处长，当一个厅长，而不是直接去追求那个位置。如果你没有本事，这个机会来了也不是你的。一天到晚溜须拍马，什么事都不做，什么事也做不好，见到困难你就推，那你还能得到领导的位置吗？得不到的。这就是孔子讲的"不患无位，患所以立"。在职场上，你既不作为，没有贡献，也不能迎难而上，领导凭什么要把你放在一个更高的位置上呢？领导有时候把困难的事情给你做，其实是给你机会，你把事情干好了，你可能就有位置了。你一次干不好可以理解，两次三次都干不好，那你永远就没有机会了，即使你去争那个位置也没用，你做事若能克服困难，别人做不到、做不好的事，你能做到且做好，把每一件小事都做好且不出纰漏，不出岔子。在困难面前你能迎难而上，这就是"求为可知也"。

如果你已经是一个领导了，那你怎么样才配在领导这个位置上呢？孔子讲："其身正，不令而行；其身不正，虽令不从。"作为一个领导，你一天到晚都叽叽歪歪的做事情，既不按照政策，也不合乎人之常情，还要时时事事耍威风，那么即使你有权命令别人去做事，但实际上你的命令却难以行得通，因为别人不愿意为你干事。因此，那些身居领导位置的人，要时时反省自己，如果下级不愿意为自己做事，或者对你马虎敷衍，这时候你不要去指责下属，你要反省一下自己是不是在哪些方面出了问题？"其身正，不令而行；其身不正，虽令不从"这一格言，对于当领导的人而言，是可以作为人生的座右铭的。

接下来讲的一条与此类似："苟正其身矣，于从政乎何有？不能正其身，如正人何？"就是说，如果一个人在领导岗位上，自己身不正，那怎么去纠正别人呢？怎么去严格要求别人呢？如果你自己不能够做到遵守规则，既有道德又有才能，即使你身处领导岗位，你也指挥不动别人，别人也不会跟你干事情。所以当领导的要特别注意自身的素质要过硬，"打铁还需自身硬"。用古代的语言说，就是"正身"。下面两段话，一是孔子与季康子的对话，一是孔子与鲁哀公的对话，都很有意思。季康子是鲁国的贵族，属于当时鲁国最有权势的三个家族之一。有一天，他很得意地对孔子讲，"使民敬、忠以劝，如之何"——意思是说，我用各种各样的手段让老百姓很尊重我，很忠诚地对待我，怎么样？孔子讲，你这种做法恐怕行不通吧。孔子讲："临之以庄，则敬；孝慈，则忠；举善而教不能，则劝。"意思是说你与人民打交道的时候，你都不尊重人民，人民怎么敬畏你呢？你看起来就没有一个领导的样子，人民怎么会敬畏你？如果你对自己的父母孝，对人民很慈爱，那人民就会忠于你，如果你对自己的父母不孝，对人民又不慈爱，人民凭什么要忠于你呢？在这里，孔子很委婉地批评了季康子傲慢的态度，又教导他道，你只有通过自己的努力，把你管理的这片土地上的人民当中的好人选拔出来，然后去教化那些不好的人，然后人民才会敬服你。不是你一天到晚用行政的力量压制人民，逼迫他们向你尽忠，那肯定是做不到的。孔子这个讲法，跟前面的讲法是一致的，一个诸侯王下面的大家族、士大夫，你要想把你的人民管理好，也要身正。身不正，人民就不听从你。

鲁哀公也曾经向孔子问道，我怎样做人民才信服我、服从我呢？孔子讲，这很简单，"举直错诸枉，则民服；举枉错诸直，则民不服"。这几句话的意思是你把那些正直的人举荐出来，放在那些不正直的人的位置之上，那人民一定会服从你。如果把不正直的人放在正直的人上面，两个人之间一定搞不好，人民就会不服。这几句话可以引申一下，你只要把那些正直的人举荐出来放在主要的领导位置上，这个正直人绝对不会去找一个不正直的人在他手下，他肯定也会找一个很正直的人来做他的下手，物以类聚，人以群分。所以孔子讲"举直错诸枉，则民服"。如果你把一个从来都不走正道做事情的人放在主要领导岗位上，那有本事、有才能、有德行的人在他的下位，人民怎么会服从呢？肯定是不服从的。一个高级领导用人的原则是，你只要把正直的人放在应该的位置上，那人民就会服从你；你把一个不正直的，走歪门邪道的人放在一个领导岗位上，人民肯定不会跟着你走。孔子这句话，可以作为一般性的用人原则。即使在今天也仍然是有效的。

孔子还讲，"上好礼，则民易使也"。意思是说，只有在上位的人按照礼的要求做事——这个礼就是我们今天讲的制度，包括我们今天讲的法律，人民才会听从你的。在怎样当好一个领导的问题上，孔子讲的虽然是古汉语，在用词上也与今天有一定差异，但在精神实质上有很多地方仍是相通的。中华民族有非常悠久的管理大国及众多人口的政治经验。有些经验在今天看来，在原则上仍然是正确的。我们要善于古为今用。

接下来我们讲怎么样当公务员，这是一个很有意思的话题。做公务员跟做领导是不一样的，做公务员就是专门干事情，按照具体规则干事情就行。前面提到孔子的一个学生叫子张，"子张学干禄"，"干禄"，干者，求也。子张到孔子这来学习怎么去获得俸禄，这不就是我们今天讲的怎么拿工资吗？所以我把它理解成怎么样做公务员，这是用现代语言讲古代的事情。孔子的回答很妙："多闻阙疑，慎言其余，则寡尤；多见阙殆，慎行其余，则寡悔。言寡尤，行寡悔，禄在其中矣。"禄就叫俸禄。孔子讲，你要想当好公务员，首先要多听，对那些怀疑的、不确定的东西，不要轻易地下判断，放在那里，这个"阙"就是保留一个空间。古人讲话很有意思，就是对那些不确定的东西，你不要下定义，就搞一个空间放在那地方，叫阙疑；不要武断地下判断，所以叫"多闻阙疑"。那些没搞清楚的东西不要乱做，你就很少犯错误。"寡尤"，孔子不讲不犯错误，而是讲尽量少犯错误。"尤"

就是把事情做过头了。"多见阙殆",你要多看看,把那些搞不清楚的、带有危险性的东西,暂时放在这里,然后"慎行其余"。对那些要做的事情,则要很谨慎地去处理,不要鲁莽。当你做完事,让你后悔的机会就很少。孔子这话讲得很有分寸,不是讲你没有后悔,因为任何人做事,就有可能会犯错误,圣人其实也会犯错,但我们又不能什么事情也不干。所以孔子讲,我们要少犯错误,不是不犯错误。孔子要求我们"慎行其余",尽量地减少后悔的事情。如果你说的话很少是错话,你做的事情很少有后悔的事情。那你的俸禄就保住了——"禄在其中"!用今天的话说,公务员的位置不就保住了吗!所以,我把子张学干禄这一条文献,解释成今天我们学当公务员之事,原则上还是可以行得通的。

做公务员也不是饱食终日,无所用心。孔子的弟子子夏还讲:"仕而优则学,学而优则仕。"这句话的后面一句比较好理解,但前面的话我们往往都忘记了。你当官当得很好了,处长当了六七年,处理事情得心应手,也很少犯错误。这时候你该干些什么呢?有的人觉得我到天花板了,提不上去了,然后开始堕落。很多人犯错误就是从这个念头开始的。孔子的弟子子夏讲"仕而优则学",就是你在一个岗位上干得很好了,经常会得领导的表扬,也会得到奖励,这时候你应该继续学习,不断提升自己,而不是一天到晚只是想着怎么升迁。一是提升自己的能力,二是提升自己的人生境界,所以必须"优则学"。孔子的弟子子夏在讲做官与学习之间的辩证关系时阐明的道理,我觉得对今天很多做行政的,无论是厅长、处长还是科长,都是有启发作用的。

与成为公务员、成为领导者相关，就是如何成为君子、仁人？这是一个很高的要求，既可以说是对公务员、领导干部说的，也可以说是对公务员、领导干部的后备队而言的。古时候跟今天不一样，当时只有很少一部分人有读书的机会，所以，孔子要勉励读书人成为君子，就类似于我们今天这个社会鼓励一些优秀分子加入共产党的队伍一样。共产党员也是我们今天社会中的君子，在君子中间还有比君子更优秀的，叫优秀的共产党员。共产党虽然是一个大的执政党，九千多万党员，但是相对于 14 亿人口来说，还是少数人。古代读书人相对于没读书的人而言，更是这样，所以要求读书人成为君子，是一个并不过分的要求。怎样才能成为君子呢？孔子讲："君子食无求饱，居无求安，敏于事而慎于言，就有道而正焉。可谓好学也已。"意思是说，你要想成为一个君子，在吃饭上不要太挑剔，在住房上面不要追求舒适。主要精力要放在"敏于事"上，即要对事情有敏捷的反应，说话要谨慎。最后在精神境界上，也要有追求。"就有道"，即靠近那些得道之人，然后用得道之人的言语和行为来纠正自己。唯其如此，你才能算得上是一个真正的好学者。孔子在这里讲的"好学"，更多的是讲人在德行上的一种修养，而不是简单的知识上的扩充。

如何成为君子呢？孔子讲："君子求诸己，小人求诸人。"意思是说，一个君子，很多事情要从自己的努力出发，不要一天到晚求爷爷告奶奶，向领导讨好，甚至送钱送礼，这不是一个君子所应当做的。要成为君子，对自己的才能要有多方面的培养与锻炼，做到"君子不器"。不仅能干一件事情，而是能干很多方面的事情。我们讲，这个杯子不仅仅能用来喝水，你也可以用它做其他方面更多的事情，比如装点小吃，但整体上其功能仍然有限，毕竟它是一个"器"。但一个君子呢，他的能力是多方面的，在现实中，我们看到一个人要被提拔的时候，上级领导一定要把你从这个岗位换到另一个岗位，又从另一个岗位换到新的岗位上。为什么这样呢？就是考验你多方面的才干，你才配去当更大的领导。"君子不器"就是这样的意思。"君子上达"，上达就是精神境界方面尽量向上追求。"小人下达"，一旦有钱，就去吃喝玩乐，很多人在一起就喝好酒，抽好烟，这就叫下达。君子不能这样。君子"周而不比"，这个"比"就是狼狈为奸，"周"，就是考虑很周到，很能够团结人。而小人是"比而不周"，一天到晚就搞团团伙伙，然后跟另一群人搞对抗。君子，一定要团结最广大的人群而不是拉帮结派。在人格境界方面，君子"成人之美，不成人之恶"。"成人之美"，就是看到别人有好事情，你要促成他；而不是在人与人之间挑拨离间，不是在其他朋友之间下绊子，这就叫"不成人之恶"。我们现实生活中的有些人总喜欢在背后说别人的坏话，张三今天在你面前说李四的坏话，明天又在李四面前说你的坏话，这不是制造两个人之间的矛盾吗？君子不要这样，君子要成人之美，不成人之恶。那小人呢，反其道而行之，专门成人之恶而不成人之美，凡是有利于别人的，一定要把事情搞坏，这就是小人。君子做人是"泰而不骄"。什么叫"泰而不骄"？"泰"是有一点矜持的意思。君子你可以矜持一点，但是你不要显得很骄横，小人则是很骄横，但是他缺乏矜持。为什么小人缺乏矜持，因为小人是唯利是图的，只要有利，他哪有什么矜持呢？因此，君子与小人在做人的风格上是非常不一样的。君子之人，"耻其言而过其行"。因此，君子说话一定要注意，你自己没有本事、没有能力做到的事情，千万不要夸海口，拍胸脯许诺。君子认为自己说的话超过了自己能做的事情，是可耻的，所以"耻其言而过其行"。君子是"矜而不争"，要有一定的道德上的矜持，不因个人的利益而与别人发生矛盾或摩擦。他团结广大的人群，但不结党营私，所以叫"群而不党"。古代对君子的要求，与我们今天对共产党员的要求，尤其对共产党员的中高级干部的要求，是非常一致的。这一点，我觉得党中央最近也有很多的讲法，习近平总书记特别强调我们党的干部跟企业家之间要保持一种"亲清"的关系，一方面要亲近，另一方面要清廉，这与君子"矜而不争，群而不党"的要求非常类似。党中央最近特别强调要弘扬优秀的传统文化，我想，君子的文化传统对于提高共产党员的修养，也是有帮助的。我们为什么要讲文化自信呢？传统的优秀文化与我们共产党人的很多要求是相似的，中国共产党的文化深深地扎根于中国优秀的文化传统之上，是从这个古老的传统中生长出来的，所以才要强调文化自信。

孔子一方面要求读书人成为君子，另一方面还要成为仁人。仁人志士，就跟共产党人要求优秀共产党员为了人民的利益牺牲自己的利益，乃至生命的原则相通。孔子讲："苟志于仁矣，无恶矣。"意思是说，一个人如果在人生的价值目标层面上，把仁德、仁爱作为自己人生的追求目标，这样的人他一定不会有很多其他的恶行和恶德。同时，孔子又讲，一个人如果在道德上不以仁作为他终极的目标，不能成为一个仁者，那么这个人就一定"不可以久处约"。这个"约"就是节俭，生活极其简陋。"不可以长处乐"，后面这句话就更值得我们警醒。一个人在道德上若没有仁者的那种素质，既很难长时间地处于一个艰难困苦的生活状态之中，也不可能长时间的处在一种快乐之中。为什么这样说呢，因为一个缺乏仁德的人在长时间的快乐生活中，会饱暖思淫欲，他的快乐就会过头，就会走向邪僻。只有仁德，他才会约束自己，他知道乐要乐在什么地方，而不会流于放纵，所以仁德对于一个人，真的很重要！我们讲，今天为什么有些高级领导干部犯错误、搞腐败？一开始他肯定不是这样的，组织部门也不会把他提升上去的。有些人因为在意志上对党的信仰不坚定，这种信仰的不坚定，就类似孔子讲的"不仁者"，不仁者，就不可以久处约，也不可以长处乐。所以"仁者安仁，知者利仁"。一个人在德行上是仁者，就要安于仁者所处的状态，你所拥有的知识以及知识的增长，是要有利于你仁德的增加而不是相反，所以说"知者利仁"。智者聪明，但切忌投机取巧，在德行上要让自己不断地变得更加丰厚，这叫作"知者利仁"。那孔子讲的仁人和君子，是不是一些老好人呢？不是的。孔子讲："唯仁者能好人，能恶人。"意思是说，只有一个真正的仁者，他才能够真正地喜欢某些人，讨厌某些人，因为他有原则。一个没有原则的人，他才不会真正地喜欢一个人，也不会去真正讨厌一个人，这就叫作乡愿。因此，我们可以看到，成为一个仁人、君子，绝对不是一团和气，什么人都好，绝对不是这样的。唯有仁人能好人，能恶人，疾恶如仇。这才是一个真正的仁者。

君子也要面对富贵的问题，我们今天是社会主义市场经济，正当的利益也必须取之有道，即用正当的手段去获得财富。社会主义并不鼓励贫穷，贫穷也不是社会主义。只要君子在获取富贵的方式上是合道的，有原则的，就是被允许的。孔子讲："富与贵，是人之所欲也。"肯定富贵是任何人都想要的东西。但孔子讲，"不以其道得之，不处也"。意思是说，如果获得富和贵违背了正当原则，那我就绝对不要这种富贵。相反，另一种情况则是，"贫和贱"，所有人都很讨厌这种人生状态，但是如果是不以其道把它消除掉，也就甘心地处在贫和贱的状态之中。君子绝不会通过抢劫、做强盗来改变自己的贫贱状态。要用合乎道的方式去除贫贱状态才是可以的。所以孔子讲："君子去仁，恶乎成名？"意思就是说，君子如果离开了仁，怎么可能扬名四方呢？君子"无终食之间违仁"——即在吃一顿饭的时间都不能离开仁。"造次必于是，颠沛必于是"——人生所有的追求与辛苦，都只能是因为"仁"而不是别的。

孔子在追求财富的时候，所重视的是道义上的正当性，但并不在意行业的尊与卑，所以他说："富而可求也，虽执鞭之士，吾亦为之。如不可求，从吾所好。"我们今天社会的市场经济不也是这样吗？很多人发家致富，都是从做最小的事情做起的，义乌小商品市场有很多这样的劳动者，福建有很多做鞋子的人也都发财了。如果富而不可求，那就按照我自己的兴趣去做事情。因此，孔子在君子追求财富这件事上，很重视道义的正当性，但并不在乎职业本身。孔子本人明确地讲过："饭疏食，饮水，曲肱而枕之，乐亦在其中矣。不义而富且贵，于我如浮云。"在君子如何面对富贵的问题上，孔子还讲了坏乱的政治环境与和平的政治环境也会影响君子对富贵的态度，他说："笃信好学，守死善道。危邦不入，乱邦不居。天下有道则见，无道则隐。邦有道，贫且贱焉，耻也；邦无道，富且贵焉，耻也。"

对于上述原文，后面几句话我要稍做解释。"邦有道，贫且贱焉，耻也。"也就是说，当一个国家非常有秩序，社会治安都很好，这时候你没钱，地位也很低，这时不要怪别人，是你自己没努力，所以你要以此为耻。就像我们今天社会一样，社会安定有序，法治也不断健全，这个时候你没钱，又不努力，一天到晚的在外面游手好闲，你这时就不要再抱怨社会了，你要自己感到羞耻。但倒过来讲，"邦无道，富且贵焉，耻也"。比如说，像抗日战争期间，你投靠日寇，当汉奸，你可以得到一时的富贵，在孔子看来，这一定是可耻的。一个社会无道的时候你有钱，又居高位，那也是非常可耻的。我觉得孔子这些说法，对于今天的人来说，在原则上仍然是正确的。

孔子讲做人的原则，怎么样成为君子，怎么样成为仁人志士，君子怎么样去面对富和贵，这些文献其实还有很多，今天不可能讲得更多了。

君子儒学与庶民儒学

——兼论统合孟荀

梁 涛

梁涛，1965年生人。中国人民大学国学院副院长、教授、博士生导师；教育部"长江学者"特聘教授，教育部文化素质教育指导委员会委员，山东省"泰山学者"特聘教授，平潭两岸国学中心主任。主要从事中国哲学史、儒学思想史、经学思想史、出土简帛研究，出版有《郭店竹简与思孟学派》《思孟学案》《儒家道统说新探》《"亲亲相隐"与二重证据法》等多种著作。

一、君子儒学与庶民儒学

本次会议的主题是"成己成人"，听了学者的发言，很受启发，但也产生一些不合时宜的想法。所以想换一个角度，谈一点与大家不同的看法。可能是会议主题的缘故，学者多在强调，成己成人是儒学的核心理念，其中又以成己为根本。作为一个儒者，如果没有做到成己，没有人格的完善，谈何成人乃至平天下？我承认成己成人是儒学的一个重要内容，但它只是儒学的一个面向，属于儒家的君子之学，并不等于儒学的全部。这就涉及对儒学的理解问题。什么是儒学？我认为从孔子开始，完整的儒学至少包含了两方面：一是成己安人，"为政以德"（《论语·为政》）；二是先养后教，"为国以礼"（《论语·先进》）。前者主要是针对君子，后者则主要是针对庶民。前一方面的内容，见于孔子回答"子路问君子"。子曰："修己以敬""修己以安人""修己以安百姓"（《论语·宪问》）。这是强调成己进而成人，是对君子人格的肯定。后《大学》提出三纲领、八条目，由"明明德"以至"止于至善"，由"修身"以至"平天下"，主张"自天子以至于庶人，壹是皆以修身为本"，视修身为治国平天下的根本，即是对此内容的进一步展开。但孔子提出"修己以安人"

"以安百姓"，并非只是突出君子的身教和道德感化作用，先养后教，"博施于民而能济众"（《论语·雍也》），才是其向往的更高的圣者境界。而且就君子的身教和道德感化而言，必须要在一套礼义制度下才有可能。否则，个人的修身或君子人格如何能有如此大的作用，竟然能够"安百姓"？故孔子主张在"道之以德"的同时，还要"齐之以礼"（《论语·为政》）。由此可见，对于儒学，至少要从君子人格和礼义法度两个方面来理解，方可窥其全豹。前者强调修己安人，属于君子儒学；后者突出为国以礼，主要是针对庶民而言。在儒家那里，礼义虽然由圣王制作，但制作礼义的根据却在民情、民欲，是推己及人的结果。郭店竹简《尊德义》："察诸出，所以知己，知己所以知人，知人所以知命，知命而后知道，知道而后知行。""察诸出"就是观察我内心的情感、愿望，"出"是指内心的表现。我观察自己内心的表现，反求诸己，这样就了解了自己。因为"性相近"（《论语·阳货》），人与人的情性、情感是相近的，所以了解了自己也就了解了别人，我所具有的情感、愿望也是他人想要得到的。这样推己及人，由了解自己进一步了解他人，这就是知命。"命"有普遍、必然的含义，知道了命也就知道了道，道是准则、法则的意思。郭店竹简《语丛一》："知己而后知人，知人而后知礼，知礼而后知行。""知己"就是了解自己，由了解自己推己及人，也就了解了他人，了解了他人，也就了解了礼。所以礼是规范人我关系、指导庶民生活的原则。

在孔子看来，君子与庶民具有不同的社会品格。"子曰：君子喻于义，小人喻于利。"（《论语·里仁》）关于此句的"小人"，向来存在"德""位"的不同理解。以德来解读，则小人指道德品质不好的人，与境界高尚的君子相对。这两句是说：君子懂得追求义，小人却只晓得追求利。二者境界有高下之分，是一种道德评价。所谓"弃货利而晓仁义则为君子，晓货利而弃仁义则为小人也"（皇侃《论语集解义疏》）。"喻"是知晓、明白之意。以位来理解，则小人、君子不是道德评价，而只是身份差别，小人指庶民也。那么这两句话是说：君子方可晓之以义，小人只能晓之以利。"喻"是晓喻、开导之意。以上两句不是对君子、小人做道德评价，而是强调对待二者应有不同的道德标准。用董仲舒的话说，"明明（注：或作'皇皇'，即惶惶）求仁义，常恐不能化民者，卿大夫之意也。明明求财利，常恐困乏者，庶人之事也"（《汉书·杨恽传》）。扬雄说得更明白，"吾闻先生相与言，则以仁与义；市井相与言，则以财与利。如其富，如其富"（《法言·学行》）。在《论语》中，固然有以德来谈论君子、小人的，也不乏以位来做区分的，前者如"君子坦荡荡，小人长戚戚"（《论语·述而》），"君子周而不比，小人比而不周"（《论语·为政》），"君子成人之美，不成人之恶；小人反是"（《论语·颜渊》）等。后者则有"君子怀德，小人怀土。君子怀刑，小人怀惠"（《论语·里仁》），"君子学道则爱人，小人学道则易使也"（《论语·阳货》）。所以单纯从文字来看，德、位的解释都可以成立；若从义理来分析，以位来理解则可能更符合孔子的思想。（《儒家伦理的二维结构体系——从"君子喻于义，小人喻于利"谈起》，《文史哲》2017 年 4 期）如此，我们方可以理解夫子为何自称"富而可求也，虽执鞭之士，吾亦为之"（《论语·述而》），可以理解孔子为何教诲弟子"既庶矣"，则"富之""教之"（《论语·子路》），也才可以理解孔子为何主张"因民之所利而利之"(《论语·尧曰》)。这说明孔子对于君子、小人或庶民的要求是不一样的,具有不同的维度,存在着君子之学和庶民之学的分野。在其倡导的君子儒学之外,还蕴含着一套庶民儒学。

二、士与民,圣与凡

到了孟子,讲的更为清楚:"无恒产而有恒心者,惟士为能。"(《孟子·梁惠王上》)没有固定的财产,而有固定的志向,只有士人才能做到。对于一般民众,"则(注:若)无恒产,因无恒心。苟无恒心,放辟邪侈,无不为已"(《孟子·梁惠王上》)。如果没有物质生活的保障,就会违法乱纪,什么坏事都能干得出来。可见,士与民的社会品格是不一样的,对其的伦理要求也是不同的。在孟子那里,士也就是君子。故孟子区分士与民,乃是对儒家君子之学与庶民之学的进一步发展。在孟子看来,士与民的差别首先在于社会角色的不同。所谓"或劳心,或劳力。劳心者治人,劳力者治于人;治于人者食人,治人者食于人。天下之通义也"(《孟子·滕文公上》)。君子是劳心者,是管理阶层;民是劳力者,是被管理者。社会角色不同,其社会职责与义务自然也不同。所以孟子"道性善"——提出性善论,虽然是以普遍主义的形式出现的,实际上也包含了对于君子、庶民角色的不同思考。对于孟子的性善论,学术界有不同的看法,我的理解是:孟子性善论实际是以善为性论。孟子"道性善",并不是认为人性的内涵及其表现都是善的。相反,他说"口之于味也,目之于色也,耳之于声也,鼻之于臭也,四肢之于安佚也,性也"(《孟子·

尽心下》），人的感性欲望、耳目之欲也是性，这里的"性也"是一事实判断，表示其事实上也是性。但是"有命焉"，能否实现则有命的限定，所以"君子不谓性也"，君子不应将其看作真正的性，"不谓性"乃是一价值判断。那么应该把什么看作是性呢？应该把仁义礼智这些先天的道德禀赋看作是性。需要注意的是，孟子强调的是："君子不谓性也。"而并没有说"人不谓性也"，也没有说"民不谓性也"，那么我们反过来可以问：民是否可以把"口之于味"等感性欲望看作是性呢？对此孟子没有正面回答，但是如果从孟子的整体思想来看，显然是可以的。孟子认为获得民心，就应"所欲与之聚之，所恶勿施尔也"（《孟子·离娄上》），老百姓想要的就满足他，不喜欢的则不要强加给他。孟子一见到君王，反复强调的是要制民之产，满足其感性欲望和物质生活。所以孟子的性善论实际是有具体内涵的，既强调了所有的人都应当以善为性，实现自我的完善，又在现实中对君子、庶民有所区分，其"不谓性也"主要是针对君子提出的，对庶民的感性欲望则有所肯定和保留。只不过孟子没有对后者做出正面的讨论，没有说明庶民以欲为性会产生什么样的结果，从这个角度看，他的人性论并不完备。宋明理学家称孟子性善论为"不备"，这个评价我认为是准确的。

对于庶民之学，荀子有更多的思考，这不仅是因为继孟子之后，他对庶民与君子做了进一步的区分，认为"以从俗为善，以货财为宝，以养生为已至道，是民德也。行法志坚，不以私欲乱所闻，如是则可谓劲士矣"（《荀子·儒效》）。更重要的，他在人性论上有所发展和突破。在荀子看来，"义与利者，人之所两有也。虽尧舜不能去民之欲利，然而能使其欲利不克其好义也。

虽桀纣亦不能去民之好义，然而能使其好义不胜其欲利也"（《荀子·大略》）。义与利是人生而具有的，即使尧舜也不能去除民之好利，桀纣也无法去除民之好义。明确肯定人既有好利的本性，也有对义的追求。关于荀子的人性论，传统上一直认为是性恶论，因此遭到宋儒"大本已失"的评价，并被逐出道统，罢祀孔庙。其实荀子的人性论并非是性恶论，而是性恶心善论。我们只要认真阅读《荀子·性恶》篇，就会发现荀子关于人性的判断是"人之性恶，其善者伪"，一共说了八次，无一例外。既说了恶来自性，又认为善来自伪。其对人性的考察是两面的，而非一面的。人们之所以误以为荀子主张性恶，主要是受了《荀子·性恶》篇题的影响，另外也不理解"其善者伪"具体何意。按照荀子的定义，"心虑而能为之动谓之伪"（《荀子·正名》），伪是心的思虑活动。郭店竹简中有写作"為"的字，应该就是其本字。只是后来此字丢失，后来抄写为伪，造成误解。因此，伪（為）并非以往学者所理解的"作为"——作为怎么能必然导致善呢？而是心的思虑活动及其引发的行为。荀子的心也并非传统所认为的认知心，而是道德智虑心，不仅能认知，也能做道德判断，可以好善、知善、行善。如果荀子仅仅主张性恶，其人性论确实存在问题。如果性恶，人的主体性何在？行善的动力又何在？既然没有主体性，没有内在的动力，人之为善就只能依靠圣王的教化，依靠礼法的约束和惩罚。但在荀子那里，圣人或圣王与凡人在人性上并没有根本不同，"凡人之性者，尧、舜之与桀、跖，其性一也；君子之与小人，其性一也"（《荀子·性恶》），那么第一个圣人是如何出现的？他如何又能够制作礼义？这些便成为无解的问题。后人称荀子"大本不立""本源不足"（牟宗三语），根本原因就在这里。但问题是，荀子并不主张性恶，而是持性恶心善论，既考察了以性为代表的向下堕失的力量，也揭示了以心为代表的向上提升的力量，肯定人是有内在主体性的，有向善的动力。以往对荀子的批评，是建立在对其人性论的误读之上的。

孟子"道性善"，以善为性，主张"君子不谓性也"，要求君子不以感性欲望为性，而以仁义礼智为性，为儒家的君子人格奠定了人性论的基础，由此发展出大丈夫精神、浩然之气、天爵人爵说等等，对儒家的君子之学是一个重要贡献。荀子提出性恶心善说，肯定"义利两有"，不仅对人性做出较为全面的观察与概括，而且就其肯定自然欲望、利益诉求的合理性而言，对于庶民之学也是一个发展。与孟子即心言性，把人性向上提、向上升不同，荀子对人性的观察恰恰是从自然欲望开始的。"人生而有欲，欲而不得，则不能无求；求而无度量分界，则不能不争；争则乱，乱则穷。"（《荀子·礼论》）人有欲望必然向外追求，在没有度量分界也就是礼义法度的情况下，必然产生混乱。"先王恶其乱也，故制礼义以分之"（《荀子·礼论》），先王通过制定礼义以消除人与人之间的争夺、混乱。表面上看，先王制定的礼义限制了我们的某些欲望和欲求，但其真正的目的却是"养人之欲，给人之求"，满足百姓的欲望、欲求。在没有礼义的情况下，每个人都为了满足欲望而向外追求，结果是陷入相互的争夺、混乱之中，反而无法实现自己的欲望、欲求。有了礼义之后，个人的欲望虽受到一定的限制、约束，但结果却是每个人更好的实现了其欲望、欲求。荀子承认、肯定自然欲望的合理性，并落实为礼义法度的制度形式，显然是对庶民之学的发展。礼义虽然是由圣王制作，但却包含了对民众利益的考虑，"彼固天下之大虑也，将为天下生民之属长虑顾后而保万世也"（《荀子·荣辱》）。所以说"礼者，养也"（《荀子·礼论》），而"养"又包括了"养生""养财""养安""养情"等。用今天的话说，实际蕴含着对民众生命、财产、安全等权利的承认和肯定。

昨天秦晖教授问我：你讲"统合孟荀"，是不是想把儒法重新结合起来？借法家来发展儒学？我的回答：不是这样。我恰恰反对对荀子做法家式的解读，而要恢复其在儒家道统中的地位。不可否认，荀子重视外在圣王、礼法，确实存在滑向法家的可能，他的两位弟子最终走向了法家，不是没有原因的。出现这种情况，就在于我所说的荀子思想中圣凡差异与人性平等的矛盾。从荀子的一些论述来看，他似乎预设了世界上存在着两种人：圣人和凡人。凡人只有性恶，没有心善，心蒙蔽无知，若没有圣人、君子的教化、开导，便只能为恶。圣人则似乎不受性恶的影响，也不会为恶，相反，他一旦发现人性之恶，便会起而制作礼义以矫正、改造之。"人之生固小人，又以遇乱世，得乱俗，是以小重小也，以乱得乱也。君子非得埶以临之，则无由得开内（注：纳）焉。"（《荀子·荣辱》）"古者圣王以人之性恶，以为偏险而不正，悖乱而不治，是以为之起礼义，制法度，以矫饰人之情性而正之，以扰化人之情性而导之也。"（《荀子·性恶》）凡人只知追逐感性欲望、物质利益而没有道德主体，圣人则不受欲望、利益的影响，而具有驯化、引导民众的能力。顺此思想进一步发展，便有可能走向法家了。从这一点看，我们也可以说荀子实际发展出了一套圣王之学，而不是庶民之学。但另一方面，在人性问题上荀子又持人性平等说，认为圣人、凡人的本性是相同的，不仅在"饥而欲食，寒而欲暖，劳而欲息，好利而恶害"这些感性欲望上，"是禹、桀之所同也"（《荀子·荣辱》），即使在"材性知能"上，也是"君子小人一也"（《荀子·荣辱》）。按照这种观点，圣人也是常人，只不过是常人中的优异超绝者，其成为圣人乃是由于后天努力、人为的结果。"圣人之所以同于众，其不异于众者，性也；所以异而过众者，伪也。"（《荀子·性恶》）这里的"伪"，主要是在荀子关于"伪"的定义的第二义即"虑积焉、能习焉而后成谓之伪"（《荀子·正名》）上使用的，所以说"圣人者，人之所积而致矣"（《荀子·性恶》）。荀子夸大圣、凡的差异，区别凡人、圣人为二，凡人需待圣人出，礼义兴，而后出于治，合于善，是在战国后期历史背景下的认识和看法，是特殊的、具体的。而其"性恶心善论"则是关于人性的一般理论，是普遍、抽象的，是适用于所有人的。上引《荀子·礼论》"先王恶其乱也"一段，从文字上看，似乎是说众人只知追逐欲望而没有理智，结果导致争夺混乱，需圣王出，然后制作礼义以消除混乱。但既然荀子所说的是礼义产生之前，也就是前礼义的状态，这时自然不可能有什么先王，所谓先王只能是后人追溯的说法。王国维说："所谓礼义者，也可由欲推演之。然则胡不曰人恶其乱也，故作礼义以分之，而必曰先王何哉？"（王国维《论性》）礼义的产生本是为消除由欲望、争夺导致的混乱，故人人皆"恶其乱"，而非先王一人"恶其乱"；人人皆参与礼义的制作，而非先王一人决定礼义的制作。所谓先王不过是其中的先知、先觉者，因为他启发、引导了众人，而被尊奉为王。先王制作礼义，需"积思虑，习伪故"（《荀子·性恶》），此"思虑"当非先王一人之思虑，而是众人之思虑，故言"积"；"伪故"乃先王制作礼义前在众人中形成的自生秩序，先王通过学习、了解这种自生秩序方能制作礼义。从这一点看，也可以说是众人成就了圣人。故圣王制作礼义，并非由于其特殊的才能和智慧，而是因为他顺从了民心、人心。"礼以顺人心为本，故亡于《礼经》而顺人心者，皆礼也。"(《荀子·大略》)顺人心也就是要顺民欲，满足、保养民众的欲望。"舜曰：'维予从欲而治。'故礼之生，为贤人以下至庶民也，非为成圣也。然而亦所以成圣也，不学不成。"(《荀子·大略》)舜顺从民众的欲望进行治理，治理的方式便是礼。从这一点来说，礼并非为圣人，而是为庶民而设，礼学就是庶民之学。礼既满足了民众的欲望，又将其限定在合理的范围内，同时还可以培养其孝悌敬爱之情，故是治理庶民的重要方式。不过礼虽然不是为了成就圣人，但同样可以出凡入圣，通过实践礼，"涂之人可以为禹"(《荀子·性恶》)，只不过要经过化性起伪、积善成德的过程。这样从荀子的性恶心善说，又可以推演出不同于荀子推崇圣王、权威的思想，发展出一套庶民之学来。

三、"得君行道"与"觉民行道"

刚才周濂教授发言说，儒家重视修身，重视精神修炼，这是一个很好的传统。但是儒家如何解决社会的正义问题？如何解决社会制度建构的问题？在今天，如果回避这样的问题，而一味谈论自我精神的满足和修养，那就成为斯多葛派，成为犬儒（学派）了。雾霾来了没有办法，我可以把窗户关上。关上窗户没有办法，我可以不去想它。但是真正的儒家不是这样的，他们以道自任，关注着人间的政治秩序和普遍利益，是社会基本价值的维护者。他们以士人的身份登上政治舞台，一方面试图规范、引导君权，同时又积极维护、争取民权，走了一条"得君行道"的道路。"得君行道"的积极意义在于，将"道"置于君之上，用"道"去规范、引导权力。但同时又将行道的希望寄托在权力上，结果陷入自我矛盾之中。所以从孔子开始，一方面主张"士志于道"（《论语·里仁》），希望通过出仕参与政治，改变无道的社会现实。另一方面又感慨"天下有道则见，无道则隐"（《论语·泰伯》），"道不行，乘桴浮于海"（《论语·公冶长》）。本来是希望通过出仕来改变天下无道，但出仕的前提又是天下有道，这不能不说是一种深刻的矛盾和无奈。所以千百年来，尽管孔孟荀等儒者坚守"循道而行"甚至"以身殉道"的理想，为民请命，坚持批判精神，"格君心之非"（《孟子·离娄上》），"从道不从君"（《荀子·臣道》），但是却始终无法走出"毛将焉附"的困境。出现这种情况主要是因为，传统社会虽然出现了士的自觉，却没有经历过民的自觉。与之相应，孔孟荀等儒者虽然发展出一套君子儒学，但其庶民儒学却隐而不彰。这样，由于没有可以依靠的社会力量，无法对君权形成抗衡、制约，传统的儒者只能成为民众利益的代言人，而不能成为民众的政治代表。他们对君主的批判，也只限于精神和道义方面，而无法对其形成制度、权力的制衡。他们所能成就的，也只是"忠臣义士"而已。徐复观先生曾分析指出：由于缺乏民的自觉，"政治的主体未立，于是政治的发动力，完全在朝廷而不在社会"，"就文化全体而论，究竟缺少了个体自觉的一阶段。而就政治思想而论，则缺少了治于人者的自觉的一阶段"。（《儒家政治思想的构造及其转进》）结果使得传统儒者，"总是居于统治者的地位来为被统治者想办法，总是居于统治者的地位以求解决政治问题，而很少以被统治者的地位，去规定统治者的政治行动，很少站在被统治者的地位来谋解决政治问题"。从道德的角度看，"其德是一种被覆之德，是一种风行草上之德。而人民始终处于一种消极被动的地位：尽管以民为本，而总不能跳出一步，达到以民为主。于是政治问题，总是在君相手中打转，以致真正政治的主体，没有建立起来"。（《儒家政治思想的构造及其转进》）徐先生所论虽不是针对君子儒学与庶民儒学而发，但对我们的讨论却极具启发意义。它深刻地揭示出，传统儒学的问题主要不在君子儒学，而在于庶民儒学；由于庶民儒学的缺位，使君子儒学也无法得到健康发展。

所以今天讨论儒学，应在重视君子儒学的同时，大力发展庶民儒学，完成从"得君行道"向"觉民行道"的转变。庶民儒学的开出，虽然是时代的课题和要求，但却内在于儒学的思想和结构之中，不是无源之水、无本之木，不是凭空而起；相反，庶民儒学的发展，可能更符合儒学的宗旨，孔子点出君子、小人在义利上的差别，意义就在这里。"觉民行道"虽然是今后儒者的选择和方向，但一开始就存在于儒家思想之中。"天将以夫子为木铎"（《论语·八佾》），即是承认孔子为觉醒民众者。孟子更是明确提出，"予，天民之先觉者也，予将以斯道觉斯民也"（《孟子·万章上》）。我是天下的先觉先知者，要以道来觉醒天下民众。孟子所说的道指"尧舜之道"，包括性善、民贵君轻等等。人人都具有上天所赋予的善性，这是天爵，是人的尊贵，也就是价值所在。天爵高于人爵，但一般民众却浑然不知，觉民就是使其明白，"人人有贵于己者，弗思耳矣"（《孟子·告子上》）。这样就不会向权势低头，而发展出平等、独立的精神。"说大人，则藐之，勿视其巍巍然。"（《孟子·尽心下》）"彼以其富，我以吾仁；彼以其爵，我以吾义，吾何慊乎哉！"（《孟子·公孙丑下》）只不过孔孟的觉民更多强调的是人伦德性，而不是个体权利。今天的觉民，则应包括权利、德性两个方面，以权利唤醒德性，以德性维护权利。

君子儒学与庶民儒学虽然都属于儒学，但二者具有不同的内容和特点。君子儒学以士人或君子为主体，突出君子人格和大丈夫精神，主张成己而成人，"先天下之忧而忧""为天地立心，为生民立命"，强调的是君子对社会的引领和示范作用。庶民儒学则以一般民众为主体，关注的是民众的自然欲望和物质生活，认为礼不仅产生于民众的欲望和争夺，也是对民众权益的肯定和保障，故主张推己及人，"为国以礼"。君子儒学以孟子式的性善论为根据，通过以善为性、扩充善性、尽心、知性、知天，达到"万物皆备于我"的境界，具有超越个人私利，关注天下利益的"利他"精神；庶民儒学则以荀子式的性恶心善论为底色，主张"义利两有"，认为人既有对利益的追求需要，也有对道义的向往，因此应从利中去发现义，用义去节制利，因而具有"利己"的倾向。君子儒学主张发明本心，"先立其大者"，由"不忍人之心"，行"不忍人之政"，因而是由道德而政治，由内圣而外王；庶民儒学则从欲性、知性推出礼义法度，并通过实践礼义积善成德，改造人的先天本性，因而是由政治而道德，由外王而内圣。君子儒学主张善优先于权利，善指"仁心仁闻"（《孟子·离娄上》），权利主要指君子的个人利益；而庶民之学则坚持权利优先于善，权利指庶民的个体利益，善指人伦教化。君子儒学更多来自孟学，是对后者的继承；庶民儒学则与荀学更为密切，但主要来自其人性平等说，而不是其圣凡差异说。君子儒学与庶民儒学虽然有以上不同，但它们又相激相荡，相辅相成，共同构成完整的儒学。传统的儒学，由于重君子儒学，轻庶民儒学，因而只是古典形态，自身也面临无法克服的困境，使儒学规范君权、维护民权的宗旨无法得到真正实现。因此，儒学的现代转化，就是要克服传统儒学的缺失，通过君子儒学与庶民儒学的并建，发展出儒学的当代形态。提倡君子儒学就是要培养"先天下之忧而忧""无恒产而有恒心"的士人、君子，通过其道德人格为社会做出示范和表率，同时"觉民行道"，推动庶民儒学的发展。而重建庶民儒学，就不能只停留在对庶民的人伦教化，更要启发、培养其权利和自由思想，使其由自在的存在成为自为的存在，如此方可为儒学开出一条新路来，也可以回应周濂教授的问题：儒家如何面对社会正义与制度建构的问题。我们会议的主题是成己成人，这的确是儒学的一个重要内容，是儒学贡献给人类的伟大精神传统。但我认为儒学还有另外一面：推己及人。为什么要及人？就是承认他人与我是相同的人，有着共同的情感、愿望，并在这种承认中重新认识、塑造自我。清儒焦循在《君子喻于义，小人喻于利解》一文中说：

> 儒者知义利之辨而舍利不言，可以守己，而不可以治天下。天下不能皆为君子，则舍利不可以治天下之小人。小人利而后可义，君子以利天下为义。是故利在己，虽义亦利也；利在天下，即利即义也。孔子言此，正欲君子之治小人者，知小人喻于利。

（《雕菰集》卷九）

焦循所论正好道出了君子儒学与庶民儒学的不同维度：君子以利天下为义，而一般人则往往由利而及义，既然天下的人不可能都成为君子，那么就应当既肯定君子坚守义，也允许民众追求利。前者是道德，后者是政治。前者为社会树立了表率和榜样，后者则为民众提供可以遵循的原则。据《吕氏春秋·察微篇》，鲁国的法律规定，鲁国人在国外沦为奴隶，如果有人为其赎身，可以到官府报销赎金。子贡替一位鲁国人赎身，却不愿接受官府的赎金。孔子说："子贡做错了，从今以后，鲁国人不会替人赎身了。"子路救起一名溺水者，被救者用一头牛表示感谢，子路收下了牛。孔子高兴地说："鲁国人一定会勇于救人了。"子贡、子路出于义而不是利去帮助他人，是其君子人格的表现，但子贡拒受赎金，而子路接受赠牛，表面上看来似乎子路不及子贡。但孔子肯定子路而批评子贡，显然不是从君子人格立论，而是同时顾及庶民伦理。既然多数人不能成为君子，那么对于制度建构而言，互利的原则比一味宣扬无私更能产生好的效果。所以对于一个社会而言，既要倡导君子儒学，使少数人能够超越个人利益去关心他人乃至社会的利益，也要有庶民儒学，承认人的自利本性，通过推己及人建构起公正、合理的制度。《吕氏春秋》称赞孔子知微见著，目光深远（"孔子见之以细，观化远也"），就是道出孔子既看到人性的仁慈、无私，又能够坦然面对人性的自私自利，既倡导君子儒学，又承认庶民儒学的政治智慧。而对于一个君子而言，有时适当降低自己，顾及庶民的心理和感受，何尝不是一种智慧的体现?!

中华孝道与爱的教育

——"特别的爱给特别的你"

刘　强

刘强，字守中，别号有竹居主人。复旦大学文学博士，现为同济大学人文学院教授，诗学研究中心主任，博士生导师。诗学研究集刊《原诗》主编。央视《百家讲坛》主讲嘉宾。兼任贵阳孔学堂学术委员会委员、上海写作学会副会长、守中书院创始山长、明伦书院名誉山长、台湾东华大学等多所大学客座教授。主要研究方向为魏晋南北朝文学与文化、先秦诸子经典、儒学与古典诗学、笔记小说等。近年来致力于传统文化经典的现代阐释与传播。已出版《世说新语会评》《曾胡治兵语录译注》《有刺的书囊》《竹林七贤》《世说学引论》

《魏晋风流十讲》《清世说新语校注》《论语新识》《古诗写意》《世说三昧》《穿越古典》《世说新语研究史论》《世说新语资料汇编》《四书通讲》《世说新语新评》等著作二十余种。

大家晚上好！非常高兴有机会来到厦门朱子书院，与各位分享关于中华孝道和爱的教育这么一个话题。

一、传统文化的古今中西之辨

近百年以来，围绕中国传统文化的解读和研究，一般有以下三个视角和方法：

第一个视角叫作"古今之辨"。所谓古今之辨，显然是站在一个时间的维度，有点像是进化论的一种视角，就是认为我们今天一定胜过古代，今天一定比古代进步，这好像已经成了大家都比较接受的一个观点。

第二个视角叫作"中西之辨"。很显然，这是一种基于空间的视角。也就是说，通过中国跟西方进行对比，进而得出一个结论，就是中国不如西方，所以近代以来我们在中西对比中一直处于劣势。

从这两种视角来看待中国传统文化，难免就会出现很多误区（这个我下面会讲到）。这样一来，第三个视角也就显得尤为重要了。这就是我今天要跟大家分享的"人禽之辨"。什么叫人禽之辨呢？简单说，就是人和禽兽的差别和分辨。只有用这样一个视角去看待中国传统文化的创生、发展，以及存在的困境等问题，才更为根本和有效，同时也更能解决一些似是而非的误判和根本性的分歧。

我们先看一看按照前面两个视角来看问题会出现哪些观点。例如，蔡元培先生在 1912 年担任国民政府的教育总长（相当于国家教育部部长）时，颁布了一个条例，叫作《普遍教育暂行条例》，其中有一条硬性规定，就是规定"小学读经科一律废除"。也就是说，从此以后，上小学的孩子就再也不读自己的民族文化的经典了。在我看来，这就是基于"古今之辨"的一个误区。这是整个国运处在比较艰难的时候，一批精英知识分子做出的一个判断，他们认为古代的经典已经不适合当下，不值得再让孩子们学习了。这个判断在当时也许不无道理，但今天看来显然是大有偏颇的，百年以后我们又在提倡重新读经典，甚至"传统文化进校园"，就是一个最好的证明。

无独有偶。陈独秀也曾说过这么一段话："固有之伦理法律学术礼俗，无一非封建制度之遗……吾宁忍过去国粹之消亡，而不忍现在及将来之民族不适世界之生存而归消灭也。"（《敬告青年》）言下之意，我们中国传统中所形成的文化遗产，都是封建的遗存，这些所谓的国粹，陈独秀宁可让它们全部消亡，也不希望我们这个民族到最后不能屹立于世界民族之林。这当然是忧国忧民，其心可感。但是如果仔细想想，难道我们的文化就这么一无是处吗？这种观点也是基于"古今之辨"得出的一个结论。

再看我们比较熟悉的鲁迅先生。他说过这么一段话："中国书虽有劝人入世的话，也多是僵尸的乐观。外国书即使是颓唐和厌世的，但却是活人的颓唐和厌世。我以为要少、或者是竟不看中国书，多看外国书。"（《青年必读书》）这个观点我们现在看来，显然是矫枉过正的。这就是基于"中西之辨"的一个误区。就是认为我们现在不如西方，都是我们老祖宗惹的祸，我们的文化从根儿上就是落后文化，所以老祖宗的书尽量别看。事实上，这种观点是缺乏逻辑的，也是经不起反驳的。试问：鲁迅先生当年少看"中国书"了吗？他在"三味书屋"里读的不都是"子曰诗云""四书五经"吗？要说中国书"有毒"，他们"五四"那一辈应该是"中毒"最深的，但他们后来却成了大师。谁能说他们所以成大师，不是拜传统文化修养较高、国学基础较为扎实所赐呢？所以在我看来，鲁迅说出这样的话，有点"站着说话不腰疼"，完全是经不起推敲的。

还有一位钱玄同，他是新文化运动的一个急先锋，他说过的一句话更离谱："欲使中国不亡，欲使中国民族为二十世纪文明之民族，必以废孔学、灭道教为根本之解决，而废记载孔门学说及道教妖言之汉文，尤为根本解决之根本解决。"（《论中国今后之文字问题》）他还发出一个倡议，要"废灭汉文"，要把我们汉民族的文字，把我们的母语全部打倒。鲁迅也说过"汉字不灭，中国必亡"的过头话。但是一百多年过去了，我们今天听到这些话，会觉得非常刺耳，至少我觉得他们说错了。这就是基于古今、中西之辨的视角得出来的一些结论——看似尖锐和深刻，其实非常偏颇和乖戾，虽有一时的宣传鼓动效应，却谈不上是严谨、科学的判断。

其实平情而论，每一个民族都有自己的文化，而在我看来，我们中华民族的文化尤其是一种自给、自足且自洽的文化。她不一定完美，但相比世界上的众多文化形态而言，她足够独特和厚重，足够博大和悠久，也足够智慧和伟大。德国哲学家海德格尔有句名言："语言是存在之家。"如果把我们的汉字全部废掉，那我们这个民族、这个文化还"存在"吗？我想肯定是不复存在了。

所以，无论是基于"中西之辨"的"西方中心论"，还是基于"古今之辨"的"社会达尔文主义"或者说"庸俗进化论"，这两种思维方式交互作用，终于导致了百年以来的"中国文化自卑症"。当时一大批有志之士，遭遇到"三千年未有之变局"，在面临西方列强的强势侵入、西方学术不断向东方渗透，所谓"西学东渐"的大背景之下，他们开始对自己的民族文化产生了一种强烈的怀疑和质疑，甚至是彻底的否定——这就是我说的"文化自卑症"。自卑带来焦虑。焦虑之下难免会出现一些过度和过分的"应激反应"。今天我们在提倡"文化自信"，一个很大的前提和背景就是，近百年以来我们对于自己文化的严重不自信。我觉得，"文化自信"不应该是一句华而不实的口号，而应该落实在行动上。如果你对自己的文化没有任何了解，甚至没有任何情感，没有陈寅恪先生所说的"了解之同情"和钱穆先生所说的"温情与敬意"，试问又何来"文化自信"呢？

说到这里，我想和大家分享一下我自己的文化观，就四句话。

第一句，"文化的本质是人化"。就是人的不断的优化、雅化、良化和深化——我称作人的"四个现代化"。我们一般都认为，文化是一个名词，但在中国的语言系统里边，文化恰恰是一个动词。《易·贲卦·象传》说："刚柔交错，天文也。文明以止，人文也。观乎天文，以察时变。观乎人文，以化成天下。"

这就是"人文化成"说，也是"文化"一词的最早出处。也就是说，只有"被文所化"，并且能够"以文化人"的人，才能叫作"文化人"。"文化"的定义全世界大概有一百几十种之多，但我觉得都不如"文化就是人化"来得斩截痛快、一语中的。也就是说，文化不是纸上的东西，不是你的文凭和学历就能体现出来的东西，而是落实在你的身、心、灵和行为上的所有东西的总和。长期以来我们的教育知识论挂帅、应试教育至上，以至于我们今天学文化都特别功利，从来没觉得文化是跟我们自己的身心有关，导致很多人虽然学历很高，却不一定有真正的文化和学养。这是很遗憾的一件事。

第二句，"国学的核心是人学"。国学有很多的概念定义，有的说国学就是儒、释、道三教之学，或者说国学就是经、史、子、集四部之学，还有的说国学就是六经之学。这些说法当然也都不错，但是我有一个方便的说法——"国学就是人学"。做一天人要学一天，活到老可以学到老。所以有人问我，老师我跟你学国学，请问几年能毕业啊？我说对不起，我还没毕业呢，我还在学着呢！因为在我看来，国学不是高头讲章，国学是落实在每一个人身上的学问，一点都含糊不得。

第三句，"教育的功能是化人"。教育不是仅仅培养多少大学生，不是提高升学和就业的数据，教育应该是像春风雨露一样润物细无声的教化过程。教育的最大的理想是什么？就是要让人成其为人啊！让他知道自己是一个大写的"人"，懂得成人、立人、达人、爱人之道，这才是教育的重要内容。

第四句，"化人的关键在化心"。古人读书，有一个很高的追求，就是"变化气质"。苏东坡说得好："腹有诗书气自华。"一个人有没有学问、有没有文化，其实是体现在你整个人的气质上的，而你的气质从哪里来？当然是从你的心灵中来。我们都有一张脸，这张脸就是我们心灵的屏幕，它随时都在变化，因为我们的心灵瞬息万变。佛家说："相由心生，境随心转。"也是这个意思。

由此可见，中国传统文化其实最终是落实在人上的，所以念念不离一个"人"字，我们看传统文化，如果仅仅看它的衣冠文物这些外在的东西，恐怕不能落到实处。这就引出了观察和研究中国传统文化的第三种角度——"人禽之辨"。

二、人禽之辨与传统孝道

傅斯年曾经发表过一个观点。他说："想知道中国家族的情形，只有画个猪圈。"（《万恶之源》）鲁迅也说："父子之间没有什么恩，饮食的结果养活了自己，对于自己没有恩，性的结果生出了子女，对于子女当然也算不了恩。"（《我们现在怎样做父亲？》）这些话听起来很深刻，其实流弊很大。因为它仅仅是一个基于生物学意义上的事实判断，而不是一个文化学意义上的价值判断——它把父子、母子之间的这种亲情完全给斩断了。

那么，我们跟父母到底是一个什么样的关系呢？我们的生命从哪里来？要回答这些问题，仅仅靠社会学、政治学的知识恐怕远远不够，还必须诉诸人类学和伦理学。我们都知道，自己的生命来自父母，但如果从更大的角度去看待这个问题，恐怕还应该有更多的答案。首先，我们的生命来自天地，是阴阳乾坤之气的交感和合，所谓阴阳交感。其次，我们的生命也来自祖先，每个人都不是"来自星星的你"——我们都有一个来处，也都有一个去向。第三，就是来自父母的孕育，所谓"父精母血"。我们每个人都不是孤立的原子结构，都是祖先血脉链条上的一个环节，也都是民族文化长河中的一朵浪花。如果从"天人合一"的角度看，你会发现，整个宇宙就是一个无远弗届的"生命共同体"，天地万物都跟你有着基因的联系。我们的生命太宝贵，我们的存在太偶然，从某种程度上说，每一个生命都是一个奇迹！佛教认为"世有六处难可值遇"：一是佛世难遇，二是正法难闻，三是善心难生，四是难生中国，五是难得人身，六是诸根难聚。还说："人离恶道，得为人难。"我们能得为人身，托生成人，真的不容易。每个人的生命不仅是一个生物学意义上的存在，人除了物性、人性，还有灵性和神性。所以，《孝经》里才会说："天地之性人为贵。"荀子才会说："水火有气而无生，草木有生而无知，禽兽有知而无义，人有气、有生、有知，亦且有义，故最为天下贵。"这其实就是我们所说的"人禽之辨"。

《孝经》中孔子说："身体发肤，受之父母，不敢毁伤。"这话的真正含义，不是以父母为中心，而是以我们自己为中心，是让我们每个人都珍爱自己的生命，是在提醒和告诫我们：你的生命不仅属于你，你不仅是个体的存在，你是在一个生命共同体中诞生的——你有责任珍惜你的身体和生命。这样一理解你就会觉得很感动。《礼记·祭义》说："身也者，父母之遗体也。"我们每个人身体和生命都是父母的基因的存储和延续，有朝一日，父母离开我们了，我们身上还存有父母的信息。这就是中国文化。它会特别强调血缘这根纽带，让你活一天就有一天的责任和担当。所以，我们的文化是一种特别关注个体生命如何安顿的文化。西方哲学说，"认识你自己"；而我们的文化要求我们，不仅要认识自己，还要发现你自己、珍惜你自己、成就你自己！

那么，人禽之辨跟孝道有什么关系呢？我们先看《礼记·曲礼上》的一段话："鹦鹉能言，不离飞鸟；猩猩能言，不离禽兽。今人而无礼，虽能言，不亦禽兽之心乎？"以前新文化运动批判传统文化，经常说"礼教吃人""礼教杀人"之类的话，这是针对礼教的禁锢和教条化来说的，也道出了专制社会的一部分事实。但我们看问题不能只看一端，不能因为看到礼教后来对人的束缚和压抑，就彻底否定了礼的人学价值和进步意义。我们要追问一问：为什么动物界是不讲"礼"的，而只有我们人类发明了"礼"？这样一追问，就会发现，我们的祖先发明了礼，其实是非常了不起的。礼的本质不是别的，就是为了和禽兽拉开距离，所谓"人猿相揖别"，只有这样，人才真正走出了丛林，进入到文明社会。

《礼记》接下来又说："夫唯禽兽无礼，故父子聚麀。"麀，就是雌鹿、母鹿，"父子聚麀"就是父子共用一个性伙伴，其实就是杂交乱伦——这不就是禽兽世界的常态吗？"是故圣人作，为礼以教人。使人以有礼，知自别于禽兽。"这句话很重要，它告诉我们，礼的创造最初的目的就是为了让人知道"自别于禽兽"，知道自己是"人"，而不是禽兽！我们中国人骂人，骂得最难听的一句话，就是"你不是人"，或者"禽兽不如"！这就等于把你开除人籍了！所以，礼的创制，绝不是为了"压抑人性"的，而恰恰是为了压抑人的随时可能会出现的"兽性"的！从这个角度看传统文化中"礼"的创制，会觉得它真的是伟大的发明。

人禽之辨跟孝道又有什么关系呢？我要说，关系大极了！比如《本草纲目·禽部》说："慈乌出生母哺六十日，长而反哺六十日。"说母乌鸦哺育小乌鸦六十天，后来小乌鸦长大了，老乌鸦老了，它也知道反哺它的母亲六十天。再比如山羊在吃奶的时候，前蹄是跪下的，这叫山羊跪乳，也是可以和我们人类产生"共情"的行为。但是我估计山羊跪乳，是为了吃奶方便，并没有良知的自觉——所以，"反哺"也好，"跪乳"也好，并不是一个理性的自觉的活动，而是出自一种习性和本能。

说到这里，我想问大家一个很刁钻的问题：在人类的历史上，母系氏族社会后来被父系氏族所取代，到底是一种进步还是落后？女性朋友们可能会说，当然是落后的，本来我们女性是当家的，结果你们男性把我们的权利夺走了，这怎么是进步呢？但是，如果我们站在"人禽之辨"的立场，而不是狭隘的性别立场来看问题，就会得出相反的结论。那么，母系氏族被父系氏族所取代到底进步在哪里呢？这就需要一个参照系——动物世界。举个例子，比如说我们到动物园，看到猴山上有很多猴子在那爬来爬去，如果你去问那个小猴子："谁是你妈妈呀？"假设这小猴子听得懂人话，它可能会跟你指一指，说那个就是我妈妈。接下来你再问："请问谁是你爹呀？"小猴子肯定会一脸懵懂：我还有爹呀？以它的动物性认知，它可能并不知道自己还有爹，或者说谁是它爹。这就是动物世界，所谓"只知有母，不知有父"。所以，母系氏族社会相比动物世界，尽管有了进步，但是以母系为中心、父系成为边缘甚至被取消的话，就还是没有完全摆脱动物世界的基本结构。《吕氏春秋·恃君览》有个记载："昔太古尝无君矣，其民聚生群处，知母不知父。"说的就是母系氏族社会大概的情景。说得通俗一点，母系氏族社会的男性是只管生、不管养的，母亲虽然当家做主，但身上的担子很重，因为她是"爱上了一个不回家的人"！我们想想看，当这个不回家的人回家了，开始承担家庭的责任和父亲的义务了，也就是父系氏族社会形成了，对于整个人类文明和社会的演进而言，难道不是一种进步吗？

继续追问："五伦"关系的第一伦就是父子，所谓"父子有亲"，为什么不说"母子有亲"呢？因为母子有亲根本不需要强调，但谁是父亲？父亲和孩子的亲子关系却是要打上一个问号的。可见，父子这一伦关系被确定，被强调，对于人类摆脱动物世界进入到文明社会，可以说至关重要。我们经常说"母爱如海""父爱如山"，一个人有了母爱又有了父爱，人生才是完整的。所以，恩格斯说："母权制度的颠覆乃是女性的具有全世界历史意义的失败，但是，自有了家长制的家庭，我们才进入到成文历史的领域，它在这里确实引起了很大的进步。"（《家庭、私有制和国家的起源》）

为什么我们的文化特别强调孝道呢？因为说到底，孝也是一种爱——是相对于父爱、母爱的一种作为儿女的爱。中国传统文化中强调一个人必须要有爱，首先要爱自己的亲人，尤其是自己的父母。这是人类跟禽兽很大的差别之一。《周易·序卦传》中说："有天地然后有万物，有万物然后有男女，有男女然后有夫妇，有夫妇然后有父子……"所以夫妇的关系，不是一个基于生物的本能性和自然性的关系，而是一个社会性和伦理性的关系。从价值层级上讲，"夫妇"的伦理地位显然要高于"男女"。

美国人类学家康拉德在《人类学：对于人类多样性的探讨》一书中说："人类从自己出生社群之外的社群中选择性伴侣，因此夫妻两人中至少有一个是外来的。"说明人类早期还没有夫妻关系的时候，有可能出现过兄妹婚，也就是同族同宗的男女有可能结婚，后来发现近亲繁殖对孩子的健康不利，才提倡族外婚。现在婚姻法里有近亲不能结婚的规定，是经过我们的祖先多少年的经验积累才得出的一个结论。康拉德接着说："然而人类终生都与儿子和女儿们保持联系，维持这些亲属和婚姻关系的体制，造就了人类和其他灵长类动物的区别。"这句话很重要。它告诉我们，其他的动物未必知道亲情的伦理，更不可能知道什么是孝！孝的文化，几乎可以说是我们人类独有的一种文化现象，其中凝结着人类学的智慧。《礼记·中庸》说："君子之道，造端乎夫妇。"一个人要想成为君子，必须从遵从夫妇之道开始，如果夫妇之道错乱，父子之位也就跟着错乱，最后就有可能造成乱伦的关系。

夫婚礼，万世之始也。取于异姓，所以附远厚别也。……男女有别然后父子亲，父子亲然后义生，义生然后礼作，礼作然后万物安。无别无义，禽兽之道也。

（《礼记·郊特牲》）

为什么男女要有别？这里的男女有别相当于夫妇有别，夫妇有了分别，就不太会像早期的人类群居杂交，父子这一伦确立了，家庭伦理才能得到进一步的确立。这是从遗传学和优生学的角度去考虑夫妇有别、男女有别。这就是一种"乱伦禁忌"。张祥龙教授在《家与孝》一书中指出："从现实的生成顺序看，有夫妇后才有亲子，但是从人类学哲学人类学以及人类历史的形成来看，有亲子然后才有夫妇。"就是说，亲子关系也就是父子关系确立以后，夫妇一伦的关系才能得到更好地巩固。

《礼记·大学》说："为人子，止于孝；为人父，止于慈。"这里的"慈"，不就是爱吗？父母对孩子的爱就叫"慈"，反过来，孩子对父母的爱就叫"孝"。但是，为什么天下只有《孝经》却没有"慈经"呢？恰恰是因为父母对孩子的慈爱根本不需要教，它几乎是一种生物本能，而孝尽管也是人天性中具有的"良知良能"，但因为人本身也是从丛林中走出来的，天然携带着某种动物性的基因，所以"孝"就需要后天的教化，才能最终成为一种基于人性自觉的人文修养。人类学的田野调查发现，一只母猩猩带着孩子长大，等孩子们也长大了以后，母猩猩老了，孩子就忘了它了，甚至见了面，也不知道它是谁了。为什么？因为动物的记忆是有时间限制的，而我们人类却对时间有一种非常漫长的感知能力，我们有历史感、时间感和生命感，所以我们对父母才会有一份发自内心的牵挂。不过，对父母的这份牵挂随着年龄的增长也有可能会出现惰性。生活中我们发现，人小的时候，特别依赖父母的关爱和照顾，这时候他还知道对自己的父母亲好，但有一天父母老了，容颜老去，身体也老迈了，俗话说"不中用了"，他对父母的爱就不那么强烈，甚至开始嫌弃老人了。这都是我们骨子里的动物性遗存带来的结果。从这个角度上说，我们的祖先和古代的圣贤之所以要强调孝道，就是为了遏制我们可能会随时萌生的那种动物性的东西。孝道的提倡，就是为了阻碍我们人类动物性本能中潜藏的那种"爱的惰性"，直到把它变成一种"爱的惯性"。

所以，孝其实就是爱，慈是爱，孝更是爱。孝悌是什么？就是在自爱的基础上去爱亲，并且由此获得一种"泛爱众而亲仁"

的现实可能性。因为孝道发生在亲子之间，所以可谓"特别的爱给特别的你"。从这个角度去解读我们的孝道文化，你恐怕就不会像中西之辨、古今之辨那样来得苦大仇深、咬牙切齿了吧？因为"人禽之辨"更根本，它一下子就把文化的问题挖到根儿上了！

我们中国文化，它是从孝慢慢地遏制兽性、启发人性，从家庭的伦理教化开始，慢慢地让我们变成一个有文明、有修养、有礼乐的人，然后才谈得上齐家治国平天下。这就是爱的"涟漪效应"。所以"博爱"这个词也不是从西方传来的，我们古代就有这个词。如董仲舒就说过"博爱而亡私"，韩愈也说"博爱之谓仁"。今天有一种思潮，认为我的身体我做主，我想怎么处置就怎么处置。有的人就去吸毒，去败坏自己的身体和生命。当他那样去伤害自己的身体或者说扭曲自己的身心的时候，他一定是忘记了自己的生身父母，忘记了"身体发肤，受之父母，不敢毁伤"的古训。所以，传统的孝道其实是一种基于"自爱"和"爱人"的文化，爱自己就是爱父母，爱父母首先要爱自己，今天批判传统文化的人可能很少有人能够切实体会到这一层含义。

三、儒家伦理中的孝与爱

接下来我们再讲第三个话题——儒家伦理中的孝与爱。

最近我写了一本书，叫《四书通讲》。在这本书里，我对儒家之道做了一个梳理。我把它分成十三个道，分别是：为学、修身、孝悌、忠恕、仁爱、义权、诚敬、正直、中庸、治平、齐家、为师、交友。其中，孝悌之道是很基础，也很关键的一个道。孔子说："弟子入则孝，出则悌，谨而信，泛爱众，而亲仁，行有余力，则以学文。"孝和悌各有内涵，善事父母为孝，善事兄长为悌。孝悌之道是什么？其实就是对儿童的早期教育。让弟子——也就是家中最小的孩子——明白，你在享受父兄的爱之后，你也要能回报以孝悌之爱。所以，孝悌其实也是一种爱的教育。

我认为，孝道有三个内涵：

一是"孝须合乎礼"。我们前面讲礼的创生时就已经涉及孝和礼的关系了，不过那是从理论上说的，具体的实践上应该怎么做呢？我们可以通过一个故事来说明。《论语·为政》记载：

> 孟懿子问孝。孔子对曰："无违。"樊迟御，子告之曰："孟孙问孝于我，我对曰：'无违。'"樊迟曰："何谓也？"子曰："生，事之以礼。死，葬之以礼，祭之以礼。"

孔子认为，孝和礼是息息相关的，父母还活着的时候，你要按照礼来侍奉他，当他去世之后，你要按照礼来安葬他，逢年过节，还要按照礼来祭祀他。曾子也说："慎终追远，民德归厚矣。"慎终，就是说丧礼；追远，就是说祭礼。这些都说明，孝必须要合乎礼。

二是"孝当发乎情"。《论语·为政》接着记载：

> 孟武伯问孝。子曰："父母唯其疾之忧。"

孔子言下之意，父母只有在你生病的时候才担心你，你不生病的时候父母完全不必担心。也就是说，你不生病的时候，言行都是合乎礼的，父母对你很放心，只有在你生病时才会为你忧心忡忡——这样的孩子就算孝子了。有的孩子一天到晚调皮捣蛋，他生病的时候父母担心，他病好了，说不定让父母更担心！因为他"三天不打，上房揭瓦"，经常给你找事闯祸。这样的孩子当然就不能叫孝子了。

有一次，子游问孝。孔子回答说："今之孝者，是谓能养，至于犬马，皆能有养，不敬，何以别乎？"这也是从"人禽之辨"的角度讨论孝。"不敬，何以别乎"，就是说你对父母的赡养跟对犬马的喂养一定要有区别，对犬马可以不敬，但对父母一定要有敬爱之情。敬也是一种爱，你对父母没有爱，也就不会真正的尊敬。这里边强调的正是"孝须发乎情"。同样的问题，孔子的回答却不同。这叫什么？这叫"问同答异"，也就是通常所说的"因材施教"。

还有一次，子夏也问孝。孔子回答说："色难。有事，弟子服其劳，有酒食，先生馔，曾是以为孝乎？"意思是，能够时时处处做到和颜悦色地奉养自己的父母，这是很难的一件事。说明每个人都有一种潜藏的动物性，就是你不耐烦的时候，你会发脾气，摆脸色给父母看。所以和颜悦色地孝敬父母，这在古代是一种大孝，叫"色养之孝"。如果你在侍奉父母的时候，仅仅是跑前跑后，忙碌操劳，家里有好吃的酒肉菜肴，也知道先给父母长辈吃，可是你的脸上却面无表情，甚至苦大仇深，做不到和颜悦色，这哪里算得上真正的孝呢？要知道，孔子三岁丧父，十七岁丧母，按理说他这一辈子都没有机会好好地尽孝，那他为什么这么强调孝道呢？我估计是因为他看到当时太多的人，当父母老去的时候就不能够对父母好了，就恶言厉色了，他觉得那些老人太值得同情了，所以他才要强调这个孝道。守住"人禽之辨"这道最后的防线。这一条我每每讲到的时候都特别感动。

孔子还说："父母之年，不可不知也。一则以喜，一则以惧。"

一方面，我们因为父母还健在、身体还健康，感到高兴和喜悦；但另一方面，随着时间的流逝，父母终将离去，一个孝子每每想到这一点时，他心里一定是担心忧惧的。这是孔子对于我们人性的一种唤醒。孔子的教育其实就是人的教育，爱的教育。孔子这么说，就是提醒我们，要时时处处为父母着想，"以父母之心为心"，既为父母的健康长寿而高兴，同时，也为父母年迈体衰而忧惧。这就是"发乎情，止乎礼"了。

三是"孝必本乎义"。儒家文化中的这个"义"，有多种解释，最值得注意的就是"义者宜也"。也就是说，做你该做的、适宜的事就是合乎义的。孝不仅合乎礼、发乎情，还要本乎义。比如孔子说："事父母几谏。"父母也是人，人非圣贤，孰能无过？父母也会犯错误，作为一个孩子看到父母犯了错误你该怎么办？当然不能听之任之，而要去劝谏；但是劝谏呢要讲究方式方法，要"几谏"，就是委婉地劝谏，不要恶言厉色。按照儒家的教义，孝不是无条件地服从父母，而是"事亲有隐而无犯"。所以，"二十四孝"里边的两个故事，像王祥卧冰求鲤，和郭巨埋儿奉亲，这样的故事就不合乎义，这样的孝就是"愚孝"，完全不可取。《孝经》里孔子说："父有争子，则身不陷于不义，故当不义，则子不可以不争于父。"这说明，父子之间是有一种道义的，父亲如果说做了错事，你应该去劝谏，而不是无条件地服从，因为这不符合孝道。孔子还说："良药苦口利于病，忠言逆耳利于行。君无争臣，父无争子，兄无争弟，士无争友无其过者，未之有也。"（《孔子家语·六本》）

以上三个方面，就是儒家的孝道的重要内涵。民国学者谢幼伟先生说："中国文化在某一个意义上可谓孝的文化，孝在中国文化上作用至大，地位至高，谈中国文化而忽视孝，即非于中国文化真有所知。"如果仅仅从中西之辨、古今之辨去理解传统文化中的孝道，就很难理解到位，因为这两种观点常常是理论先行，而缺乏真正的切己切身、入情入理的体贴和把握。

西方文化是不是就没有孝道呢？众所周知，西方文化似乎并不主张孝道，它更强调的是爱。但是在《旧约》里边也有一些跟孝道很相似的说法，比如说："我儿要听你父亲的训练教诲。""不可离弃你母亲的法则"等等。这些都说明，"东海西海，心里攸同"。不同的文化表述的方式可能有差异，但都有相通的地方。西方文化虽然没有跟我们一样的孝道文化，但是他们也强调亲子之爱，也强调家庭的伦理。在这一点上中西文化其实是相通的。

中西文化之所以有这样那样的差异，是因为两种文化产生的文化根基和价值原点不同。中国文化不是以神为本，而是以人为本的文化，所以比较强调"人禽之辨"。只有区分好人禽之辨，才能够提升人之所以为人的那种道德品位，包括获得人的价值和尊严。一般而言，西方文化——当然不是所有的西方文化——可以看作是一种以神为本的文化，更加强调的是"人神之辨"。中国文化有"神人以和""和实生物"的说法，而西方文化则强调"神人二分"，神的价值是绝对的，人的价值则是相对的。这样一种文化，跟我们文化的价值原点就不太一样。所以他们强调人性恶，人一生下来就有原罪，你只有通过对"神"或"上帝"的信仰才能获得救赎。而我们的文化则认为人性是善的，人相比于禽兽，是有着灵根慧性和良知良能的，甚至是有着某种神性因子的，所以人是可以成贤成圣的，是有着无限发展的可能性的。这就是一种对人本身有"自信"的文化，只有相信自己是善的，由

"自信"产生"他信"，你才能"泛爱众而亲仁"，才能不断地获得人生的圆满。因为中国文化强调"人禽之辨"，所以非人的行为，比如不孝非礼，便会被主流价值所贬抑。西方文化因为强调"人神之辨"，所以渎神便是一项大罪，中世纪的宗教裁判所，常常会对渎神的罪加以严厉制裁。据学者统计，从1481年到1808年的327年中，欧洲天主教的异端裁判所就处罚了犯有渎神罪的34万人，其中用火烧死的大约三万二千人。(参黄启祥《孝的哲学基础：评〈家与孝：从中西间视野看〉》，《中华读书报》2017年3月1日)

尽管中西两种文化有着不同的价值起点，但都能获得提升人类自身价值的动力和源泉：在中国，是尽力摆脱禽兽状态，敬天法祖，戒慎恐惧，起敬起孝，希圣希贤，从而完成作为人的道德生命和"内在超越"；在西方，则是尽力摆脱人类的"原罪"，通过信仰无限向神靠近，忏悔告解，痛改前非，希望获得救赎，从而实现外在超越。两种文化，各有千秋，各有理据，应该取长补短，不能厚此薄彼。

四、我们该如何看待传统文化呢?

最后，我们该如何看待传统文化呢?

我觉得应该理性地看待。徐复观先生说："五四时代的彻底反传统的文化多基于一时的爱国之情，在当时应该说也是可以理解的。在今日无条件的反对中国文化，我怀疑是由于不知不觉之中中了殖民主义的毒。时代的悲剧岂是偶然?"(《中国孝道思想的形成、演变及其在历史中的诸问题》)印光法师也说："近来欧风渐至，一班新学派厌故喜新，趋之若鹜。凡欧人为国为众之好处皆所不学，其蔑礼乱伦处则变本加厉，甚至废经废伦仇孝等无所不至，直欲人与禽兽了无有异而后已。"（《增广卷四·唐孝子祠校发隐》）这些议论我以为是深刻的。尤其是，两位前贤都注意到了作为中国传统文化之始基的"人禽之辨"。

最后，如果要用一句话来总结一下今天的讲座的话，我想说的是——孝悌就是爱。因为儒学是人学，所以为学就是修身，修身就是为学，两者是一体的。所以，以孝悌为中心的早期教育，本质上也就是一种爱的教育。孝悌之道是教人不仅能享受被爱，也还要主动爱人。儒家的身体观不是个人主义的而是整体主义的，不是生物意义的而是生命意义的，是一种蕴含人文价值和道德生命的身体观。其核心精神不是别的，正是爱。自爱便是爱亲，反过来，爱亲也就是爱己啊。无论父母是否健康是否长寿，总有一天他们会先行到站，他们会离开我们。从此就跟我们天人永隔。俗话说："树欲静而风不止，子欲养而亲不待。"我的父亲已经走了差不多十年了，现在想想自己生活条件也好一点了，也很想尽孝，可是却没有机会了，有时候想想真是非常无奈和伤感。所以孝不是别人强加给你的，是你作为人发自内心愿意去承担的，孝的教育归根结底就是爱的教育。我想，我们应该重新学习"爱"——

学会爱身：爱自己的身体发肤，不要轻易毁伤，否则就对不起天地和父母。

学会爱亲：爱自己的父母兄弟和子女，没有他们我们的生命残缺不全。

学会爱家：爱自己的祖先、家族和亲朋。无家可归的人是世

界上最可怜悯的人。

学会爱书：一个喜爱读书和学习的人，不仅可以避免空虚堕落，而且更容易忘却痛苦，感受幸福。

学会爱岗敬业：不尊重自己职业和劳动的人，也不会获得别人的尊重和敬爱。

最后，让我们用一首诗来结束今天这个关于孝道的讲座。这首诗题为《见或不见》：

你见，或者不见我
我就在那里
不悲不喜

你念，或者不念我
情就在那里
不来不去

你爱，或者不爱我
爱就在那里
不增不减……

人生只有一次。今生今世，人生只有一次。今生今世，我们跟父母，无论你爱或不爱，下辈子都不会再见。当我们明白这一点的时候，应该会对自己的文化产生一份发自内心的感动，升起一种朴素的自豪吧。

中华文明兼收并蓄的精神

王 颂

王颂，现任北京大学哲学系宗教学系教授、博导，兼任北京大学佛教研究中心主任、中国宗教学会理事、中华日本哲学会常务理事、《北大佛学》主编。《澎湃新闻》"尔时有佛"专栏作者。曾任日本学术振兴会外国人研究员、日本早稻田大学访问学者。长期从事中日两国佛教的比较研究。出版专著《宋代华严思想研究》《日本佛教：自佛教传入至二十世纪》《华严法界观门校释研究》等，主编著作数种，在海内外学术刊物以中、日、英文发表学术论文数十篇。

大家好！非常高兴能和大家一起谈谈我们的传统文化。不知道大家有没有关注新闻，不久前北京召开了首届"亚洲文明对话大会"，习主席在会上做了重要讲话，对中华文明兼收并蓄的精神进行了精彩阐释。今天我想就这一主题，谈谈我个人的一点浅见。

　　我们说中华文明几千年绵延至今，源远流长。为什么能够如此？当我们每一位中华儿女自豪地讲"中华文明是一种伟大的文明"时，我们有什么依据？我们知道，美国学者亨廷顿提出过著名的"文明冲突论"，他把决定当今世界格局的主要力量划分为八大文明，其中包括中华文明和日本文明。但是日本人自己却未必认同。例如日本有一位著名作家叫司马辽太郎。这个人是偏右翼的，属于民族主义者。但他在一次访谈中强调："日本只是一种文化，中国才是文明。"为什么呢？因为文明具有根源性，有不断自我更新的创造能力。世界上公认的文明就那么几种，中华文明当之无愧是其中之一。

　　关于文明与文化的关系讨论很多，德国人也曾经提出过独特的观点，这里我们不展开，因为它不是重点，我们这里探讨的文明基于大家普遍认可的观点，即文明具有本源性，自根自生，拥有内在的源泉和动力，能够在不断发展变化的过程中，保持自身同一性。所以我们常常引用冯友兰先生的名言："盖举世列强虽新而不古，希腊罗马，有古而无今，唯我国家，亘古亘今。"中华文明具有亦古亦今的特点，所谓"周虽旧邦，其命维新"，在继承传统的同时不断创新。这是中华文明的首要特色。

一、中华文明是多源融合的产物

中华文明为什么绵延五千年还能在不断变化中保持自身的特色？我觉得最核心的一点，就是兼收并蓄的精神。不断地吸收新的东西进来，发展壮大自身。

关于中华文明的起源，前人提出过很多见解，最基本的方法是以古代文献，特别是司马迁的《史记》作为参照，与考古发现进行比对。司马迁记载说有三皇五帝、有夏商周三代。三皇五帝就不用说了，夏朝有没有还不好说。但至少可以肯定，在商的时候，中国已经建立起庞大的帝国，因为有文字有城市的考古证据在。商以前的记载，到底是传说还是信史就不好说了。所以前几年搞了个"夏商周断代工程"，是国家级的，但关于夏，学者们并没有达成一致结论。为什么呢？因为发掘出了很多的古代遗迹，这些遗迹该怎么定位，例如二里头是不是夏都？这些遗迹之间的关系是什么？例如著名的三星堆和殷墟到底有没有关系？对此学者们进行了不同的解释。其中一个很有影响力的说法，就是苏秉琦先生提出的"满天星斗说"。

什么叫"满天星斗说"？就是苏先生认为，早在新石器时代，中国古代文明就可以分为至少六大板块：一是以仰韶文化为代表的中原文化，也就是传统意义上的黄河文化；二是以大汶口文化为代表的山东、苏北、豫东地区的文化，其突出特点是不同于仰韶文化红陶的黑陶文化；三是湖北及其相邻地区，其代表是巴蜀文化和楚文化；四是长江下游地区，最具代表性的是浙江余姚的河姆渡文化；五是西南地区，从江西的鄱阳湖到广东的珠江三角洲；六是从陇东到河套再到辽西的长城以北地区，最具代表性的是内蒙古赤峰的红山文化和甘肃的大河湾文化。

　　过去我们常说黄河是中华民族的母亲河，又说黄河、长江是我们文明的摇篮，其实摇篮不止一个，简直是遍地开花啊。苏先生的观点一言以蔽之，就是说我们中华文明原本就是多源的。那么多源如何成为一统呢？据说黄帝和炎帝是对手，黄帝代表了西部的文化而炎帝代表了东部，二者经过惨烈的战斗，最终以黄帝一派获胜告终。但值得注意的是，黄帝代表的文化并没有彻底消灭炎帝代表的文化，把他们从地球上灭绝，而是将之吸收，二者合为一体。所以我们今天还自称是"炎黄子孙"。

　　与此类似，周灭商之后也不是把商的后裔和文化彻底灭绝，周武王将商纣王的儿子武庚封在商都，让他管理商人。后来武庚与管叔和蔡叔作乱，周公将之平定以后，又把商人封在宋，继续祭祀商的建立者成汤和历代商王，商的文化因此得以延续下来。所以孔子称赞说："兴灭国、继绝世、举逸民，天下之民归心焉"。"兴灭国、继绝世"字面上的意思是说恢复灭亡的国家，接续断绝的家族，实质上就是灭国而不灭绝其文化、其宗嗣，这既是很高的政治智慧，又是一种伟大的文化气魄。古代士人将之视为正统气象，说明了对这种做法的高度肯定。

　　这些都是很好的例子，说明我们的文明从根子上就是兼收并蓄的产物。由于兼收并蓄，我们拥有了强壮的根脉，之后又经过不断地拓展，汲取新鲜的水分和营养，枝繁叶茂，成就了人类历史上最伟大的文明之一。如果说苏先生的观点尽管富有启发意义，但尚且属于假说的话，那么通过商周以后有文字的历史记载，我们就能清晰地认识到中华民族是如何通过不断吸收外来文化，生生不息发展至今的。

我们知道，在中国有文字记载的浩瀚历史长河中，曾经发生过数次民族与文化的大融合。首先是先秦时代，那个时候是华夏民族和异民族犬牙交错栖息生活的时代，周朝、秦国与西戎的战争，吴国、越国与百越的战争都是大家熟悉的。在战争与和平循环往复的历史进程中，不但中原文化传播到这些地区，同化了当地民众，这些地区的文化反过来也对中原地区产生了影响。赵武灵王胡服骑射就是很著名的例子。还有周朝的泰伯，为了躲避即位跑到夷狄那里去，"祝发文身"，就是接受了当地民族的服饰和生活习惯，孔子赞誉他是"至德之人"，不仅仅是因为他辞让天下，还因为他给蛮夷地区带去了中原文化，敦化夷俗、流风垂训。

魏晋南北朝时代，中国历史上发生了第二次民族大融合。其实秦汉两代也是一个融合的过程，只不过是在中原王朝华夏文化的主导下长期的内部消化过程，所以显得不那么突出。而魏晋南北朝时代，特别是其中的五胡十六国时代，汉民族以外的诸多民族一下子在政治、军事上居于主导地位，中原王朝被冲击得四分五裂，大家感觉很震惊，印象深刻。而实际上，尽管经过生灵涂炭的乱世，民众付出了极大代价，但中华文明却凤凰涅槃、浴火重生了，而且更加具有生命力。这里面异民族起到了极其重要的作用，建立北魏的鲜卑族拓跋部是其代表。北魏实际上是中国历史上第一个由少数民族建立的统一王朝，经由西魏、北周，对其后隋唐的政治与文化产生了重要影响。所以陈寅恪先生曾经对这段历史予以高度评价，说"盖取塞外野蛮精悍之血，注入中原文化颓废之躯，旧染既除，新机重启，扩大恢张，遂能别创空前之世局"。

这是古代的例子，那么近代的例子大家就更熟悉了。西学东渐，尽管在这一过程中，中国人蒙受了巨大的屈辱、付出了巨大代价，但中华文明却不但没有衰落，反而愈发焕发出生机，朝着中华民族的伟大复兴不断迈进。这里面一个重要的思想武器，就是大家熟悉的马克思主义，中国人接受马克思主义并进一步将之与中国的实践相结合，创造出具有中国特色的马克思主义，这本身就是中华文明兼收并蓄的伟大证明，这一点我想大家都认同，就不用多说了。

二、佛教中国化是兼收并蓄的成功范例

中华民族在历史上成功吸收外来文明的例子很多，其中佛教中国化是最成功的例子之一。对此，习近平主席就曾经多次予以论述。

2014年，习近平主席在联合国教科文组织总部发表演讲，他在演讲中特别提到了宗教与文明的关系，他说：

佛教产生于古代印度，但传入中国后，经过长期演化，佛教同中国儒家文化和道家文化融合发展，最终形成了具有中国特色的佛教文化，给中国人的宗教信仰、哲学观念、文学艺术、礼仪习俗等

留下了深刻影响。中国唐代玄奘西行取经，历尽磨难，体现的是中国人学习域外文化的坚韧精神。根据他的故事演绎的神话小说《西游记》，我想大家都知道。中国人根据中华文化发展了佛教思想，形成了独特的佛教理论，而且使佛教从中国传播到了日本、韩国、东南亚等地。

不久前，在首届"亚洲文明对话大会"上，习近平主席指出："中华文明始终在兼收并蓄中历久弥新"，其中又提到了佛教，他说：

中华文明是在同其他文明不断交流互鉴中形成的开放体系。从历史上的佛教东传、"伊儒会通"，到近代以来的"西学东渐"、新文化运动、马克思主义和社会主义思想传入中国，再到改革开放以来全方位对外开放，中华文明始终在兼收并蓄中历久弥新。

习主席这两段话指出了佛教中国化的重要历史意义，其中还举了几个生动的例子。例如玄奘法师，我们老百姓熟悉的"唐僧"。大家可能都读过鲁迅的文章，其中说："我们从古以来，就有埋头苦干的人，有拼命硬干的人，有为民请命的人，有舍身求法的人，……这就是中国的脊梁。"玄奘法师作为"舍身求法的人"，历尽波折、坚忍不拔，充分体现了中华民族进取、求真、开放的优良品格，确实堪称中华民族的脊梁。

著名历史学家陈寅恪先生也将佛教传入中国称为"一大事因缘"，也就是说佛教传入对中国文化的走向发生了重要影响。这里我们仅举几个方面的例子。

首先是语言。大家都知道五四新文化运动的时候，陈独秀、胡适等人搞了一个白话文运动，这个运动影响很大，不但一直影响到现在，恐怕还将长远地影响到未来。白话文运动的初衷是什么呢？就是我们的书面语与口语差距很大，不利于普通人扫盲，也不利于吸收外来新知识。例如翻译西方的东西用文言文就比较困难。翻译文学还勉强可以，林纾的翻译别具一格，但是翻译科技文章就太不方便了。所以这场运动的影响不仅仅限于文学，对中国文化的方方面面都有影响。那么运动的副作用是什么呢？就是即便一个受过教育的人，他也不能很顺畅地阅读古文了，更不用说写作了。这使我们现代人与古代文化产生了距离。

其实口语与书面语发生偏差的问题自古有之。因为古汉语受书写工具等因素的制约，讲究惜墨如金、简洁凝练，在古代就与口语有很大区别。所以古代汉语有一以贯之的一面，也有不断丰富变化的一面。一个汉代的读书人已经不能百分之百地确定先秦文章中每一个字的含义了，但是大意他还是读得懂的。汉以后的文章越来越规范，清代人大部分都读得懂，我们现在受过良好教育的人也大都读得懂，不过没好好学习古汉语的人就感觉很吃力了。之所以一两千年之后的人还能读得懂，是因为其基本结构没有改变。但如果你细细比较，你就会发现从汉代、唐代一直到清代，每一个朝代的文章都是有差异的，其中差异最大的是用词。这里面最重要的因素是在外来文化涌入的背景下，新词汇的出现。

佛教传入产生了大量的新词汇，还催生了新文体。一方面，由于佛教的绝大部分经典都是翻译的，翻译产生了外来语，丰富了我们的词汇。另一方面，由于佛教的教义是外来文化，是新鲜事物，传法的对象是民众，信众越多越好，所以佛教还有一个下沉化、民间化的过程。一般认为，最早的白话文学就是佛教带来的，包括小说、戏剧之类，都受到佛教传入的重要影响。

这个影响一直延续到当代。我们知道，近代以来吸收西方文化，学习了解科学这些新事物，翻译起到了很大作用。而翻译的技巧，例如外来词的构成，其实受益于佛典翻译的经验，科技外来语的翻译方法，基本上沿用了佛教的方法。更为重要的，我们关于思想、社会、政治、文化等抽象概念的引介，往往也得益于佛教。这就涉及我们说的第二个方面，佛教对中国在哲学、抽象思维方面的重要影响。

我们都知道，宋明理学的建立，佛教发挥了重大作用。因为有佛教提供的思辨逻辑、范畴体系作为知识储备，宋明理学得以发扬先秦儒家的精神，建立起了庞大的形而上学体系。这是一个内容丰富的话题，大家可能多少也知道一些，今天就不展开讲了。我们较少了解的是，近代以来我们很多重要概念、思想的引介和确立，经由了日本人的翻译。虽说是日本人的翻译，但是他们并非直接翻译成日语，而是借用中国古代典籍中已有的词汇来翻译这些西来的新概念。而这些概念也就自然而然地被中国人所采用。其中有很大一部分，来自佛教。比如说"意志、思想、世界、宗教"等等，举不胜举。这就充分说明了佛教为中华文明提供了很多抽象的、形而上的、理论性的概念和思维方式，没有这些概念和思维方式，中国人的认知水平就不可能达到后来的高度。由于历史上中华文明的强大辐射作用，这些概念和思维方式也远及日韩等国，因此，日本人在思考和理解西方的新事物、新观念时，也不得不借助这些佛教的概念。

当然，佛教带来的新词汇，远不止这些比较抽象的、理论性的东西，日常用语中比比皆是，只不过大家日用而不知而已。比如说"胡说八道"其实就与佛教有关。因为佛教讲"八正道"，但由于早期传法的僧人大多是西域人，而不是本土印度人，他们传的法不一定那么准确，再加上西域人被称为胡人，所以就称之为"胡说八道"，相当于我们老百姓说的"经是好经，只是让歪嘴的和尚念歪了"。再比如说"改头换面""不可思议"等等，这样的例子非常多，有一本书叫作《俗语佛源》，里面举了很多有趣的例子，大家有兴趣的话可以找来看一看。

另一方面是风俗习惯，这类的例子也是举不胜举，比如一些节日，腊八节要喝腊八粥等。我这里要说两个大家可能不太熟悉的，却又是非常重要的例子。什么事情对我们每个人来说都非常重要？生与死。关于生与死，佛教对中国文化的影响都非常大。

首先看死，大家肯定会联想到出殡、荐福这些佛教仪式，这是比较明显的，没有错儿，但其实还有一个大家不太注意的地方，自佛教传入以后，民间才有了火葬的习俗。宋代洪迈的《容斋随笔》记述说："自释氏火化之说起，于是死而焚尸者，所在皆然"，说明当时民间受佛教影响，已经有了火葬的习俗。然而由于中国儒家士大夫认为土葬才符合孝道，故而朝廷对此多有禁断，且民间也讲究入土为安，故而汉地仍然以土葬为主，但火葬作为一种葬法，在中国乃至东亚地区都得到广泛的应用，特别是在日本这样受儒家伦理束缚较小的社会，火葬更加普遍。

再说生。我们现在都有过生日的习俗，其实中国古代人不过生日的。中国唐代以前的名人，我们往往知道他是哪年哪月去世的，例如司马迁，但不知道他是何年何月何日生的。不要说司马迁，就是唐代以前的绝大多数皇帝的生日，我们也不知道。要知道皇帝是非常特殊的存在，他们的衣食住行、一举一动都是有详细记录的，按理说生日这么重要的事情应该也要记录的吧，但事实上是绝大部分都没有记录。原因很简单，中国人原本不重视生日。因为中国文化的主流是儒家文化，儒家文化强调孝道、强调慎终追远，所以古人最看重的是忌日，而不是生日。那为什么后来又重视生日了呢？是受佛教的影响。

佛教有一个很重要的节日叫作"浴佛节"。如果大家没有在寺院里见过，想象一下傣族的泼水节就好了。泼水节实际上就是浴佛节。东南亚国家都过浴佛节，因为东南亚国家大都是佛教国家，浴佛的习俗来自佛经上的传说，就是说佛诞生之际，有九龙浴太子，所以浴佛节就是纪念佛诞。那么随着佛教传入中国，中国人也开始过浴佛节，到了唐代已经成为一种习俗。于是大臣们就说，佛庆祝生日，皇帝贵为天子，怎么可以不过生日呢？于是就有了皇帝也过生日的惯例，据记载大概是从唐玄宗开始，上表的都是当时的名臣，像张说、宋璟，称之为"天长节""千秋节"，后来也叫"诞圣节"。皇帝过生日，渐渐地老百姓也开始过生日、祝寿，所以过生日的习俗也受到佛教影响。

再说一方面，就是物质文化。

我们现代人都坐椅子。我们知道，古代人的"坐"和我们现在人不是一个姿势。日本人在榻榻米上"正坐"，才是我们古代人的坐法。关于"坐"的话题内容很丰富，佛教传入以后，就发生了关于什么是正确的坐的姿势的大争论，因为僧人依照印度和西域的坐法，与中原原有的不一样。礼仪之争实际上就是文化之争。这一点我们不展开讲，这里只说一点，就是这个椅子，也是通过佛教，从外国传进来的。佛教传入之前，中国没有椅子，只有床、榻这些东西，床的意思也和现在不一样，不是用来睡卧的。所以日语中现在"床"的意思，还是指用来"坐"的地板，是我们古代的意思。我们看"韩熙载夜宴图"，主人公就是在榻上。还有倚具，是一个半圆形的圈，"坐"的时候可以靠着，但没有椅面和椅腿，人是坐在地板上的。

椅子传入了，中国人渐渐就放弃原来的坐姿了，毕竟不大舒服，不符合人体工程力学。所以宋代理学家朱熹和人讨论祭祀的程序，祭祀的器皿是否应该摆在地上，朱熹就认为不必因循守旧，因为古代人没有椅子，席地而坐用餐，我们看汉代的画像砖就是这样的，所以他们当然要把食器摆在地上。那么到了宋代就没有这个必要了，因为宋代人都已经使用桌椅了。所以我们现在再到祠堂去，看到祭品是摆在桌案上的。从这个小例子也可以看出，理学家也并不都是墨守成规很死板的那类人，其实那也是我们的刻板印象。或许这也可以看作是与时俱进、兼收并蓄精神的外在显现吧。

总体而言，我们通过以上举的这些例子已经能够清楚地了解到，佛教不仅仅是一种宗教，它就好比是一艘大船，船上装的货物琳琅满目，现在我们都可以用"文化"来概括。佛教传入中国，带来的不仅是宗教，还有丰富的文化。中国人巧妙地把他们吸收了，融入了我们固有的文化，成为我们自己文化的一部分，这就是兼收并蓄精神的最好体现。

三、兼收并蓄与亲仁善邻的关系

中华文明在历史上一直能够坚持兼收并蓄的态度，这种开放和包容的文化自信、文化底蕴到底是从哪里来的？

首先，中国人奉行中庸之道，反对非黑即白、非此即彼的极端态度。中国古人说："万物并育而不相害，道并行而不相悖。"世界本来就是缤纷多彩的，事物虽然千差万别，却又相辅相成，是共生、共存的关系，而不是相互对立、排斥的关系。我们生态平衡就体现了这个道理，这个是在科学发展到一定阶段才发现的，发现的原因是人类打破生态平衡而引起的灾害。但这个道理，中国古人很早就发现，或者说领悟了。无论是儒家的仁爱还是道家的自然，强调的都是求同存异的和谐观。因此，当中国人遇到陌生的、新鲜的事物时，首先的反应不是视对方为异己，予以进攻乃至消灭，而是在差异中看到对方的长处，取长补短。

这里面很重要的一点，就在于中国古人相信中华文明信奉的这些道理是放之四海而皆准的真理。中国人在很古老的时代就相信，夷狄也出圣人，强调四海一家，所以中国古代的夷夏观是一种文明观，而非种族观。即便是夷狄，只要受到文化的熏陶，也可以成为华夏文明的圣人。儒家讲性习之学，孟子讲人皆有"不忍人之心"。陆九渊说："东海有圣人出焉，此心同也，此理同也；西海有圣人出焉，此心同也，此理同也；南海、北海有圣人出焉，此心同也，此理同也。千百世之上至千百世之下有圣人出焉，此心此理亦莫不同也。"钱锺书先生概括为"东海西海，心理攸同"。中国人认为人同此心、心同此理，不以宗教、肤色这些标签来把人限定死，这是文化自信的根源。

其次，中国古人认为君子的品格应该是"修己安人"。"修己"不用说了，"安人"是要让对方获得安稳、安宁。所以孔子说"老者安之，朋友信之，少者怀之"，又说"近者悦，远者来"。修己与安人是相辅相成的关系，修己的目的不是为了让自己更强大，更有竞争力，吞并、消灭对方，而是为了更好地"安人"。所以中国古代王朝一直将边疆民族归顺、远邦朝贺视为太平盛世的重要标志。而西方人或者受西方史观影响的历史学家从西方的历史经验出发，将古代东亚以中国为中心的册封、朝贡体制说成是中国对异民族和异国的征服，这是不对的。另一方面，"安人"也是安自己，是对"修己"的正反馈。所以孔子说"己欲立而立人，己欲达而达人"。

第三，我们认为世界是一个整体，即所谓"天下"。天下无分内外，夷狄也在天下之中，对夷狄的态度也不是一定要教化、改变他们，像一神教对待异教徒那样，更谈不上把他们彻底消灭。顾炎武讲：国家兴亡，肉食者谋之。天下兴亡，匹夫有责，这个大家都熟悉。诸侯为国、大夫为家，国家是一家一姓的私事，而天下是大家的天下，即便是匹夫都有担当的责任。既然匹夫有责，又何分夷狄呢？《大学》讲"修身齐家治国平天下"，"平"可不是"荡平"、征服的意思，是"平定"，使得四海升平、万邦和谐。

西方近代以来的政治哲学从人性恶的预设出发，构建了一种"自然状态"，认为在没有政府、法律约束的情况下，人类会陷入野蛮的自相残杀，像霍布斯说的"所有人对所有人的战争"。当然，他们也未必相信这是一种现实的状态，而是从这种理论假设出发进一步构建起契约论的政治哲学。但不管怎么说，这反映了西方人的一种潜在意识，就是特定团体与另一特定团体之间存在着根本的利益冲突，相互之间是对立关系。这种意识与西方的宗教关系密切，强调上帝与魔鬼、正统与异端的斗争，强调意识形态的差异和对立，强调传教即思想意识演变，强调打击潜在的敌人等等。自冷战至今，这种意识一直投射在现实政治之中，影响着人类的命运。坦率地说，这是一种危险的思想，随时可能制造矛盾、对立和仇恨。如果人类的各大文明都依此行事，人类必将陷入万劫不复的深渊。

因此，我们应该避免陷入同样的思维误区，多从中华文明的古老智慧之中汲取养分，多用我们包容、开放的心态去感化、团结别人，尊重多元，提倡平等互助、和平友爱，保持战略定力，以柔克刚。这样做的前提，就是在文化观上秉持相互欣赏、相互包容的心态，坚持兼收并蓄的精神。正如习近平主席所说："文明因交流而多彩，文明因互鉴而丰富"，文明"只有姹紫嫣红之别，但绝无高低优劣之分"，万紫千红才是春。和谐的秩序来自求同存异，而非整齐划一，人类的未来应该相互尊重、相互平等、休戚与共、共同发展。

最后，我们还是用习近平主席在首届"亚洲文明对话大会"上的讲话来作为总结，他指出：

> 亲仁善邻、协和万邦是中华文明一贯的处世之道，惠民利民、安民富民是中华文明鲜明的价值导向，革故鼎新、与时俱进是中华文明永恒的精神气质，道法自然、天人合一是中华文明内在的生存理念。

朱子文化的当代传承

朱人求

朱人求，1971 年生人。厦门大学哲学系特聘教授，博士生导师，人文学院副院长，国学研究院副院长，国家重大招标项目"东亚朱子学的承传与创新研究"首席专家，兼任全球朱子学推动委员会副主任。中国朱子学会秘书长，中国孔子基金会学术委员，福建省朱子文化发展促进会副会长，主要从事宋明理学，尤其是朱子学研究。主要著作有《儒家文化哲学研究》《大学衍义》《东亚朱子学的新视野》《百年东亚朱子学》《朱熹大辞典》等，主编了《朱子学文库》《朱子后学文献丛刊》等。

朱子是南宋著名的思想家，新儒学的集大成者。钱穆先生讲过，我们中国历史上有两个伟大的人物，一个是孔子，另一个就是朱子，除了两人之外，没有第三个人可以和他们相比。这两个人在中国历史上，留下了巨大的声光电响，影响了世界文明的进程。朱子的思想，在宋末、元、明、清是我们国家的最高意识形态。朱子学，不仅仅是我们中国的最高意识形态，而且在整个东亚、东南亚，像日本、韩国、越南，朱子学都被奉为最高的统治哲学。特别是在韩国和越南，他们也像我们中国一样，举行科举考试，同时也把朱子的《四书章句集注》作为科举考试的教材，这是非常了不起的举措。

蔡尚思有一首诗，叫作"东周出孔丘，南宋有朱熹。中国古文化，泰山与武夷。"朱子和孔子是相互对等的两个人物，中国古文化的中心就在泰山和武夷山。武夷山之所以能申请世界双遗成功，其中的世界文化遗产一项，实际上主要依靠的就是朱子。记得武夷山在申遗的时候，一开始是在悬棺上做了很大的宣传，这个评委们都不懂。后来申报的PPT上出现了"朱熹"二字，西方的那些评委们一下子知道了，并且觉得非常重要，建议武夷山要突出朱子文化的分量。因为朱子是后孔子时代最伟大的思想家，他的影响是世界性的，他对西方的文艺复兴，对启蒙运动，都有很大的影响。朱子在武夷山生活了大概有六十多年的时间，他生活在哪里，哪里就成为当时的文化中心，这是当之无愧的。

这里有一个朱子晚年的自画像，大家可以看到，朱子也是棋、琴、书、画无所不通的，是非常了不起的一个人物。他真的非常厉害，拥有作为读书人的真性情，而且非常博学，多才多艺。你看这个自画像，就画得非常棒，慈眉善目，非常传神，而且逼真。他左边有七星痣，相传有七星痣就是北斗七星即文曲星下凡。

一、朱熹生平介绍

朱熹是我国宋代最著名的思想家，生于 1130 年，卒于 1200年。他一生历事高宗、孝宗、光宗、宁宗四朝，从政时间仅九年，其余时间为授徒讲学，著书立说。他著作等身，给我们留下了 2000 多万字的文化遗产，是一个非常了不起的百科全书式的思想家。

朱子是一代旷世伟人，被誉为孔子之后第一人，他的诞生注定不会平凡。

建炎四年（1130 年）九月十五日午时，在尤溪县郑氏郑安道公馆中，伴随着金人南侵的战火、兵叛军乱的喧嚣和农民起义的呼啸声，开启儒学新篇章的一代圣人——朱子（小名沈郎，另以家族排行称五十二郎）来到了这个动荡不安的世界。相传，在朱子出生的前一天晚上，郑氏公馆所在的文山和对面的公山燃起了一场莫名的大火，烧出了一个"文"字和一个"公"字。根据五行相生的原理，朱松给儿子取了一个名字——熹，意思就是"喜火"，就是光明。果然，朱子不负众望，让儒学大放光明，重回昔日的荣光。朱子生下来，脸上带有七颗黑痣，排列成北斗七星，相传是文曲星下凡。此时，朱子故里——徽州婺源老家的虹井里冒出紫气。

北宋徽宗宣和五年（1123）三月，朱松更调南剑州尤溪县尉，八月到任。在尤溪县宾馆前，我们现在还可以看到一个"韦斋旧治"的石碑。宣和七年（1125）五月任满，这期间他往来于尤溪与政和之间。后来为了躲避战乱，全家从政和迁到了尤溪。南宋建炎四年（1130）农历九月十五日，朱熹出生于尤溪郑氏公馆，即后来的南溪书院。所以政和人说，朱子孕育在政和，出生在尤溪。南溪书院边上，有一颗朱熹手植的古樟树，已有800多年历史，要9个人才能把它抱住，非常壮观。朱子小时候到政和读过书，就在云根书院，云根书院坐落在山顶上，现已重建，也非常气派。

1137年，在朱子8岁的时候，全家就迁到了州府所在地建安，也就是现在的建瓯。朱子在这里生活了7年，建瓯朱子文化遗迹有艮泉井、文公书院。而且在建瓯孔庙里，还保存了他的对镜自画像石碑，可惜后来一场大火全毁掉了，现在只保存有拓片。目前在建瓯，保存比较好的是艮泉井和博士府。博士府是朱子后人中长房长孙住的地方，我们厦门大学的朱崇实校长就来自那里。祭祀时他们都是要坐首席的，因为长房长孙地位非常高，不仅能继承衣钵，也能继承朝廷赏赐的爵位，他们可以免除所有的赋税，终身为官，享受国家的俸禄。

朱子在五夫生活了40年。现在的五夫非常有名，是全国历史文化名镇。五夫的老房子保存得非常好，有朱子读书的地方

——紫阳楼。他手植的古樟，已经有 800 多年的历史，古樟中间还有一个巨大的灵芝，可以容纳一个人踩在上面。另外还有屏山书院，现在也要重新修复，未来还要建朱子文化广场和朱子祠。

朱子是天生的读书种子，很会读书。哲学家跟我们普通人就是不一样，朱子才 4 岁的时候，就问他的父亲，我们头顶上是什么？父亲告诉他是天。朱子问，天之上又是什么呢？朱松回答不上来。你看看，才 4 岁的小孩，他的问题就这么深刻，非常了不得。8 岁的时候，朱子读《孝经》，曰："不若是，非人也。"如果不能像《孝经》这样去做人，去孝敬你的父母，就不能称为人。当然，他读书也非常地辛苦，非常地勤奋。在 18 岁的时候就少年得志中了举人。19 岁结婚，然后中了进士，后来任职同安主簿。其实他并非中进士后立马就得到了官职，而是等了几年，到 24 岁的时候才正式上任。

绍兴十八年，朱子师从刘勉之。刘勉之对易学研究非常精通，所以朱子对易学也颇有心得。朱子的另一个老师是胡宪，对礼学有很深的研究，所以朱子在礼学领域也有专门的著作。

在朱熹 24 岁的时候，出任泉州同安县的主簿。在同安任内，他除了履行主簿的职责之外，还兴资办学，所以把当时一片荒蛮之地的同安（包括金门），变成了海滨邹鲁，人才辈出，影响深远。他还在金门建立了燕南书院，现在浯江书院里还有文公祠。有趣的是，台湾的孔子书院祭祀的不是孔子而是朱子。因为在明清的时候，朱子是当时最高的国家意识形态，这个时候朱子学传到了台湾，所以台湾人认朱子。当时著名的陈永华山长，他们都是朱子学者。朱子在同安的 4 年，除了执政讲学之外，还给当地带来了非常宝贵的文化财富，写下了"海滨邹鲁，文教昌明"的文明史辉煌篇章，使之成为"闽学开宗"之地。

另外，他还在五夫的兴贤书院讲学，这是在 1157 年（绍兴二十七年）。在同安任满之后，他在五夫生活了 40 多年时间，在那里讲学。五夫有一条巷子叫朱子巷，我们称之为中国哲学家小路，每次出入五夫镇的时候，朱子都要从这里走过。如果大家到海德堡，到东京，会看到都有当地的哲学家小路。可以这么说，五夫的朱子巷，就是中国的哲学家小路。

朱老夫子一生勤政爱民，有一种悲悯的情怀，视民而伤，呵护老百姓就好像爱护自己的伤口一样。他创办了社仓，把官仓变为民仓，赈济乡民，造福一方。以前官府救济的粮仓都放在州县里面，大城市一旦遭遇灾害，要请示皇上才能开仓赈灾。那时候没有 E-mail，没有电话，就是快马加鞭，像福建到京城来回可能要十天半个月。这是个很大的问题，你要知道救灾如救火，一两个星期之后也许人都死光了，而且储存在常平仓的粮食长期没人管理，开仓之后粮食根本没法吃。朱子因此创办了社仓，放在乡镇、农村里面，并且由乡绅专资、专粮，收利很少，粮食每年都在更新，这乡绅也愿意，老百姓也很高兴。不需要去借高利贷，很快就能拿到粮食，付出一点点的利息他们也觉得是完全可以接受的。一旦本息收回，社仓就会无息借贷。于是，朱子社仓成为当时一个很好的民间救济制度和政策。

朱子还向孝宗上奏，请求把社仓举措推行到全国。所以孝宗专门颁布了一部《社仓法》，后人称为"朱子社仓法"，他的弟子像黄幹，以及后学真德秀等，做官之后就到处推广此法。社仓法不仅留存在中国，像韩国、日本也进行了推广，因为它确实非常有效。朱子社仓，在古代是一个保护弱势群体的社会经济保障制度，这是朱子在社会事功方面的一个非常重要的贡献。

朱子的老师李侗，是南平人，他引领朱子重新回到了儒学。那个时代绝大多数人都是礼佛的，朱子拜师李侗后，从李侗那里学到了"理一分殊"的理论旨趣，"静中体验未发之中"的修炼方法，由出入佛老重新回归了圣学。

1169 年，在朱子 40 岁时，他的母亲祝夫人去世。朱子 14 岁的时候，他的父亲就去世了，并把他托孤于武夷三先生。从此，就由母亲把他拉扯大，所以他对母亲的情感非常深。他请他的好朋友选了一块风水很好的墓地，将母亲葬于寒泉坞。同年，在母亲墓地旁，朱子建立了他的第一所书院——"寒泉精舍"，守孝三年。在守孝期间，发生了一件非常伟大的事情，即吕祖谦前来拜会，两人相处了一个多月，合编了《近思录》这本书。《近思录》对整个东亚、东南亚都影响非常深远。两人编完《近思录》之后，朱子送吕祖谦回家。吕祖谦见朱熹和陆九渊两人观点，有点针尖对麦芒的意味，想调和两人之间的分歧。于是邀约两人见面，在信州鹅湖寺（今上饶铅山），也就是现在的鹅湖书院，两派针锋相对，就各自观点进行论辩。今天的鹅湖书院，还保存有一块"继往开来"的牌匾。其实朱子是非常大度的，他说："地势无南北，水流有东西。欲识分时异，应知合处同。"

到晚年的时候，朱子知南康军（今江西星子县）。他很快修复了著名的白鹿洞书院。此书院为天下书院之首，这一修复工作是一个非常了不起的贡献。而且朱子在白鹿洞书院落成时开坛讲学，讲《中庸》首章，写了 196 个字。不要小看这 196 个字，就是这些字，成为当时自南宋以来中国书院的最高宗旨，成为当时的教育方针，同时也成为韩国、日本、越南所有书院的最高宗旨。

甚至日本明治维新时期的教育，完成了近代化的转变，也与白鹿洞书院宗旨有着千丝万缕的联系，我还就此写过专门的论文。

另外，还有浙东救灾的事迹，"浙东"是指台州。还有晚年在武夷山建武夷精舍传道。他在武夷山讲学时，张栻就说："当今道在武夷。"这样一个文化伟人，他走到哪里，哪里就是文化中心。

61 岁的时候，是在漳州，你们现在可以看到漳州的白云岩还有非常多朱子的文化遗产。当时漳州土地兼并严重，所以朱子主张重新丈量土地，并实行井田之法，可惜遭到豪强地主的反对，所以一年之后朱子就离开了。他刚到漳州的时候，在白云岩书院写了一副非常有名的对联："地位清高，日月每从肩上过；门庭开豁，江山常在掌中看。"白云岩书院也就是朱子的"紫阳夫子解经处"。

晚年他迁到考亭，建成了考亭书院，形成了考亭学派。现在的书院只剩下了这块书院牌坊。其实考亭书院一直保护完好，只是后来在书院下游建造水电站，导致书院被淹没，所以非常遗憾地只剩近年从水库打捞上来的这块牌坊。考亭书院在南宋是非常鼎盛、规模极大、最具影响力的书院之一。朱子晚年在考亭讲学的时候，非常的凄苦，老百姓也非常的不容易。有一次他到女儿家，没有东西吃，他女儿就用小麦做了点饭，烧了白糖水，放了两根葱给他下饭。朱子看到女儿过得这么清贫也非常辛酸，写下一首诗："葱汤麦饭两相宜，葱补丹田麦疗饥。莫谓此中滋味薄，前村还有未炊时。"

此后，他又出任潭州，在潭州修复了岳麓书院。岳麓书院是现在唯一一个，至今还发挥着教育功能的古代书院。书院坐落在长沙市区湖南大学里面，现在从本科、硕士到博士都有招生，从这一点看它是非常幸运的。朱子修复的岳麓书院和白鹿洞书院，都是全国四大书院之一，影响非常深远。当时朱子和张栻在这个地方讲中国哲学，连续三天三夜没有合眼。

1195 年，朱子 65 岁的时候，出任侍讲，给皇帝当老师和顾问。但是仅 46 天后就被赶出去了，因为他太直，天天训皇上要"存天理，灭人欲"。人欲是什么呢？是我们过分的欲望。我们要遵奉天理来行事，他认为我们穿衣吃饭是天理，但你穿衣非要穿名牌，吃饭要吃熊掌，吃鲍鱼，吃山珍海味，吃猴脑，这就叫人欲。这是非常有道理的，"存天理，灭人欲"不是说要把所有的人欲消掉，而是要去除过多、过分的欲望。他这样一个大思想家不会讲出那种外行的话，这是被后人，尤其是"文化大革命"时，被那些根本没有文化，且无知无畏的人误解了，仅此而已。

最后在 1200 年，朱子 71 岁的时候，他在建阳黄坑（宋称唐石里）选定了自己百年之后的"归藏之所"，是位于塘村的九峰山大林谷。从远处望去，以九峰山为屏的大林谷，就像是被风吹动着的罗带一般，非常漂亮，属"风飘罗带"的地形。当时是他的得意门生，精读易学的蔡元定，专门选的这个地址，后来朱子就安葬于此。我以前专门去那里看过，有笔架山，由几重岸上去，应该说是非常好的一个墓地，我每年都会去那里拜祭朱子。

一代豪杰陆游，对朱子也非常崇拜。还有辛弃疾，他认为周公之后二三人而已，即周公、孔子、朱子，对朱子的评价非常高，他说："所不朽者，垂万世名。孰谓公死，凛凛犹生！"这句话道出了朱子的伟大和功绩，他名垂千古，能够立德、立功、立言，能够千古不朽，能够融合儒、释、道三教，建构自然、社会、人生完整的、博大的理学思想体系。换句话说，我们可以用两个比喻来形容朱子伟大的一生。第一个比喻就是珠穆朗玛峰，宋明理学是中国古代哲学史上最辉煌的成就，如果把它比作喜马拉雅山，那么朱子就是喜马拉雅山脉里的最高峰——珠穆朗玛峰。第二个比喻是把朱子比作一个巨大的蓄水池。朱子是集大成者，他之前所有思想的河流都汇集到了他这里。在朱子之后，所有的思想家都要从这个地方，从这个大蓄水池、大水库里面来吸取营养。对我们中国古代文化来说，如果离开了朱子，就没有好的思想，没有好的哲学，没有好的文化。

朱子的厉害之处就在于朱子学后来成了元、明、清七百多年间的官方哲学，而且不仅是在中国，在整个东亚世界都是。所以，康熙皇帝所颁发的"学达性天"匾额，就是他人性论等各方面达到很高成就的一个体现，这是我们对朱子一生所做的回顾。

二、朱子文化精神（一）

下面，我们来谈谈什么是朱子文化？什么是朱子文化的精神？在当代社会，我们应该如何继承和发扬朱子文化精神？

朱子文化，顾名思义，就是以朱子学为核心的前近代中国文化，即宋末以来至元明清以朱子学为核心的近 700 年中国文化，它是这一时期中华民族的思维方式、生活方式和价值系统的集中体现。众所周知，中国哲学发展到宋明理学，开创了一个别开生面、意义非凡的精神世界。朱子总结了以往的思想，尤其是宋代理学思想，建立了庞大的理学体系，成为宋代理学之大成者，以其真知睿见和"致广大，尽精微""综罗百代"的恢宏格局而名彰后世。钱穆指出："在中国历史上，前古有孔子，近古有朱子，此两人皆在中国学术思想史及中国文化史上，发出莫大声光，留下莫大影响。瞻观全史，恐无第三人可与伦比。"（《朱子新学案》）朱子的思想不仅统治了南宋以后元明清近800年的中国，而且影响到整个东亚世界，并演化为东亚世界的官方哲学和最高意识形态，成为近800年来中国社会统治秩序的精神支柱，形成了世界性的朱子文化品牌。在某种意义上，朱子学说奠定了近700年来中国人的生活方式、思维方式和治国理政的模式。近700年来，朱子学就是儒学的代名词，就是中国文化的代名词，陆王心学只不过是对朱子学的反动，乾嘉学派则是朱子学的否定之否定，三者恰好构成一个正—反—合的逻辑发展历程。近现代是朱子文化的衰落时期，伴随着中国的崛起和中华文化的伟大复兴的机缘，当代朱子文化面临着新的发展机遇。

朱子学是朱子文化的精神内核。朱子学，顾名思义，就是指朱子的学说，这是狭义的朱子学概念。在更为广泛的意义上，它指朱子及其后学的学说。在时间的向度上，朱子学与东亚在历史、现在与未来关系密切。朱子学是东亚文化所依凭的重要精神资源，在东亚的历史上曾经一度成为中、日、韩最高统治意识形态；在现代生活中，朱子学也是东亚世界中仍然保持鲜活的文化模式；在未来的时空中，朱子学也是能够在东亚地区乃至全球带来广泛认同的普世价值。在空间向度上，朱子学至今仍深深地扎根于八闽大地、我国大部分地区、港澳台地区、东亚、东南亚和世界各地华人的生活方式之中。全球的中华儿女，从修身齐家到建功立业，或隐或显，无不受着朱子学的支配和影响，并因为朱子文化的粘连而亲如一家。朱子学俨然已成为海峡两岸文化交流的重要桥梁，全球华人情感沟通的重要纽带。

　　已故的文化大师克里弗德·格尔兹曾经讲过，我们要研究那种具有全球意义的地方性知识，而朱子学正是这种具有"全球意义的地方性知识"（《地方性知识》）。朱子学有三个层次，就好像一个同心圆展开的过程。第一个层次，是中国文化圈里面的朱子学，在这个层次里，目前海峡两岸学术界有着非常丰富的研究成果。第二个层次，是东亚文明圈中的朱子学。第三个层次，就是全球化的朱子学。我认为，朱子文化也有三个层次：第一个层次，是中国文化圈里面的朱子文化；第二个层次，是东亚文明圈中的朱子文化；第三个层次，就是全球性的朱子文化。朱子文化是中华优秀传统文化的重要组成部分，是东亚文化共同体的文化源泉，是世界文化宝贵的精神财富。那么，什么是朱子文化的基本精神呢？朱子文化对现代社会和现代生活有什么意义？今天我们如何传承和发展朱子文化精神呢？换言之，全球化需要什么样的朱子文化？朱子文化的精神怎样参与人类精神的建构？

　　如果用四个字来概括朱子文化的精神，你会用哪几个字？我认为，朱子文化的基本精神就是"全体大用"的精神。朱子学的基本精神就是全体大用的精神。就好像我们用"知行合一"来概括阳明学的基本精神一样。什么是精神？精神一般与物质或肉体相对应，表示存在于个别事物根底的普遍性，也用来表示对基本事物的思考模式。朱子文化的精神，也指向朱子学的思想的本质与终极的意义。日本楠本正继博士认为，朱子"在动态事象的内部深处思考其静态要素，此乃宋代文化之精神，进一步而言，此点亦触及汉民族的根本性格"（《宋明时代儒学思想之研究》）。"全体大用"是朱子学的基本精神，朱子的政治实践、社仓建设、书院教化、家礼的推广与普及都是此"全体大用"精神的具体落实。

那么，究竟什么才是朱子所称许的"全体大用"呢？

首先，在一般的意义上，"全体大用"指"明德"，指"心具众理而应万事"。"全体"指"心具众理"，"大用"指"应万事"。这是朱子明确写进《大学章句》的晚年定论。朱子曰："明德者，人之所得乎天，而虚灵不昧，以具众理而应万事者也。"（《大学集注》，《四书章句集注》）"但为气禀所拘，人欲所蔽，则有时而昏；然其本体之明，则有未尝息者。故学者当因其所发而遂明之，以复其初也。"（《大学章句》，《四书章句集注》）"明德"即"心之本体"，人心具有万事万物的道理而能自然而然地接应万事万物。但人心受到气质之性的局限，被物欲所遮蔽，有时候不能发出本来固有的光明德性，"明明德"就是要回到原初那一片光明的德性中去，回归本心原有的澄明。"人之明德，全体大用，无时不发见于日用之间，人惟不察乎此，是以汨于人欲而不知所以自明。《孟子集注》云：众人虽有不忍人之心，然物欲害之，存焉者寡，故不能察识，而推之政事之间，则又似必着意体察然后有见。"（《答李孝述继善问目》，《晦庵先生朱文公文集续集》卷十）"明德"之"全体大用"具体体现在伦常日用之中，政事的具体运用只是"明德"的向外推衍而已。如果没有觉察到内心的光明道德，人们就容易沉湎于物欲而不自知，无法恢复本心的自觉与自知。

其次，"全体大用"一开始指仁体义用。天命之性流行发用于伦常日用和万事万物之中，其全体就是"仁"，万事万物对天命之性的分享和发用，各安其性，各尽其分，这就是义。"熹尝谓天命之性流行，发用见于日用之间，无一息之不然，无一物之不体，其大端全体即所谓仁，而于其间事事物物，莫不各有自然之分，如方维上下，定位不易，毫厘之间，不可差谬，即所谓义。立人之道不过二者，而二者则初未尝相离也，是以学者求仁精义，亦未尝不相为用。"（《答江元适》三，《晦庵先生朱文公文集》卷三八）仁义是人道的核心价值，二者互为表里，不可绝然分割为二。朱子反对否定精义的空言，认为这是告子"义外"说的错误根源。如果不知"义"而空谈"仁"，则尽不到"仁"的全体功用。

再次，在心的运动变化的层面，"全体大用"又指心之动静而言。"夫人心是活物，当动而动，当静而静，动静不失其时，则其道光明矣，是乃本心全体大用……吾友若信得及，且做年岁工夫，屏除旧习，案上只看六经《语》《孟》及程氏文字，着开扩心胸，向一切事物上理会，方知'体用一源，显微无间'是真实语。"（《答许顺之（十四）》，《晦庵先生朱文公文集》卷三九）又说："心具众理，变化感通，生生不穷，故谓之易。此其所以能开物成务而冒天下也。圆神、方知变易，二者阙一则用不妙，用不妙则心有所蔽而明不遍照。"（《问张敬夫》五，《晦庵先生朱文公文集》卷三二）心具众理，变化感通，生生不穷，动静不失其时，能开物成务，世界一片光明祥和，这就是本心的全体大用。

第四，"全体大用"又指"仁"。朱子认为，"德是逐件上理会底，仁是全体大用，当依靠处。"又说："据德，是因事发见底；如因事父有孝，由事君有忠。依仁，是本体不可须臾离底。据德，如着衣吃饭；依仁，如鼻之呼吸气。"（《朱子语类》卷十八）针对蔡卿的提问："仁恐是生生不已之意。人唯为私意所汨，故生意不得流行。克去己私，则全体大用，无时不流行矣。"朱子回答说："'仁'字恐只是生意，故其发而为恻隐，为羞恶，为辞逊，为是非。"（《朱子语类》卷六）仁是全体大用，它的发用就是恻隐、羞恶、辞逊、是非之情。

第五，在推行方式上，"全体大用"即是推己及人，就是孔子所谓忠恕之道，即"仁"的具体推衍。"故圣人举此心之全体大用以告之。以己之欲立者立人，以己之欲达者达人，以己及物，无些私意。如尧之'克明俊德，以亲九族；九族既睦，平章百姓；百姓昭明，协和万邦，黎民于变时雍'，以至于'钦若昊天，历象日月星辰，敬授人时'，道理都拥出来。"（《朱子语类》卷三十三）心的向外推衍、发用，就是己立立人、己达达人、推己及人。尧通过明明德的工夫而达到和睦九族、百姓昭明、协和万邦和天人合一，就是推己及人，就是把儒家忠恕之道发挥到极致的效果。在此意义上，明代理学的殿军刘宗周指出："求终身之行于一言，可谓善学矣！其恕乎！言举斯心推诸彼而已矣！心体与天下相关，仁者己欲立而立人，己欲达而达人是也。己所不欲，勿施于人，恕之端也，仁之方也。学者苟随所在而扩充之，则全体大用无不由此出矣。非终身可行之道哉？"（《论语学案》卷八）

第六，在心性结构上，"全体大用"指性体情用。在心性结构上，朱子主张心、性、情三分，心主性情，心统性情。贺孙因举《大学或问》云："心之为物，实主于身。其体，则有仁义礼智之性；其用，则有恻隐、羞恶、恭敬、是非之情，浑然在中，随感而应。以至身之所具，身之所接，皆有当然之则而自不容已，所谓理也，元有一贯意思。"（《朱子语类》卷二七）心是心的主宰，心之全体就是仁义礼智之性，心的发用，就是人的恻隐、羞恶、恭敬、是非之情。性即理，人性之中本来就具有众理，本来就能明万善，只是由于气质和物欲的杂质掺杂其中故昏暗不明。因而，只有剔尽心性的杂质，才能回归心性的光明，回归心性原初的光明的本体。"窃谓人性本具众理，本明万善，由气质物欲之杂，所以昏蔽。上智之资无此杂，故一明尽明，无有查滓。中人以降必有此杂，但多少厚薄之不同耳，故必逐一求明。明得一分，则去得一分之杂，直待所见尽明。所杂尽去，本性方复。学者体此，以致复性之功。"（《答余国秀》二，《晦庵先生朱文公文集》卷六二）

第七，"全体大用"指"圣人气象"。格物致知即到达圣贤之域。"大学物格、知至处，便是凡圣之关。物未格，知未至，如何杀也是凡人。须是物格、知至，方能循循不已，而入于圣贤之域，纵有敏钝迟速之不同，头势也都自向那边去了。"（《朱子语类》卷十五）"格物是梦觉关。格得来是觉，格不得只是梦。"（《朱子语类》卷十五）格物致知所达到的"吾心之全体大用无不明"的境界就是圣贤觉悟之后的境界，每个人一旦优入圣贤之域，圣贤气象油然而生。"夫子之道如天，惟颜子得之夫子许多。大意思尽在颜子身上发见，如天地生物即在物上尽见，天地纯粹之气谓之发者，乃亦足以发之，发不必待颜子言之而后发也。"（真德秀《西山读书记》卷二十八）"颜子所以发圣人之蕴，恐不可以一事言。盖圣人全体大用，无不一一于颜子身上发见也。"（《答张元德》一，《朱文公文集》卷六二）朱子称许的颜子气象就是"圣人气象"，体现出圣人的"全体大用"。这是一种自然和乐、从容、纯粹、澄明的气象，如天地生养万物，自然显现，生机盎然，在万事万物上自然体现。当然，在更多的时候，朱子认为，颜子作为亚圣，其精纯度可得九分，但与孔子的十分和圆熟相比，在境界上还略逊一筹。

总之，所谓"全体"就是心中包涵所有的道理，所谓"大用"就是人心自然能应接万事万物。在朱子文化中，"全体大用"就是明明德，就是见道之后的彻悟，就是仁的精神及其在宇宙间的发用。全体大用在元代上升为朱子学的精神，在明代演化为儒学的基本精神。明代以来，许多思想家用《大学》框架来诠释"全体大用"，全体就是格物、致知、诚意、正心、修身，就是儒家的内圣之道；大用就是齐家治国平天下，就是外王之道。至此，全体大用已经成为中华文化精神的旗帜与象征。具体而言，朱子文化的精神又包括理一分殊的精神，主敬穷理的精神，正心诚意的精神，文化承传的精神，以家为本的精神，关爱民生的精神，教化天下的精神等，它们都是朱子"全体大用"思想的具体展开。

三、朱子文化精神（二）

"理一分殊"是朱子学建构的基本方法，朱子把它形象地比喻为"月印万川"。"理一分殊"是宋明理学家广泛使用的哲学话语，朱子把它发展到了一个崭新的高度。朱子认为，天底下终极之理只有一个，但它派生了万事万物，每一个事物中又蕴涵了这个终极的理，就好像天上只有一个月亮，但所有的江海湖泊中都有一轮明月，水中的每一轮明月都分有了天上那一轮明月。"理一分殊"论证了宇宙本体与万物之性的同一性，论证了本原和派生的关系，论证了普遍规律与具体规律的关系，一理摄万理，万理归一理。朱子认为："宇宙之间，一理而已。天得之为天，地得之为地，而凡生于天地之间者，又各得之而为性。其张之为三纲，纪之为五常，盖皆此理之流行，无所适而不在。"（《读大纪》，《晦庵先生朱文公文集》卷七十）天理是唯一的、终极的、至上的，万事万物分享了天理而成为自身。"理一分殊"适用非常广泛，可以对应一与多的关系，普遍性与多样性的关系，如全球一体化与民族文化的多元化，"一国两制"都可以用"理一分殊"来诠释。朱子为回应佛学的挑战，重点强调的是"分殊"。他提出要在"理一分殊"规约的指引下，重建道德伦理，这个方向就是"存异求同"。在全球化的今天，我们还可以将它要倒过来使用，既强调全球一体化的"理一"，也要保持各民族各种文化的自身特点，"求同存异"，和而不同。

"主敬穷理"是朱子学的工夫法门。朱子的学问宗旨，常常被概括为"主敬穷理"，所谓"主敬以立其本，穷理以进其知"。什么是主敬？朱子把"敬"上升到"圣门第一义""圣门之纲领"的高度，认为敬是"教人随事专一谨畏，不放逸耳"。主敬其实是一种内心状态，也是一种行为状态，内心要专注于一处，时时刻刻都要保持敬畏。不做事时的主敬体现的是一种精神态度，即内心总是处于一种警觉、警省、敬畏的状态；做事时的主敬则表现了一种做事的态度和伦理，一种专一、敬业的态度。陈来先生指出，从做事的角度来说，朱子学的现代意义之一，是可以为东亚社会提供一种"工作伦理"，朱子学的主敬精神为传统到现代的工作伦理提供了一种现成的资源、现成的伦理概念。

（《朱子学的时代价值》）"穷理"即格物穷理，就是接触事物来穷尽事物中所蕴含的天理，这是朱子学的"入德之门"。格物穷理之方法是多种的，朱子特别突出的是读书讲学，其中特别突出学习的精神，通过读书来明理。现代社会越来越是一个"学习型社会"，提倡终身学习，朱子的主敬穷理思想为我们提供了最好的指导。

"正心诚意"是朱子学说的行动纲领。朱子毕生以正心诚意为宗旨，于诚意用力最勤。诚意就是时时刻刻保持内心的真诚，不自欺欺人。朱子反复强调诚意是转关处，诚意是人鬼关，能做到诚意便是人，做不到的便是鬼；诚意又是善恶关，能做到诚意便是善，做不到的便是恶。诚意是除去内心许多私意，正心是在接触的时候除去外面许多私意。正心是存养的工夫。所谓正心，并不是将此心去正那心，自然而然，保持内心的纯净与真诚，摒弃外界干扰和不良情绪的影响，使内心始终保持一种中正平和不偏不倚的状态。在朱子的语境中，诚意是明明德的工夫，是内心的觉醒，是行动的开始，是改变自身的开始，是改变世界的开始。经由诚意，我们可以正心、修身、齐家，而后可以治国平天下。朱子以正心诚意来"格君心之非"从而达到"平天下"的政治哲学，是基于他对天下大势的一种理性思考，一种对历史必然之则的把握，既体现了中国古代知识分子政治上的品质，也是古代知识分子共同努力的政治方向。值得肯定的是，作为儒家核心价值观念之一的诚意正心，经过朱子的创造性阐释，有助于消解现代化过程中人们工于心计、虚浮欺诈、贪污腐化、世风淡薄的弊病，强化诚意正心，对于社会主义道德建设和市场经济的健康发展具有十分重要的意义。

文化承传与创新的精神最能体现朱子的文化自觉与文化担当。中国文化的承传谱系即道统，朱子自觉担当起自尧、舜、禹、汤、文武、周公、孔、孟一脉相承的道统，修德讲学，教化百姓，弘扬斯学，第一次揭示出道统的十六字心传"人心惟危，道心惟微，惟精惟一，允执厥中"，这是朱子不可磨灭的伟大贡献。朱子是南宋书院教育运动的中坚与旗帜，终其一生，他以极大的热情投入到了书院建设之中。在南宋新建的167所书院中，与朱子有关的书院就有67所，占40%以上，其对于南宋书院运动的贡献，由此可见一斑。有趣的是，朱子的《白鹿洞书院揭示》不仅成为前近代中国书院共遵之学规，也是东亚书院共同信奉的学规，至今仍影响深远。通过书院运动，朱子思想也一步步深入人心，渐渐落实为近800年来中国人共同的生活方式。朱子的文化实践可归结为一句话就是——文化传承与创新。朱子自觉承传了中国文化的道统，积极进行书院文化实践，对古代文化做了全面的整理，对四书的集结与诠释尤花费了毕生精力，是继孔子以来，在文化上继往开来、传承创新的典范。当代中华文化的伟大复兴必须建立在中华传统文化基础之上，如何推陈出新，如何为往圣继绝学，如何对传统文化进行批判地继承和创造性转换，朱子的文化传承与创新实践给了我们有益的启迪。

四、朱子文化精神的当代意义

以家为本的精神是朱子外王思想的根基和出发点。家是中华传统文化的根基，齐家是联结修身和治国平台下的桥梁与纽带。朱子以家为本的理念集中体现了儒家文化的基本精神。朱子集宋代理学之大成，承启古今礼学之变革，朱子《家礼》成书于南宋末年，是朱子对自己礼学思想的实践性著作。朱子将原属上层社会的儒家礼仪世俗化和平民化，推广至民间，编成《朱子家礼》，成为后世最简明的通礼、冠礼、婚礼、葬礼、祭礼实用手册，规定了日常生活的方方面面。元世祖至元八年（1271），朱子《家礼·昏礼》被国家礼典所采用，自此朱子《家礼》上升为国家通用礼仪。从此，朱子学真正应用于庶民，落实到民间，并且深入到社会的最基本细胞——家庭，落实为一种普遍的生活方式。《朱子家礼》一书，成为自宋元以降的中国及东亚社会的基本礼仪规范，对东亚世界产生了深远的影响。朱子还继承了传统的"齐家"思想，撰写《朱子家训》，提出"居家四本"——"循理保家之本、和顺齐家之本、读书起家之本、勤俭治家之本"，建构了一个系统而缜密的家哲学思想体系。"天理"构成朱子家哲学的本体论，读书穷理、居敬涵养、克己复礼、勤俭治家则是家哲学的力行实践，家国一体、万物一体、宇宙一家是家哲学的最高境界。随着科技进步、社会转型、现代化进程的加快，家庭生育功能退化、赡养功能弱化、教育功能分化，传统家庭的许多功能已经外化为社会的职能。在"家"的概念变得越来越模糊的同时，不可避免地出现了一系列矛盾和问题——空巢老人、家庭暴力、离婚率高、青少年犯罪等等。在这个物质日益丰富而精神相对贫乏的时代，人们开始渴望家庭的温暖和心灵的慰藉，呼唤一种新型家庭观念来保证现代家庭生活的温馨、和谐、健康和有序，找不到答案的现代人又把目光投到传统的家文化思想上。与此关联的是，以家族为核心的民间文化的勃兴壮大，家谱文化、祠堂文化、宗亲论坛等日益兴盛，方式也多种多样，这些文化实践活动起到了捍卫传统价值，复兴传统文化的作用，它也有力证明了朱子家文化的现代价值及其茂盛而顽强的生命力。

社仓制度的社会关怀最能体现朱子关爱民生，尤其是关爱弱势群体的精神。社仓制度系朱子首创的一种民间储粮和社会救济制度。绍兴二十年（1150），朱子好友魏元履在建阳县创立社仓，魏元履的初衷主要在于安定灾年的地方秩序，防止灾民暴乱。乾道四年（1168），建宁府（今福建建瓯）大饥。当时在崇安（今福建武夷山）开耀乡的朱子同乡绅刘如愚向知府借常平米600石赈贷饥民，仿效"成周之制"建立五夫社仓。"予惟成周之制，县都皆有委积，以待凶荒。而隋唐所谓社仓者，亦近古之良法也，今皆废矣。独常平义仓尚有古法之遗意，然皆藏于州县，所恩不过市井情游辈，至于深山长谷力穑远输之民，则虽饥饿濒死而不能及也。"（《建宁府崇安县五夫社仓记》，《朱文公文集》卷七七）社仓由官府拨给常平米为贩本，春散秋偿，每石米收取息米二斗，小歉困其半，大歉尽困之，当息米收到相当于本米之后，仅收耗米三升，此后即以息米作贷本，原米纳还本府，"依前敛散，更不收息"。至淳熙八年（1181），朱子创建的五夫社仓已积有社仓米3100石，并自建仓库贮藏。这一年朱子将《社仓事目》上奏，"颁其法于四方"，予以推广。孝宗颁布的《社仓法》作为封建社会后期一个以实际形式存在的社会救济制度，实是当时的一项政治进步制度。淳熙九年（1182）六月八日，朱子又发布《劝立社仓榜》，勉励当地几个官员积极支持社仓的行动，他们或者用官米或者用本家米，放入社仓以资给贷。夸他们心存恻隐，惠及乡间，出力输财，值得嘉尚。重申建立社仓的意义是"益广朝廷发政施仁之意，以养成闾里睦姻任恤之风"（《劝立社仓榜》，《朱文公文集》卷九九）。很显然，朱子设立社仓制度的根本目的仍然是要实现儒家政治思想中的仁政。这也表明，朱子的社仓除了救荒之外，也有保护贫民尤其是"深山长谷，力穑远输之民"的意义。在官府的推动下，朱子的社仓制度成为一个民间自我管理的社会救济制度。社仓制度既是朱子恤民思想的具体体现，也是朱子民本思想在实践中的一座丰碑，它也充分体现了朱子全体大用、视民如子、天下一家的淑世情怀。当今世界，如何弘扬朱子的关爱民生的精神，关系弱势群体的精神，仍然是一个重大的时代课题。

化民成俗，教化天下，这是朱子最最强烈的现实关切，也是朱子文化的现实归宿。楠本正继指出："全体大用思想乃源于所谓：虽然存在于相对的时空中，同时却也要求绝对，并不断试图在人世中，实践此种绝对的人类精神之必然要求，此思想的意义全然在此。"（《宋明时代儒学思想之研究》）朱子一生中，多次上奏，倡议天下大计，为我们留下了封事7篇，奏札、奏状142篇，这些上书无不传递着一个信息：劝勉皇上实践儒家内圣外王的理想。朱子认为，君主之心是国家兴衰的关键。君主唯有克去心中的私欲，才能保存天理的公正无私，才能开创太平盛世。朱子针对当时国家的时弊向孝宗进言，指出当时国家的急务是"辅翼太子、选任大臣、振举纲维、变化风俗、爱养民力、修明军政"这六项大事。只有正己，才能正家人、正朝廷、正百官、正天下，实现三代之治。对于普通民众，朱子强调经由《大学》之教，让每个人通过格致诚正而修齐治平，不仅要成就自我，完成内在道德的提升，而且要实现"修己安人""化民成俗"的政治理想。《大学》教育的目标则是"其学焉者，无不有以知其性分之所固有，职分之所当为，而各俛焉以尽其力"。经过《大学》的学习，每个人都能够充分理解自己所固有的性分，自己所当尽之职分，各自在自己的职分上再尽职尽责、尽力尽心。每个人都在其社会职位上尽心尽力，国家自然就可得化民成俗之效。化民成俗，教化天下，不仅是君王的职责，也是每个人应有的社会关怀和责任担当，平治天下是每个人的生命格局和终极关怀。正是通过身心—家—国—天下的一体建构，朱子学的精神关切也从自我扩充到家族、国家和整个世界。

2021年3月22日，习近平总书记特别考察了九曲溪畔的朱熹园，详细了解朱子生平及理学研究等情况。他指出，要坚定文化自信，推动中华优秀传统文化创造性转化、创新性发展，以时代精神激活中华优秀传统文化的生命力。朱子是宋代新儒学的集大成者，是中华优秀传统文化的杰出代表。新时代，深入挖掘和充分利用朱子文化中仍然具有强大生命力的思想成果，推动朱子文化创造性转化、创新性发展，赋予其时代内涵与当代表达形式，具有重要的意义。"问渠那得清如许，为有源头活水来。"在全球化背景下，中国思想文化积极参与全球文明对话、积极参与人类精神的重构，朱子学是其中不可或缺的活水源头。全球化时代是一个文化多元的时代，也是一个文化自觉的时代。每一个民族文化只有积极参与全球对话、自觉地融入全球化的浪潮中才能自立于世界民族之林，才能获得全球文化的主导权。文化自觉源于我们对自己民族文化的过去、现在和未来的关切，尤其是对时代问题、对当下现实的深切思考。"旧学商量加邃密，新知培养转深沉。"未来的路很长很长，但是我坚信，通过全球朱子学者不断地"商量"和"培养"，未来的朱子文化必将大放光彩。

中国佛学的智慧
——论信及其在现代社会之应用

赵东明

赵东明，1972 年生人，台湾桃园中坜人。现任华东师范大学哲学系副教授、觉群佛教文化研究所所长。主要研究领域为汉传佛学、法相唯识佛学、天台佛学、宗教哲学、跨宗教比较研究等。已出版及发表《"转依"理论探析——以〈成唯识论〉及窥基〈成唯识论述记〉为中心》《陈那"自证"理论探析——兼论〈成唯识论〉及窥基〈成唯识论述记〉的观点》《荆溪湛然〈金刚錍〉"无情有性"论探析》《当佛陀遇见上帝——试论现代神学能给予佛学的启示与反思》等学报及研讨会论文三十余篇。

大家好！今天我想谈谈中国佛教对"信"的看法，以及其在现代社会的应用。我将阐释三种意义的"信"：其一，诚信，指一种道德操守。如果坚持这种道德，定会为我们获得被他人认同的"荣幸"；其二，信仰，指一种精神力量。如果坚守这种力量，定会让我们常常觉得自己是处于"幸运"的状态；其三，智信，即一种看见"全体"真相的智慧。如果能够得到这种智慧，定会为我们带来长久的"幸福"。

我在这里首先说一下"信"的内涵。东汉·许慎《说文解字》提道："信，诚也。从人从言。会意。"意思是说，"信"乃诚实不欺。字形是采用"人、言"的会意字。清·段玉裁的《说文解字注》则解释为："诚也。释诂。诚，信也。从人言……人言则无不信者，故从人言。"可见，"信"和我们说出的话有密切关系。我们在社会上如果要取信于人，一定要言出必行、遵守信用，这样才能在社会上、人与人之间建立诚信！接下来，我将分别解释三种意义的"信"：诚信、信仰、智信。

一、诚信

中国佛教有一个关于成语"三生有幸（信）"的故事：唐朝

圆泽和尚与好友李源游览长江三峡，见一孕妇汲水，圆泽说他三天后就会投胎到她家，并以"诚信"相约十三年后的中秋夜在杭州天竺寺相会。十三年后，李源遵守"诚信"赴约，见到一位十三岁的牧童唱道：

> 三生石上旧精魂，赏月吟风不要论，
>
> 惭愧情人远相访，此身虽异性常存。

这个故事见于宋朝文学家苏东坡（1037—1101）的《僧圆泽传》。因此，现在一般人凡是比喻有特别的缘分，或朋友能在一种偶然的机会里或特殊的环境中相识，成为知己，又能够帮助自己的，就以"三生有幸"来称誉。而这"三生有幸"的故事，其实是奠基于朋友之间的"信"——彼此相互遵守"诚信"的约定。所以，我们也可以说中国佛学讲的这个深厚之缘分的故事（三生有"幸"），是"诚信"——三生有"信"造成的！

这个故事里有佛学特有的"因果智慧"，先有"因"（"诚信"），才有"果"（"荣幸"相遇的缘分）！这因果报应的观念，已经深入中国人的心理，并形成中华文化的一部分！这从许多中国古典小说的故事中也都能看出来。

这个中国佛学的故事告诉我们，三生"有幸"，是因为三生"有信"。如果别人对我们不诚信（一种"不幸"），我们可能要反思、反求诸己（这点佛学与儒学是一致的），亦即是否是由自己曾经的不"诚信"行为造成的？只是，除此之外，佛学还讲"三世因果"以及"轮回"，这个是佛学独特解释之处，而有别于其他学说与文化的解释（这则和智信有关，详见下文）。

二、信仰

2015 年 2 月 28 日，习近平主席在北京人民大会堂会见第四届全国文明城市、文明村镇、文明单位和未成年人思想道德建设工作先进代表时强调："人民有信仰，民族有希望，国家有力量。实现中华民族伟大复兴的中国梦，物质财富要极大丰富，精神财富也要极大丰富。我们要继续锲而不舍、一以贯之抓好社会主义精神文明建设，为全国各族人民不断前进提供坚强的思想保证、强大的精神力量、丰润的道德滋养。"在此，习近平主席提出了一个强有力的号召："人民有信仰，民族有希望，国家有力量！"关于人民有信仰，亦即我们所有社会大众一定要有坚定的信仰，没有信仰，就会导致精神上的"缺钙"。我们的信仰，实际上就是要求全国人民积极培育和践行社会主义核心价值观！而上面说的诚信，正是社会主义核心价值观之一！

顺此，"信"的意义在中国佛学中不单纯指"诚信"及"信仰"而言，还有"清净""净化"身心的意思，中国法相唯识学的立论根本经典——《成唯识论》就曾有此譬喻："云何为'信'？……心净为性……如水清珠，能清浊水。"意思是"信"，具备一种"清净""净化"的精神力量及功能，就像水中的清净宝珠能使污浊的水清净一样，能够"清净""净化"我们的身心，让吾人获得清净与心安，让我们的生命得到安顿与清凉。

除了上面已经论述过的诚信之外，笔者本文还将以鸠摩罗什（344—413，一说350—409）汉译的《妙法莲华经·法师功德品》之中，被中国佛教天台宗开创人——天台智者大师（天台智顗，

538—597）解释为天台宗圆教"十信位"（亦即十种信仰的精神力量：六根清净），来讲述其内涵与意义。并由此引出佛教恒河沙数"大千世界"的宇宙观，说明佛学智慧中的"信"是一种属于理智的智信——一种看见"全体"真相的智慧。本文的"信"，除了上面论述的"诚信"外，还有"信仰"的意思，指一种精神力量，也可以被用作对汉译《妙法莲华经》中的"六根清净"的解说。

故此，以下将论述与解释汉译《妙法莲华经》中的"六根清净"即天台圆教"十信位"——十种"信仰"的精神力量：

天台宗是中国佛教最早的本土化宗派，因其创始人智顗，常驻浙江天台山说法，故称"天台宗"，浙江天台山国清寺是天台宗的祖庭。天台宗是中国佛教最早创立的一个宗派，因其以《妙法莲华经》（《法华经》）为主要教义根据，故又称"法华宗"。

关于天台圆教"十信位"——十种信仰的精神力量，亦即"六根清净"，《妙法莲华经·法师功德品第十九》曾有如此描述：

尔时佛告常精进菩萨摩诃萨：若善男子、善女人，受持是法华经，若读、若诵、若解说、若书写，是人当得八百眼功德、千二百耳功德、八百鼻功德、千二百舌功德、八百身功德、千二百意功德，以是功德，庄严六根，皆令清净！

是善男子、善女人，父母所生清净肉眼，见于"三千大千世界"，内外所有山林河海，下至阿鼻地狱，上至有顶，亦见其中一切众生，及业因缘果报生处，悉见悉知……

若善男子、善女人，受持此经，若读、若诵、若解说、若书写，得千二百耳功德。以是清净耳，闻"三千大千世界"，下至阿鼻地狱，上至有顶，其中内外种种语言音声……

　　若善男子、善女人，受持是经，若读、若诵、若解说、若书写，成就八百鼻功德，以是清净鼻根，闻于"三千大千世界"，上下内外种种诸香……

　　若善男子、善女人，受持是经，若读、若诵、若解说、若书写，得千二百舌功德……

　　若善男子、善女人，受持是经，若读、若诵、若解说、若书写，得八百身功德。得清净身，如净琉璃，众生憙见。其身净故，"三千大千世界"众生，生时、死时，上下好丑，生善处、恶处，悉于中现……

　　若善男子、善女人，如来灭后，受持是经，若读、若诵、若解说、若书写，得千二百意功德。以是清净意根，"三千大千世界"六趣众生，心之所行，心所动作，心所戏论，皆悉知之。虽未得无漏智慧，而其意根清净如此。……

（《妙法莲华经》卷六）

　　经文中说到，因为受、持、读、诵、书写《法华经》的功德，可使父母所生之六根，具备天眼、天耳之类的不可思议功能；天台智顗即根据此义立其圆教修证位次之"六根清净位"。而"六根清净"这一词，在《法华经》的出处为《法师功德品》的下一品《常不轻菩萨品》："即得如上眼根清净、耳、鼻、舌、身、意根清净，得是'六根清净'已……更增寿命二百万亿那由他岁，广为人说是《法华经》。"（《妙法莲华经》卷六）此两段经文，所显示的"六根清净"义，应有两个层次。（一）是就修行之因的受、持、读、诵《法华经》的清净、净化六根而言；

（二）是指修行所证的果位而言。

上面这种借受、持、读、诵、书写《法华经》之功德，即能让凡俗之肉身与感官也能具有清净功德和不可思议神通的说法，可说是《法华经》的一大特色。关于此六根所具之功德数目，天台智顗以为身、口、意三业之安乐行，有十善（不杀生、不偷盗、不邪淫、不妄语、不两舌、不恶口、不绮语、不贪、不瞋、不痴），一善又有十，十善即成百善；一善中又具十如是（相、性、体、力、作、因、缘、果、报、本末究竟等），故成千善；在乘自行、化他则共二千；再乘如来室、如来衣、如来座三者，即成六千；再除以受持、读、诵、解说、书写五种法师，即成一根具一千功德。又一心具十法界，十界乘十如，则成一百；又再和六尘相乘，即成六百；再乘以定、慧二者，即成一千二百功德。然传说智者不知为何眼根仅具八百功德，又听说《楞严经》中有所说明，故拜求《楞严经》祈望此经能早些传至中国；因而现今浙江天台山的国清寺，仍存有智者拜经台之遗迹。然《楞严经》以三世（过去、现在、未来）乘以四方（东、西、南、北），成十二之数，又以此十二之数变一为十，则成一百二十，再以此一百二十之数变十为百，则成一千二百；故此一千二百之数量，即成六根之功德数目。但由于六根之功能与限制不同，故眼、鼻、身三根因感官功能之限制，仅具有八百功德；而耳、舌、意三根则全具一千二百功德（《大佛顶如来密因修证了义诸菩萨万行首楞严经》卷四）。

总之，在《法华经》中，"六根清净"一词应该有二层含意，（一）是就修行而言之防护与收摄六根；（二）是就修行果位而言的一个所证位次，此即上述无法用理性思维达至之不可思议的神秘功德。此两个层次，一是修行之因，一是修行之果。第一层含义，已如上说，即上引《法师功德品》之文："以是功德庄严六根，皆令清净。"此是在因地中，受持、读诵《法华经》，借此功德来防护、收摄六根，使之遵行律仪、断恶修善，故智顗分此为随喜、读诵、解说、兼行六度、正行六度等"五品"，而有"六根清净位"前的"五品位"。

另外，印度瑜伽行唯识学派的世亲（公元400—480）菩萨在他解释《法华经》的《妙法莲华经忧波提舍》这本著作中，则如下解释道：

> 此得"六根清净"者，谓诸凡夫以经力故，得胜根用，未入初地菩萨正位，此义应知。如《经》（案：指《法华经》）以父母所生清净肉眼，见于"三千大千世界"如是等故。又"六根清净"者，于一一根中，悉能具足，见色、闻声、辨香、别味、觉触、知法，诸根互用，此义应知。
>
> （《妙法莲华经忧波提舍》卷下）

这里所说《法华经·法师功德品》之"六根清净"是指一种凡夫因经文功德力庄严之故，所得到之"未入初地菩萨正位"的果位；并且，此果位可以使六根互相运用其个个不同之感官能力，使一一感官之能力具足于任何一根中。

关于"六根清净位"，天台宗创始人智顗与弟子智朗在临终前曾有一段对话，记录在《隋天台智者大师别传》里：

> 智朗请云：伏愿慈留，赐释余疑！不审何位？殁此何生？谁可宗仰？

报曰：……今更报汝，吾不领众，必净六根，为他损己，只是五品位耳。汝问何生者？吾诸师友、侍从、观音皆来迎我。问谁可宗仰？岂不曾闻波罗提木叉是汝之师，吾常说四种三昧是汝明导……

（［唐］释灌顶，《隋天台智者大师别传》）

顺便说一下，天台宗的"六根清净位"即"十信位"，智者大师这里很谦虚，说他还没有达到"十信位"，只是"五品位"，比"十信位"低一个层次。

智者大师的《法华玄义》解释"十信位"时还说道：

明"十信位"者，初以圆闻，能起圆信，修于圆行。善巧增益，令此圆行五倍深明；因此圆行，得入圆位。以善修平等法界，即入：1. 信心。善修慈悯，即入2. 念心。善修寂照，即入3. 进心。善修破法，即入4. 慧心。善修通塞，即入5. 定心。善修道品，即入6. 不退心。善修正助，即入7. 回向心。善修凡圣位，即入8. 护法心。善修不动，即入9. 戒心。善修无着，即入10. 愿心。是名入"十信位"。《璎珞》（案：指《菩萨璎珞本业经》）云：一信有十，十信有百；百法为一切法之根本也。是名圆教铁轮"十信位"，即是"六根清净"。

（《妙法莲华经玄义》卷五）

根据以上，"十信"亦即十种信仰的精神力量，是指：1. 信心。2. 念心。3. 精进心。4. 慧心。5. 定心。6. 不退心。7. 回向心。8. 护法心。9. 戒心。10. 愿心。

另外，"六根清净位"还与中国佛学"退一步海阔天空"的智慧有关系。唐末五代后梁时布袋和尚《插秧诗》写道：

> 手把青秧插满田，低头便见水中天；
>
> 六根清净方为道，退步原来是向前！

基于"退一步海阔天空"，我们必须知道，诚信是用来要求自己，而不是要求别人的！因此，如果遇上有人对自己不守诚信（例如有人向我们借钱却不还），我们便也可以尽量释怀，而不会轻易怨天尤人了！有信仰这种精神力量的支撑，定会让我们常常觉得自己是处于"幸运"的心态！

而中国法相唯识学有一个核心主题："三界唯心、万法唯识。"不过，若要了解这句话，需要理解佛学的宇宙观：恒河沙数"大千世界"。佛学具有非常接近现代天文科学的面向。这是一种看见"全体"真相的智信，而与其三世因果、六道轮回的学说都有关联。因此，以下接着来看智信。

三、智信

由上述中国佛学天台圆教"十信位"，我们可以进一步寻觅佛学的现代科学智慧，亦即恒河沙数"三千大千世界"的宇宙观。而这也是笔者接触佛学的因缘。什么是"三千大千世界"？《楞严经》卷第六说道：

> 十四者、此"三千大千世界"百亿日月，现住世间诸法王子，有六十二恒河沙数修法垂范，教化众生随顺众生，方便智慧各各不同。由我（案，指：观世音菩萨）所得圆通本根发妙耳

门，然后身心微妙含容遍周法界。

（《大佛顶如来密因修证了义诸菩萨万行首楞严经》卷六）

什么是"三千大千世界"？唐代的玄奘法师在《大唐西域记》中也曾提道：

然则索诃世界（案，又译娑婆世界）"三千大千世界"，为一佛之化摄也。今一日、月所照临四天下者，据"三千大千世界"之中，诸佛世尊皆此垂化，现生现灭，导圣导凡……

而在中国汉译的佛教论典中，则有如下几部经典，解释了何谓"三千大千世界"。首先，汉译之印度中观学派的论典《大智度论》提道：

问曰：云何为"三千大千世界"？

答曰：佛《杂阿含》中分别说：千日、千月、千阎浮提、千衢陀尼、千欝怛罗越、千弗婆提、千须弥山、千四天王天处、千三十三天、千夜摩天、千兜率陀天、千化自在天、千他化自在天、千梵世天、千大梵天，是名"小千世界"，名"周利"。以"周利"千世界为一，一数至千，名"二千中世界"。以"二千中世界"为一，一数至千，名"三千大千世界"。初千小，二千中，第三名大千。千千重数，故名"大千"；二过复千，故言"三千"；是合集名。百亿日、月，乃至百亿大梵天，是名"三千大千世界"。

（《阿毘达磨俱舍论》）

接着，汉译之印度说一切有部的论典《阿毘达磨俱舍论》（约公元4—5世纪，玄奘在7世纪汉译为中文）也提道：

颂曰：四大洲日月，苏迷卢（须弥山异译）欲天；梵世各一千，名一小千界。此小千千倍，说名一中千；此千倍大千，皆同一成坏。

论曰：千四大洲，乃至梵世，如是总说为一小千。千倍小千，名一中千界。千中千界，总名一大千。如是大千，同成同坏。

（《阿毘达磨俱舍论》）

再次，汉译之印度瑜伽行唯识学派的论典《瑜伽师地论》也提道：

如是百拘胝（案，是现代数字的"千万"，一般翻译成"亿"）四大洲、百拘胝苏迷卢（案，指须弥山的异译）、百拘胝六欲天、百拘胝梵世间"三千大千世界"俱成俱坏。即此世界有其三种：

一、"小千界"：谓千日、月……乃至梵世，总摄为一。

二、"中千界"：谓千小千。

三、"大千界"：谓千中千。

合此名为"三千大千世界"。

如是四方上下，无边无际"三千世界"，正坏正成，犹如天雨，注如车轴，无间无断，其水连注，堕诸方分。如是世界遍诸方分，无边无际，正坏正成。即此"三千大千世界"，名"一佛土"（案，即"一佛刹"或"一佛刹土"）。如来于中，现成正觉，于无边世界施作佛事。如是安立，世界成已，于中五趣可得，谓：那洛迦（案，即地狱）、傍生（案，即畜生）、饿鬼、人、天，及四生可得，谓：卵生、胎生、湿生、化生。

（《瑜伽师地论》）

关于以上中国汉译的佛教论典所提到的"三千大千世界"，近代华人佛学研究的巨擘——印顺（1906—2005）在其《初期大乘佛教之起源与开展》一书中解释"三千大千世界"时说道：

现前的世界——三千大千世界，是佛教界公认的世界结构。世界单位，是以须弥山为中心的。须弥山外的大海中，有四大洲；我们所住的，是山南的阎浮提洲。须弥山腰有日与月；以上是天界；大力鬼神，大抵依须弥山（或山下海中）而住。

这样的"一（个）四天下"——四洲等，是世界单位。一千个四天下、日月等，名为"小千世界"。一千个小千世界，名"中千世界"。一千个中千世界，名"大千世界"，或称"三千大千世界"。大千世界，有百俱胝四天下、日月等。或译为"百亿""万亿"，其实是1000000000个四天下。我们这个大千世界，叫娑婆世界，是释迦佛教化的佛土。

（印顺《初期大乘佛教之起源与开展》）

亦即上述佛教经典中，一个日、月系统称为一个"小世界"或"须弥世界"，1000×1000×1000个"小世界"，亦即10^9个日、月系统，则构成"大千世界"或称"三千大千世界"，即10亿个日、月系统。按照大乘佛学的说法，宇宙中有无量无边的"三千大千世界"——恒河沙数的"三千大千世界"。

基于以上资料，假使佛学的宇宙观可以比附现代天文科学的话。那么，与一个"大千世界"或称"三千大千世界"，最接近的现代天文科学系统，肯定是一个"银河系"了。而宇宙中有恒河沙数般的"三千大千世界"，即有如恒河的沙子般数不清的"银河系"。

现代天文科学借由天文望远镜观测所得的宇宙观之中，我们所处的"银河系"［Milky Way Galaxy 或 Galactic System，约有1000 至 4000 多亿个类似"太阳系（Solar system）"般的"恒星系（Star system）"所组成］，是作为宇宙的基本单位，亦即宇宙中有数不清的类似我们所处的"银河系"般的星系——所谓的"系外星系"。而现代天文科学这样的以银河系这种"星系"作为基本单位的宇宙观，佛典早在二千年前，就有类似的说法，即以"三千大千世界"作为宇宙基本单位（一佛刹、一佛土、一佛刹土或无畏一佛刹土）的宇宙观。

　　关于现代天文科学对这数不清之"系外星系"的发现与证实，实际上经历了漫长的时间与观测才得到距离测量上的证实。1750 年代英国的天文学家托马斯·赖特（Thomas Wright，1711—1776）在他出版的《关于宇宙的原创理论或新假设》（*An Original Theory or New Hypothesis of the Universe*）一书中，认为所有的恒星与银河共同构成一个更巨大的天体系统，形状像一个磨盘，直径比它的厚度要大得多；接着 1755 年哲学家康德（Immanuel Kant，1724—1804）也提出人们所见大部分的恒星都以银河为基本面从两边向其集中，而这些恒星则构成一个更巨大的天体系统，整个宇宙由无数个这种有限大小的天体系统组成；但是，这些都是没有观测支持的猜测。之后，虽然历经许多天文观测的支持，但直到 1923—1924 年间，哈勃（Edwin Hubble，1889—1953）透过测量造父变星的距离，系外星系的存在才得到距离测量上的证明，至此，大多数天文科学家对此再无异议（参见钮卫星《天文学史：一部人类认识宇宙和自身的历史》）。

　　但是，早在两千多年前，佛教就提出了"三千大千世界"为

"无畏一佛刹土"的说法。这是佛经中将"三千大千世界"作为宇宙基本单位的宇宙观。而我们所处的这个"三千大千世界"，则称为"娑婆世界"。佛教这种观点与现代以"银河系"为宇宙基本单位的天文学宇宙观极其类似。上面已经说到，这乃是在20世纪20年代才被证实的观点。因此，佛典的一个"三千大千世界"可以约略比附为一个银河系的话，那么，系外星系的观点，就是佛教给予我们这个世界的一个超越时代的先进知识！

以下，我们可以简略地总结出如下渐次增大的"现代天文科学"宇宙结构，与佛学宇宙观的相比对，作为这部分的结尾：

1. "地球"→佛学的"南阎浮提洲"（又译成"南瞻部洲"）

2. "太阳系"→佛学的一个"小世界"（一个"须弥世界"）

3. "银河系"→佛学的我们所位在的"娑婆世界"这个"三千大千世界"

4. "本星系群"→佛学《华严经》中的"娑婆世界"共十三个"三千大千世界"

5. "室女座星系团"→佛学《华严经》的"普照十方炽然宝光明世界种"共二百个"三千大千世界"

6. "室女座超星系团"→佛学《华严经》的"华藏庄严世界海"共二万二千二百个"三千大千世界"

7. "CfA2长城"结构→佛学恒河沙数的"三千大千世界"

8. "泡状宇宙结构"→佛学《华严经》的"一真法界"

笔者以为，以上的论述乃是对佛学里的现代天文科学面向的揭示，依赖于智信向度——一种看见"全体"真相的智慧。具有智信→幸福的这种关系！也就是说，如果具备智信，并在生活中以此种智慧行事，我们就能清楚地掌握全体而不被蒙蔽，也一定会为我们带来长久的幸福！

四、总结

综上所述，中国佛学智慧中的"信"，除了诚信和信仰的意义之外，还具有非常接近现代天文科学的面向（上面恒河沙数"三千大千世界"的宇宙观），这是一种属于理智亲见的智信。佛学这种宇宙观的见解，与现代天文科学的解释非常符合！所以，"三生有幸（信）"之中，过去、现在、未来三世的理论与轮回学说，也将得到间接地论证与合理地解释！

诚信，是一种道德操守；信仰，是一种精神力量；智信，是一种看见"全体"真相的智慧。智信是信仰与诚信的基础。亦即由智信（一种看见真相的智慧）产生信仰（一种精神力量），并且具备看出他人是否诚信的道德能力。也就是，有了智信，自然能产生信仰的精神力量，同时具备诚信的道德操守。与此相对应，也可为我们分别带来幸福、幸运与荣幸！

最后，本文引用牟宗三先生（1909—1995）在《客观的了解与中国文化之再造》一文中对中国佛教智慧的高度赞扬来结束我的发言：

中国吸收佛教以至消化佛教，前后四百余年，消化到天台宗、华严宗、禅宗出现，真是人类智慧发展之高峰！禅宗尤高致，只有靠中国人的智慧才能开发出来！中国佛教中之高僧大德，如智者大师、贤首等，都是大哲学家，像这样高级的大哲学家，放眼西方哲学史，都找不出几个可以相提并论，中国人实在不必妄自菲薄！当时人称智者大师是"东土小释迦"，是当时人对智者大师有相应的了解……智者大师自己说自己是"五品弟子位"，此位在六即判位中是属"相似即佛位"，"相似位"即是"六根清净位"。在西方哲学史中，我看只有康德近乎六根清净，其他人大抵六根未净，一个人能修到六根清净，谈何容易？在修行上，达到六根清净，固不容易，在学理上，能"判释东流一代圣教，罄无不尽"，何尝不是一大智慧？……

我们第一步要静下心来好好了解古典，然后按照"实践的智慧学"这个哲学古义的方向，把中国的义理撑起来，重铸中国的哲学……

有志于中国哲学的年轻人在此时代中，有非常重大而严肃的使命要担在身上，就是要重新铸造"实践的智慧学"，"实践的智慧学"的价值不仅是中国的，而且也是世界的。此工作西方人担负不起，中国人至少还有儒家、道家、佛家的智慧可供汲取，若能静下心来，不随时下的风气转，贡献出你的生命力，一面反求自我民族之本，一面消化西方文化，立真志气，发大智慧，以真性情求正解，行正行，人人尽其绵薄，庶几中国文化可以再创新局！

六经与中国文明

吴 飞

　　吴飞，1973 年生人。北京大学学士、硕士，美国哈佛大学人类学博士。现任北京大学哲学系、宗教学系教授，礼学研究中心主任。研究领域包括自杀问题、古希腊哲学、中世纪基督教思想（尤其是奥古斯丁）、宗教人类学、中西文化比较、礼学、清代思想史等。主要著作有《自杀与正义：一个中国视角》《麦芒上的圣言：一个乡村天主教群体的信仰和生活》《尘世的惶恐与安慰》《心灵秩序与世界历史：奥古斯丁对西方古典文明的终结》等。

在座的各位和线上的各位听众，大家好！很高兴到平潭来与大家交流。今天我要谈的是经学问题，主题叫作"六经与中国文明"。

一、六经

刚才主持人已经谈到了，我们在民间，在大家熟悉的语境当中，通常说"五经"。五经是我们读的五本经典，但实际上在传统中国，作为一个经学的概念，它主要讲的、通常说的都是"六经"。六经就是《诗》《书》《礼》《易》《乐》《春秋》。我们通常说的五经没有《乐经》。另外一个为大家所熟知的概念是"十三经"。十三经是指《易》《诗》《书》《礼》——《礼》里边包含"三礼"，即《周礼》《仪礼》和《礼记》，然后《春秋》也是三部书，是解春秋的《左传》《公羊传》和《穀梁传》，再加上《论语》《孟子》《尔雅》《孝经》等十三部经典。

五经所指其实是不确定的。就比如说五经里面的《礼》指的是《周礼》《仪礼》《礼记》中的哪一部啊？其实历代的说法是不一样的。比如汉代就已经有了五经的说法，但汉代五经中的《礼》通常指的是《仪礼》。可是在唐宋之后说这个五经的时候，

《礼》通常又是指《小戴礼记》。

除了十三经之外，其实在清代大家还会看到很多关于经目的说法。比如说晚清到民国初年有一个"十四经"的说法，十四经就是在十三经之外加上了《说文解字》。还有清代的乾隆嘉庆年间，甚至有过"二十六经"的说法。可见经目是在不断变化的，如果你只是把它当作是一个数字的话，那么这个数字是可以随着时代而有所变化的。但是所有这些经，仍总称为"六经"。这是为什么？比如说，清代有一个非常有名的学者叫章学诚，浙江绍兴人。我们看他的画像，长相很难看，但却是非常非常重要的一位学者。他提出一个特别有名的说法叫作"六经皆史"。清代的时候，人们肯定知道《乐经》是失传的，但是提到经学的时候还是说六经。近代的章太炎先生也继承了章学诚的这个说法，进一步发展了"六经皆史"的说法。其实章学诚的原话是说"六经皆先王之正典也"（《文史通义》），这个"史"跟我们今天所说的历史之"史"并不一样。他的理解是：六经都是先王用来治理国家的典籍。这个是六经的源头。

在这里我们要明确"经"和"经典"的些许区别。经典可能是一首歌、一部电影。因为流传有名而成为经典，但经不只是经典。经不仅仅是因为它写得非常好，且能被后人记住。经最基本的含义是"天经地义"。经是不可改变的，经是不能错的，这是经的本意。六经作为一个概念——即使是《乐经》，今天你读不到这本书了，但它仍是经的一部分——还是非常非常重要，还在影响着中国文明最深层的一些精神。

二、皆先王之正典

章学诚所说的"皆先王之正典"中的"先王"，其实就是我们今天所说的夏商周这三代的圣王。因为夏商周这三代已经大体形成了中国文明的基本精神。大家可能听说过前些年国家有一个非常重大的工程叫作夏商周断代工程。为什么要有夏商周断代工程？它不仅是要将我们的历史确定为最早到四千年前还是五千年前，根据文字记载，明确我们的历史能够追溯到什么时期。更重要的是这三个王朝在我们的观念当中占据着一个非常特殊的位置。大家是否听说过近些年在学术界有一个非常著名的夏史之争？实际上不只是近些年，可以说一百多年来都有这个问题。因为周的存在是没有什么疑问的。周不仅仅传下来大量的文献，通过考古发现我们也能确知西周和东周的存在。商代是否存在本来是有疑问的。但是所幸十九世纪后期我们发现了甲骨文，发现了殷墟，而殷墟和甲骨文就明确证实了商代的存在，而且已经有了成熟文字。这些文字可以向我们证明，司马迁《史记》中所记述的商代是基本可信的。这个没有问题。但再往前就不一定了。

三代当中的第一个王朝——夏究竟是否存在就没有直接的证据了。所以绝大多数海外研究汉学的学者就不相信夏代的存在。那么在国内呢？也是有相当多的人认为夏是不存在的。我这里给大家看两位非常值得尊敬的学者：一位是二里头考古队的队长许宏先生，另一位则是我们北大考古文博学院的孙庆伟教授。这两个人的观念就是针锋相对。如果说夏代存在的话，现存最可能的遗迹就是河南偃师二里头遗址。从目前所发掘出的大量古代文物，还有城墙宫殿都可以证明该遗址上面一定是有国家的。曾亲自主持二里头考古发掘的许宏先生并不认为这个地方是夏文化遗址。他认为，除非什么时候能挖出来类似甲骨文那样的东西，比如在二里头挖出一个陶片，或者龟甲，上面写了一个"夏"字，我们才有可能将其判定为夏。这还不是最极端的说法。有人认为，即使你在二里头发现了"夏"这个字，也不能证明它就是夏。这什么意思呢？它自己都说我是"夏"了，你还不能证明它是"夏"。它的实际意思上是说，即使这个国家叫作"夏"，它也未必就是司马迁写的那个"夏"。其背后的实质问题则是司马迁《史记》当中关于夏商周的记载到底是否可信。与许宏老师不同，孙庆伟老师认为司马迁所说的"夏"就是这个二里头遗址。夏是否存在直接决定着六经的意义，如果不存在，那六经也就不能被称为"先王之正典"。当然，与其他文明相比，古埃及的历史可能要比我们长很多，但是它没有延续下来；而古代希腊虽然有很多文献流传下来，但却不能通过考古发现来证明希腊时期，比如《荷马史诗》所记载的那些王国、人物。所以，即使夏不存在，我们在殷墟发现的甲骨文居然能与司马迁的记载如此接近，实际上已经非常了不起。

后边我们来看为什么说六经是"三代先王之正典"。

首先是《书》。从字面上看，"尚书"的确是三代先王之正典，是上古政令、典籍的汇编。当然，《尚书》的内容并不局限于三代，甚至可以追溯到尧舜时代，比较可信的应当是夏商周以后的部分。这里需要穿插引入"今文经"与"古文经"的概念。今文与古文的差别不是以我们今天的文字为基准的，而是基于汉代人的文字概念。秦始皇焚书坑儒之后，大量的典籍被烧毁。到了汉代，很多经典已经找不到了。但是在焚书之前，很多知识分子已经学习了这些经典。于是，他们根据记忆把这些经典默写下来，但他们所使用的文字乃是汉代的文字——隶书。这便是"今文经"。后来，汉人开始有一些考古发现，比如在一些旧房子或墙壁里发现了一些古人藏书。这些书当然不是用隶书书写的，而是用篆文，这便是"古文经"。《尚书》里边有一部分就是古文经，还有一部分是今文经。值得注意的是，古文经有些可能真的是古人埋下去，然后被挖出来的。但有很多是自称挖出来的，而实际上是作伪的人用古文写出来的，比如古文《尚书》在清朝终于被证明不是真的。根据清华大学藏的出土的战国楚简证明，古文《尚书》确实是假的。所以，我们今天通常都不用这个古文《尚书》。这是《尚书》的问题。与此相对，今文《尚书》大体是可信的，我们不仅能从其中看到三代的各种政令和各种典籍，也可以看到各种制度以及制度背后的一些观念。

再看《诗》。《诗经》当然是指三代的诗歌，以周代的诗歌为主，体现了当时的时代情感。《诗经》也存在今古文的问题。今天的《诗经》被称为"毛诗"，属于《诗经》中的古文经。除了毛诗之外。还有三家今文诗，却都已经失传。今天我们所面临的问题与汉代人是非常相似的，即我们现在缺什么东西，隔几年你就能从地下挖出来。但其中的真假判断却是一个大问题。比如去年，安徽大学公布了一批《诗经》竹简，其中有不少内容和我们今天所看到的《诗经》是不太一样的。大家有兴趣可以回头去看。

再说《易》。《易经》非常地幸运。因为秦始皇没有烧，所以《易经》不存在今古文的问题。我们今天读的是《周易》，周代的

《易》。但是夏代也有《易》，为《连山》，商代也有《易》，为《归藏》。不仅仅是现代人，古代人也曾怀疑《连山易》和《归藏易》是否只是传说，只有《周易》才是真正的《易》。但通过考古发现，《归藏易》是确实存在的。那么《连山易》是否也是存在的，这就跟刚才说的这个甲骨文的问题类似。商代证明存在了，那么夏代是否存在就是另外的一个问题。关于《易》，我想大家应该都多多少少有所了解。《易经》是卜筮之书。在中国的经典当中，作为卜筮之书的《易》为什么能够成为我们的"经"便成为一个值得反思的问题。这种情况在西方和其他文明中都是不可想象的事情。其实，这与中国人对命运的理解有着密切的关系。如果从后来历代的中国哲学建构来看，主要的哲学思想基本上都是从《周易》里面衍生出来的。这是《易》的情况。

我们再来看《礼》。如前所说，《礼》有三礼，其实际情况也比较复杂。汉初，有一个学者叫高堂生。高堂生是一个学习《礼》的专家。他曾把他记忆中的《礼》这部经默写出来，共计十七篇。即我们今天所见之《仪礼》。汉代曾将它视为礼经，就像《尚书》后来也叫作书经。作为礼经的《仪礼》属于典型的今文礼。它主要的内容是日常生活中的冠、婚、丧、祭时的具体礼仪规范。在汉代初设"五经博士"的时候，礼经博士所研习的就是《仪礼》。后来，汉武帝时期又发现了另外一部书，后世称之为《周礼》。具体怎么被发现的已经不太清楚，可能是有人曾把这部古书献给了当时的河间献王刘德，而河间献王又把这部相当厚的书献给了朝廷。这部书按照天地的秩序——天、地、春、夏、秋、冬分成六篇，规模很大。六部分取自一种官制——天官冢宰、地官司徒、春官宗伯、夏官司马、秋官司寇、冬官司空这六种官。这部书在中央朝廷被藏了很长时间。《周礼》背后有着非常复杂的故事，我们稍后再谈。

下面的一部经是《乐》。《乐》是和《礼》相配合的，可惜失传了。经本身应该是不讲什么道理的，就像《周易》的经文完全看不出什么道理来，它就是六十四卦。因为后人的解释才有了《易传》。《易传》里面就有好多思想了。正是在此意义上，我相信《仪礼》才是礼的本经，它像我们今天的法律条文一样，并没有讲什么道理。如果《乐经》能够传下来的话，我想它应当只是某种可以演奏的乐谱，也没有什么思想内容。与《易传》类似，应该也有一些针对《乐经》所做的解释性文献，比如收录于《小戴礼记》中的《乐记》。《乐记》就会进一步说明古代先王为什么要制礼作乐，为什么乐在夏商周的制度当中那么重要等问题。后来也有人将《乐记》视为《乐经》，这个我是不太相信的。它应该只是一篇解释《乐经》的文献。

最后是《春秋》。我们从《春秋》经本身也是看不出什么来的。《春秋》本身是孔子根据鲁国国史《春秋》整理而成的。这个可以类比大家看新华社的新闻。新华社出一个新闻，它一定是字斟句酌的。大家如果研究新闻的话，会发现不同的人死了其实有不同的讲法，比如人是说"死"了，还是说"逝世"了，还是说"永垂不朽"等等，这些不同的说法其实包含了对这个人的判断。《春秋》就是这样的一部书。比如它记载了鲁国和某个国打仗这件事，就有不同的词汇用法，是用侵略的"侵"字，还是用征伐的"伐"字，这是有差别，甚至是褒贬的。孔子写《春秋》正是这样。《春秋》为什么这么重要？它的文字不多，但每个字都非常重要。解释《春秋》的书也随之出现，就像我们今天读

《人民日报》的时候都能明白每个字的确切内涵与具体褒贬，但几十年后的人们可能就不知道了。他们不知道这个地方为什么用这个字，而不用相同含义的另外一个字。《公羊传》《穀梁传》就是这样的解释性作品，用于解释《春秋》中为什么这个地方用"侵"，为什么另一个地方用"伐"，为什么这个地方用"征"。再比如说宋国的国君有时被写作"宋子"，有时候却是"宋人"。为什么国君明明是统帅，却用"宋人"而没有写国君呢？这里面当然是有褒贬的。《公羊传》《穀梁传》属于今文《春秋》，其中《公羊传》是因为其作者姓公羊，《穀梁传》则是因为它的作者姓穀梁。与《周礼》的发现几乎同时，《左传》也是在西汉后期被发现的。它也是用来解释《春秋》的，但是在写法上却与《公羊传》《穀梁传》不太一样。《公羊传》《穀梁传》是具体解释字义的，但《左传》却是在记录与填充《春秋》所记事件的始末细节。与《公羊传》《穀梁传》相对，《左传》属于古文《春秋》。而且由于《左传》写得非常漂亮，后来《左传》获得了比《公羊传》广泛得多的传播。比如关公所读的《春秋》就是《春秋左传》而非《公羊传》或《穀梁传》。当然还有很多人怀疑《左传》就是独立的一部书，并不是用来解释《春秋》的。在这个问题上目前仍是存在很大争论的。

三、六经作为整体

以上我们把六经本身以及今古文的情况给大家做一个简单的介绍。接下来把六经放在一起，将其视为一个整体来考察。比如《乐经》失传，为何不能称其为"五经"；十三经囊括了十三部书，却仍从属于"六经"。

六经其实构成了一个整体体系：《尚书》作为"三代之正典"是对夏商周三代先王所发布的政令、告示、讲话等的真实记录；《诗经》所记录的则是三代的雅韵，无论是民间的，还是宫廷的，抑或祭祀时的诗歌，其内容也是一个如实的记录。如果是有《乐》的话，它一定是三代雅乐的乐谱，与此相对，《诗》则是三代雅乐的歌词。《书》和《诗》应该是比较原始的经。说"原始"主要基于它们其实是很多东西的汇集，而《易》《礼》，包括后面的《春秋》的写作就会更具有体系性特征，甚至具有一以贯之的精神，比如《易》中就贯穿着作者对天道与命运的一贯性的理解。刚才说《易》能够成为经，是中国文化非常独特的一点。这与西方、犹太人的文明是非常不一样的。其最大的不同便在于对命运的理解。

我简单展开一下：西方的命运是不可改变的。比如大家可能都多少听过，希腊的一个著名悲剧——《俄狄浦斯王》就是对西方命运观的一个很好的展示。神说，这个孩子将来会杀父娶母。然后父亲听说了，就千方百计把这个孩子扔掉，让他距离父母非常非常远，让他不可能回来。结果呢？在他长大成人之后，还是回来把亲生父亲杀掉了，把亲生母亲给娶了。这就是特别典型的西方命运观——命运是不可改变的。无论是希腊的神，还是基督教的神，还是犹太教的神，这个命运是确定的。我们的《易经》的特点在哪里？就是这个"易"字本身的含义——不断变化。无论是古代《周易》对命运的理解，还是现实当中、民间对命运的理解，都是可能改变的。它提供的预测只是一种大概趋势或走向，通过人为努力命运是可以被调整的。无论在巫术时代，还是在理性时代；无论是在宗教时代还是在人文时代，这当然是很大的不同。《易经》所反映出的对命运的理解，其实是基于对天道的理解。

如果说《尚书》是对于现实政治的记录，是政令的汇编，那么《礼》则反映出这个政治背后的基本原则和精神。以前经常有人说西方是法治，中国是人治，这是我们比较熟悉的一种对比，我是不太同意的。应当说西方是法治，而中国也有法治；只是西方法治的背后是宗教——基督教，而中国法治背后是礼。如果和西方对比的话，礼和宗教是在同一个层次上的。这个我们一会儿还会看到。《乐》是三代生活的文明理想。为什么非要将礼和乐结合在一起呢？礼是求异，乐则是求同，礼是要将人分别开来，乐则是要让不一样的人达到和谐。乐——音乐的精神就是和谐。这是《礼》和《乐》。《春秋》呢？它是贯穿三代生活的大法。因为《春秋》不仅有对夏的理解，有对商的理解，也有对周的理解，而且前面我们所说的《易》的命运问题，礼的制度问题，乐的和谐理想的问题，也都在《春秋》里有所体现。它只是通过具体的事件以及对具体人物的评价来表达出上述理解的。这就是六经体系。

那么，为什么《仪礼》《周礼》之后又有《礼记》？为什么除了六经之外会有四书？为什么还会有十三经？其实，后来很多我们认为是经的书其实都是解经的书。正如我们刚才所说，经其实是非常枯燥的，是非常技术型的，或者说就像法律条文一样。但是你要理解这些法律条文，就又必须通过法律的解释。就比如说《论语》《孟子》《孝经》，就是最早的解经之书。这"十三经"就是把"六经"的基本精神通过孔子的言论，孟子的讲学以及《孝经》里的对话把它展示出来。战国至汉代期间出现了很多解经著作，其实有很多体裁和《论语》《孟子》《孝经》非常类似。一般认为是孔子和孔子的弟子——所谓的七十子或者是七十子的再传弟子写出来的，有些被流传下来，有些被考古发掘出来了；有些是今文的，有些是古文的。到汉代的时候，戴德把这些文献整理、编辑、删减形成了一部书，即《大戴礼记》。后来，戴德的侄子戴圣又进一步精简，最后编为《小戴礼记》。《大戴礼记》的大部分（内容）和《小戴礼记》现在都能看到。今天所说的《礼记》则通常是指《小戴礼记》。十三经里面的另外一部《尔雅》和后来汉代的《说文解字》也是类似的书。比如你读经的时候所遇到的很多字都可以通过《尔雅》得到解释。

后边再简单说一下今文经与古文经的问题。刚才我们已经大致介绍了汉代用隶书书写的是今文经。西汉的主体经学是今文经学，因为古文经是在中后期才被陆续发现的。刚才我说《春秋》三传首先说的是《公羊传》。在西汉，《公羊传》不仅是群经之首，得到了最多的重视，甚至它还相当于西汉的宪法。比如有一个著名的说法：春秋决狱。春秋决狱其实是指以《公羊传》来决狱，即对各种犯罪的轻重的判断并决定相应刑罚的处置，均是依从《公羊传》来做的。西汉还流行着孔子说的一句话，当然后来人大都不相信这句话真是孔子说的，但汉人是坚信的——"志在《春秋》，行在《孝经》"。孔子的志向或最高理想体现在《春秋》里，当然对于西汉的人来说，这个《春秋》就是《公羊传》；而他的日常生活、他与人的关系、他的基本道德则是按照《孝经》来做的。顺便说一下，宋代之后四书会变得非常重要，成为士子进入经学的一个门径，毕竟经都是很难读的。在汉唐之间，这个地位是由《孝经》来承担的，即在读六经之前首先要读《孝经》。其实今天对于大家来说，《孝经》也还是非常重要的一部书，也是比较容易读的。这是西汉的今文经学。

正如前面所说，其实除了《周易》之外都有今古文的问题。《尚书》有今古文的问题，诗经有这个《毛诗》古文经和三家诗今文经的问题，而最重要的争论则是在《礼》上。我们今天所说的三礼，实际上包括《周礼》《仪礼》和《小戴礼记》三部书。其中《周礼》直到西汉中后期才被发现，经由河间献王进入朝廷，被藏于朝廷的秘府当中。直到西汉末年，刘向、刘歆父子才重新发现了《周礼》。在中国历史上，他们是非常重要的一对父子，一对文化人。我们今天看到的大量先秦书籍都是通过刘向、刘歆父子编辑整理之后的样子。刘歆看到了这个《周礼》之后，就觉得这部书实在是太好了，这么大规模的这部书，而且是先秦的书。它一定不是一般人写的。当时一般人不是有文化的人不可能写书，写也不可能写这么大规模的一部书，而且，无论各种官职的人、平民老百姓、一般的知识分子、诸子百家都不太可能写这样的书。他们当时就断定这部书既然名为"周"，就应当是周代的政治制度。周代的政治制度又是谁制定的呢？当然是周公。所以，《仪礼》和《周礼》都应该是周公亲自写的，或者是周公组织人写的。这是《周礼》。《周礼》这部书的重要性迅速上升。王莽在西汉后期的改制——虽然王莽有很多身份，王莽也有很大的争议——却极大地提升了《周礼》的地位。另外一方面，王莽的很多制度以及具体改革也是根据《周礼》进行的，这个我们不详细说。这是古文经学的上升。王莽之后东汉和西汉已经不一样了，虽然在朝廷里还有以今文经为传承与研究对象的五经博士，但是民间的学术已经转向了古文经。

四、礼是郑学

古文经的影响在迅速扩大，然后到东汉末年的时候出现了一位经学大师马融。马融开始遍注群经，无论是今文经，还是古文经，他都不加区别，体现出同样浓厚的兴趣。马融是一个大学阀，他的弟子无数。后来，在关中——在陕西当时的首都长安附近，山东的学者郑玄拜到马融的门下。据说马融并没有教他什么。等到郑玄离开马融，回归山东的时候，马融突然意识到郑玄可能对他是一个巨大的威胁，便要追杀郑玄。郑玄走的时候，马融还说了一句著名的话：吾道东矣。郑玄这个学生回到山东后，我的学术就可以传到东部去了。但后来他突然后悔了，想要把郑玄除掉，就派人去追杀。郑玄在路上就觉得马融可能会对他不利，于是就藏到了一个大桥底下。马融想通过算卦来判断郑玄到底活着还是死了，是不是被他派去的人杀掉了。这一卦算出来说郑玄在土之下水之上。他就据此认为，郑玄肯定死了，因为下面是黄泉，地下水，上面是土埋着。其实，郑玄是在一个大桥底下躲着，那就是土之下，水之上。这当然是传说了。

大家如果读《三国演义》的话，郑玄在《三国演义》中是出现过的。刘备手下有一个人叫孙乾。有人会质疑孙乾没有起过任何作用，为什么受到刘备重视呢？因为孙乾就是郑玄的学生。官渡之战的时候，大家都很重视郑玄。曹操和袁绍都去拉拢，但郑玄确实和马融不一样。马融做到了太守，位高权重，而郑玄就是在家读书做学问。郑玄对当时与后世的影响都是极大的。郑玄遍注群经，所以今天我们说东汉的学问非常发达，有很多经注，但是郑玄出来之后前面的注就都不存在了。现在说马融有什么说法，或者是前面什么人，有什么说法，你只能通过郑玄的引用，或者是后人的引用才能够看到。郑玄所做的就是以《周礼》为中心。王莽的工作到郑玄这里终于结出了硕果，就是以《周礼》为核心。我们说西汉的学问是以《春秋公羊传》为核心，而郑玄认为《周礼》是最重要的，并以《周礼》为核心统摄三礼。为什么《小戴礼记》的影响超过了《大戴礼记》，因为郑玄给《小戴礼记》做注了，而没有给《大戴礼记》做注。为什么毛诗，超过了今文的三家诗，也是因为郑玄重视毛诗。他以《周礼》为核心统摄三礼，然后再以三礼来统摄群经，整合了十三经的体系。当然当时没有"十三经"这个说法。除此之外，郑玄还给当时尚未成为经的《论语》做注。这部《论语注》长期失传，后来万幸在敦煌发现了郑玄的《论语注》写本。

郑玄还曾为《孝经》做注，后来却失传了。为什么会失传呢？我们说郑玄出来，他前面的注就都失传了，但是后来为《孝经》做注的人中有人地位比他还高。谁呢？就是唐玄宗。唐玄宗非常重视《孝经》，因为《孝经》毕竟是进入经学的门径。皇帝亲自为《孝经》做注，那么以后的，至少唐代的读书人，肯定得读皇帝的注。郑玄的注也就慢慢失传了。值得庆幸的是，后来在敦煌重新发现了郑玄的《孝经注》，另外，在日本也有一部分郑玄《孝经注》被发现。郑玄之后有一个说法：礼是郑学。即三礼——《周礼》《仪礼》《礼记》之学就是郑学。西汉到东汉的学问主要是章句之学，然后是注经。但是郑玄之后，大家就不再注某部经了，而变成了义疏学。毕竟这些经书郑玄都已经做过注了。但是，郑玄的注非常简洁，一个字他可能也就用几个字来注解。"疏"就是用来进一步解释郑注的。郑玄之后的经学研究工作主要就是为郑注做疏。到唐代的时候就出现了五经"正义"。五经正义其实就是五经的疏。皇帝钦定的最标准的疏是孔颖达所做的《五经正义》。

五、郑玄的影响

除了学问上的东西，比如对一个字、一句话的解释，郑学在中国——回到我们最初的那个题目——对中国文明的影响到底在哪里？

第一点，郑学是以《周礼》为中心的。隋唐所建构的六部制度就来源于此，比如天官冢宰就是后来的主管官吏选拔与考核的吏部；地官司徒就是主管钱财收支的户部；春官宗伯是管礼的，即后来的礼部；夏官司马，就是后来主管战事与军队管理的兵部；秋官司寇是后来主管刑狱的刑部；冬官司空则是主管建造诸事的工部。这个大家就清楚了，从隋唐之后一千多年中国的基本的政府架构就是六部制度，直到晚清的时候。即使学习西方并开始使用邮传部、国防部等现代名词，但实质上仍是六部制度。而这个六部制度背后是什么呢？其实是对宇宙——天、地、春、夏、秋、冬所构成的六合——的一个整体理解。而六合又是一个什么呢？六合中的春夏秋冬其实是五行，其中春对应于木，夏对应于火，秋对应于金，冬是对应于水，中央有土。所以这实际上是古代中国人对于整个宇宙秩序的一个理解，并反映在周礼的官职上面。具体到《周礼》是不是周公作的，这个当然大有可疑之处。周代是不是真的按照六官来管理它的政府的，这个也大有疑问。但是我们比较确定的是，自郑玄这么解释之后，隋唐之后的中国政治就是按照天、地、春、夏、秋、冬的这六个部分来管理它的政治的。可以说郑玄为隋唐之后的中国制度确立了一个基本结构。据此大家也就能够看到，以《周礼》来统摄群经的具体内涵。它首先是一个政治架构，然后在这个政治架构之上又有《周礼》和《仪礼》的关系。《周礼》是官职，是政府架构；而《仪礼》则是日常生活，是人际关系。

我前面说过一句话：中国也是有法治的。中国法治传统中最成熟的形态就是唐律。前面我们说在春秋决狱的时代，法治是非常笼统的，毕竟《春秋》对于犯罪类型以及对应的处罚等仍然说得非常含混。《公羊传》的解释也没有我们今天理解的法律那么严格。但在郑玄之后，从曹魏开始中国政府就开始制定它的法律，西晋也有它的晋律，到了北魏的时候，民国学者陈寅恪先生说，北魏的魏律就已经达到了一个非常完整、非常体系化的程度，是后来东亚法律的蓝本。当然，这些都失传了。我们今天只能看到一些断简残篇。我们今天能够完整看到的是唐律。与今天的法律相似，既有法律，也有对法律的解释。其中对法律的解释为《唐律疏议》。《唐律疏议》是由唐太宗时期的长孙无忌主持并完成的。我们说中国的法律和西方的法律比，究竟哪个更优，哪个更劣，当然有很多说法。但是一个不可否认的事实是，从隋唐开始，政府架构的六部制，以及唐律以来的法律制度运转得都是非常完善的，直到晚清。虽然可能会有时代的一些具体制度的更改，但主要的架构，主要的理解仍是完全一致的。这是非常符合中国传统的礼的精神的。

为什么我说西方法律背后是宗教，是基督教，而在中国律典背后是礼。我举几个例子，大家就可以看出来。首先，它的基本的模式是以"五服以制罪"。"五服"来源于丧服制度。在礼里边，丧服制度是非常重要的。这个我不多说，因为这本身是比较复杂的。简单说来，就是以"五服以制罪"作为法律的基本原则。你杀了一个人，或者偷盗一个东西，不是说你偷盗任何一个人的东西或你杀任何一个人都是同等罪过，而是要根据你和被害人之间的亲疏远近关系来判定。比如说，杀人和奸淫肯定是大罪了，如果你杀一个陌生人，那么就是一般的死刑。但是，如果你杀的是五服以内的人，即你的近亲属，那就不一样；如果你杀的这个人不仅是你的近亲属，而且是你的直系亲属，甚至是你的尊长，比如父亲，那么就会被处以极刑。奸淫也是一样，如果某个人只是强奸了一个陌生女子，那么这是一般的奸淫；但如果和近亲有这样的事情，就属于乱伦了。按照西方法律的话，这个其实没有什么，按照我们现代的法律也是一样，都属于一般的奸淫罪。但是在唐律的体系当中，这却是极刑。乱伦和伤害尊长，都要处以极刑。同样遵循"五服以制罪"，偷盗就不一样，甚至和前面的原则正好相反。比如说你偷一个陌生人很多钱，那么这个罪非常大；但是如果你偷了一个亲哥哥的钱，而哥哥对你提起诉讼的话，朝廷反而会判你无罪。为什么？因为亲兄弟之间本来就有相互资助的义务。这和我们通常理解的现代法律精神是非常不一样的。但是它是人伦社会里边一种非常特殊的规范，是中国传统文明当中非常重要的一部分。虽然在现代法律当中，大家大概不能接受。但在我们生活的人情社会当中，大家却可以理解这背后的道理。

还有就是"亲亲相隐"。大家如果读《论语》的话，就会读到非常著名的一句话："父为子隐，子为父隐，直在其中矣。"《论语》里面说，"其父攘羊，而子证之"，孔子说这是不对的。这在古代的经典当中，还只是一种主张或说法。但到了唐律中这变成了一种法律规定，如果近亲属犯罪，当然这个罪并非叛国之类的大罪，如果近亲属去告发他，比如说侄子告发叔叔，叔叔偷了一个什么东西，那么会怎么样呢？按照法律规定，这个叔叔会以自首论，而这个告发他的侄子则要承担这个罪责。因为你去告发你的叔叔，这在国家是更加不能容忍的事情。大家可以想象，这样规定的后果是什么？这个后果会是相互包庇吗？其实恰恰不是。这个后果就是法律另外的一面——代父受罪。按照上述法律的规定，比如你父亲犯了罪，你想救他，你想救他最好的办法是什么呢？就是去告发他。如果你告发了你的父亲，你的父亲就无罪了，或者是很小的罪，他按自首论。当然你要承担原本父亲要承担的罪责，这就是为什么在一些小说中会有代父受过的情节。这在今天的法律中是不可能的，毕竟犯罪的主体是不一样的。父亲犯了罪，儿子怎么能够替他受罚呢？但是在中国传统法律中，却是有法律依据的，即亲亲相隐。后来到晚清立宪，要制定刑事法律的时候，其中一个重要争论就是是否废除上述原则。张之洞举荐了沈家本来修改法律，沈家本实际上从今天的角度来看也没有完全废除，只是大大降低了这些原则。即使如此，张之洞等人仍不满意。直到现代中国，这仍是一个重要问题——法律上面如何规定亲属关系。目前，我们的现行法律在这一点上已经在向传统法律学习了，比如近亲属没有义务告发你的亲属犯罪。这个反过来就是"文革"当中亲属之间相互告发成为一种风气。这实际上和我们传统的这种人伦观念是格格不入的，这是唐律。前面我所说的是经学对后来的影响。

宋代之后，经学发生了一些变化，但并不意味着上述影响消失了。六部制度在唐宋之后一直存在，只是中间有所调整；唐律所确立的律学精神在晚清之前也一直是基本的法律原则，并没有大的变化。宋代之后发生了什么呢？那就是除了上述制度上的具体规定之外，人们还需要一些别的东西，即社会风气与文化人的精神修养。宋代初年的皇帝和士大夫都有一个基本的理想——追迹三代，期望北宋新朝廷能够比于三代，像三代那样辉煌，有夏商周那样的气象。这也必须要重新在经学当中寻求资源，比如大家熟知的王安石变法的主要依据还是《周礼》，但王安石失败了。宋代之后，单纯依靠《周礼》已经不行了，或者说《周礼》的功能在法律和官制上已经基本完成了，当下需要一些别的东西，比如社会风气与文化人的精神修养等。正是在此背景下，"四书学"开始兴起。四书主要针对人的内在修养，相较于经学更加精细，更加强调心性修养。当然，心性修养也会走向极端，比如明代之后就有一些过于注重内心，而对于外在制度与规范等非常忽略的学者，这是后来的问题，我们不多说。"四书"这个说法当然是宋代之后才有的。正如前面所说，它们取代了《孝经》的位置，成了学习五经的门径。

清代本身虽然有诸多争议，但至少在经学方面的成就还是非常高的，并且也和我们的现代直接相连。我们的很多方面都是从清代继承过来的。首先，我们所看到《十三经注疏》的系统编撰就在清代，由阮元组织并完成；大家所熟悉的《四库全书》的编撰也是对古代学术、古代文献的一个大规模的、全面的、系统的整理和编辑，对宋明以来出现的一些极端情况有所修正，而重新回归于汉唐的经学精神。清人治学是有些类似于现代的科学精神的，它对经很重视，却不迷信。正如前面所说，古文《尚书》是伪作，就是清人经过非常详细的考证并最终证明的。这一持续千百年的难题在清人的手中得到了解决。所以，我想说从民国以来，现代回归经学的努力其实是对清人的一种继承。这里面主要包括两个方面：古史重建和经义新诠。如我前面所说，清代著名的学者章学诚所谓"六经皆史"并非是说六经都只是史料，而是说六经是"先王之政典"。

我们现在肯定不能像古人那样理解三代。我认为夏商周——我想夏代还是存在的——是中国最早的国家文明，它有一系列的政治制度，有一系列的典籍流传，它形成了中国文明的基本精神。在古史重建的基础上，我们就可以进行经义新诠。这其实非常类似于现代西方人对待《圣经》的态度，并非是说它每个字都是对的，也不是说它所记载的每件事都是不能错的，而是说它包含了这个文明最初的一些基本精神，而后来的那些《传》，那些《记》，比如《公羊传》《左传》《礼记》等，包括再后来的注疏，也都是解经之书。通过解经，我们就能够把它的基本精神呈现出来。当然，这个精神是不会变的，只是在每一个时代当中会有不同的形态与具体的面貌。今天，中国文明的最基本的精神仍然需要在三代形成的六经体系中，通过对它的重新诠释，将其呈现出来。